U0691229

旺俞光如

格尔木文史【第十五辑】

官炬◎主编

中国文史出版社

图书在版编目（ＣＩＰ）数据

昆仑儿女 / 张荣大著. -- 北京 : 中国文史出版社，
2021.1
（格尔木文史 / 官炬主编）
ISBN 978-7-5205-2783-5

Ⅰ.①昆… Ⅱ.①张… Ⅲ.①格尔木—地方史—史料
Ⅳ.①K924.43

中国版本图书馆CIP数据核字(2020)第249260号

责任编辑：李晓薇
装帧设计：欧阳春晓

出版发行：中国文史出版社
社　　址：北京市海淀区西八里庄路69号　　邮编：100036
电　　话：010-81136606　81136602　81136603（发行部）
传　　真：010-81136655
印　　装：北京地大彩印有限公司
经　　销：全国新华书店
开　　本：1/16
印　　张：20.75　　字　数：275千字
版　　次：2021年1月北京第1版
印　　次：2021年1月第1次印刷
定　　价：68.00元

格尔木文史

第十五辑

编委会

作者介绍

张荣大，1945年3月生，山东淄博人，新华社高级记者、新华社新闻研究所第七届、八届特约研究员、新华社青岛支社原社长。

1965年参加中国人民解放军生产建设兵团农业建设第十二师（青海农建十二师），先后在一团六连任排长和连团支部副书记、一团宣传股新闻干事、师部宣传科新闻干事、师部副团职宣传科科长。1975年9月调入新华社青海分社。1986年2月调到新华社青岛支社，先后任支社副社长、社长、高级记者。

张荣大从事新华社记者31年中，发表了数千篇作品，《火车开进柴达木》《将军之路》《好支书王廷江》《中南海与黄岛》《人民的科学家曾呈奎》等成为代表作。其中《中南海与黄岛》《好支书王廷江》等4篇（组）稿件被评为新华社社级好稿，有40多篇作品被评为新华社部级好稿，另有50多篇获得山东省社科成果一等奖、山东省对外传播好新闻、中科院科星新闻奖以及青岛好新闻奖等。已出版著作《自然王国探奇》、《祖国的聚宝盆柴达木》、《两地集》、《火车开进柴达木》、《在新闻背后》、《我与新闻三十年》（9卷本）等26部。其中《天路　天路　天路》一书入选2015年主题出版重点出版物，《百年五四与青岛》一书获2019年山东省第十三届精神文明建设"文艺精品工程"优秀作品奖和2020年度青岛市文艺精品奖励项目。

序

2020年是极不平凡的一年，我国有力防控住了新冠疫情的蔓延，脱贫攻坚取得了决定性胜利，"十三五"圆满收官，彰显了中国共产党的伟大，彰显了中国人民强大的凝聚力，彰显了我们国家制度的优越性。我们为伟大的祖国和人民而骄傲，为自强不息的民族精神而自豪！

在岁末年初编辑出版《昆仑儿女》一书。该书列为格尔木文史第十五辑，收录的文章绝大部分是新华社高级记者张荣大先生早年撰写，存史价值极高。这是我们文史工作取得的又一重要成果。

《昆仑儿女》全书，分为天路闪金光、大漠奏华章、讴歌开拓者、盆地献宝藏、戈壁耀明珠、昆仑情缘狂六大板块，以不同的体裁，从不同的角度，记述了从新中国成立初期至今，格尔木发生的重大事件，与格尔木有密切关联的重大工程建设，涌现出的一个又一个英雄人物，以及格尔木翻天覆地的变化。

《昆仑儿女》收录了大量英雄人物的事迹，有群体相，如青藏公路、格拉油路、青藏铁路、察尔汗盐湖、农垦、西格办等的建设者；也有单人照，特别是慕生忠将军，他领导修筑了一条青藏公路和开发了一座戈壁新城格尔木，格尔木人民将永远铭记这位历史功臣。对本地读者来说，尽管有些人和事的记述文字已不再新鲜，但细细读来还是具有强烈的震撼力。

抚今追昔，饮水思源。格尔木从慕生忠将军在格尔木河畔搭起第一顶帐篷的岁月烟云中一路走来，格尔木的开拓者和建设者们用他们的无私与奉献、智慧与汗水、生命与担当，逐步奠定了格尔木城市建设和发展的坚实根基，使格尔木成为柴达木精神源头、青海精神高地。在这里，昆仑儿女创造了"两路精神""农垦精神"和"盐湖精神"，精神文明之花遍地开放，文化传承之风到处盛兴。为在文化传承中体现担当作为，格尔木市政协倾力打造"书香政协"，不断推出介绍历史人物和重大事件的文史资料文集，让格尔木文史宝库更加丰满璀璨。

格尔木市政协党组书记、主席　宵炬

目录　contents

目录

* 目录文章作者均系新华社高级记者张荣大

天路闪金光

格拉输油管线建设纪实

总理批建格拉输油管线

西花厅，坐落在中南海大院西北角，是清末宣统年间修建的，为京城常见的旧王府式四合院建筑群。这里原是清朝末代皇帝溥仪的父亲——摄政王载沣住过的西花园。

北洋政府时，是国务院所在地。

民国时期，则是北平市特别市政府的办公场所。

新中国成立后的1949年11月，周恩来总理和邓颖超搬到了西花厅，以此作为办公和居住的地方。迁至西花厅后，周总理在此生活了26年，直到1974年6月1日最后一次住院的前夕。周总理去世后，邓颖超在此又继续居住了16年。西花厅，不仅是中南海的地理坐标和对外名片，更是周总理一生的真实写照。

西花厅由前后两个院落组成。前院进门不远处一座小假山屏挡住了人的视线，茂密而细长的修竹环绕着它。院内自南向北的一条弯曲长廊隔在汽车道西侧，长廊中段设一凉亭，它的南端往西拐到尽头处筑一小巧的水榭。整个院子绿化得很好，树木花草繁茂，修剪整齐，院内环境幽静，空气清新。

周总理办公室在坐北朝南的正房里，约有30平方米。靠窗面南放了一张办公桌，靠西墙放了三四个书柜，房中间摆了个六七人的会议桌，日常摆放报纸、杂志，除此之外，没有别的任何装饰、摆设。

在党和政府领导人中，周总理肩负的责任最重，工作最繁忙。身体透支，出现了严重问题。

1972年5月19日，周恩来在一次尿常规化验中，发现红细胞超出正常值。吴阶平从上海、天津请来老专家一同为周总理会诊，确诊为膀胱癌。

周恩来医疗小组迅速成立，由吴阶平任组长，方圻、吴阶平的弟弟吴蔚然、吴德诚任副组长。

周恩来对任何问题都要刨根问底，以前无论给他做什么检查，他都会把检查的原因、原理、结果问个一清二楚。可是，这次检查和之后的几次检查，他却没有询问结果，只是一味地拼命工作。可能是他心中有数，不说而已。

1972年5月30日凌晨，在周总理尿常规化验并被确诊为膀胱癌的第11天后，周总理办公室的灯一直亮着，他仍在为国家的大计忙碌、操劳。

在周总理的办公桌上，摆放着一份《关于敷设兰州至拉萨输油管线的报告》，这是解放军总后勤部呈送给国务院、中央军委的。此报告经总后勤部会同国务院有关部门深入调查研究后提出，用准确的数据、确凿的事实，反映了由于缺乏油料，给西藏建设带来的严重困难。

时任中共中央政治局委员、中共中央军委副主席的叶剑英，中共中央政治局委员、"文化大革命"中协助周恩来总理主持经济工作的李先念，国家计委主任余秋里，在《关于敷设兰州至拉萨输油管线的报告》上已签署了自己的意见。

周总理仔细阅审了这份报告，经过深思熟虑，郑重地作了如下批示："拟先定第一期工程，请计委列入计划，今年勘察，明年施工，后年完成。"

20世纪70年代初，和平解放20多年的西藏仍面临着能源奇缺的现实，国家每年要投入数千台车辆，从西宁、敦煌、成都经青藏、川藏、敦格公路，源源不断地运油进藏。每台油罐车运输途中自身消耗占运输量的1/6到1/5，而且所运油料远远满足不了西藏建设和人民生活的需要。

由于西藏缺乏燃油，工业发展缓慢，连肥皂、牙膏等日用品，也要从内地不远万里运到拉萨；

由于缺乏燃油，藏族同胞用草皮、木材、牛粪做燃料，使成片的森林化为灰烬；

由于缺乏燃油，农牧区的抽水机经常停转，藏族群众不得不背水浇灌干渴的禾苗；

更令人揪心的是，拉萨几家医院常常因为停电而不得不点着牛油灯、羊油灯做手术……

西藏国防建设需要油料！

西藏经济发展需要油料！

西藏人民生活需要油料！

油！油！油！十万火急！

周总理"五三〇"批示的"拟先定第一期工程"，指的是从青海格尔木至西藏自治区拉萨修建一条长距离成品油输送管线，这是党中央为解决西藏的燃料紧缺问题，减少长途运输环节，加速西藏经济发展而作出的伟大决策，也是继青藏公路、川藏公路之后，又一项征服世界屋脊的伟大工程。

格拉输油管线，有900多公里海拔在4000米以上，穿越500多公里冻土地带，沿途要经过昆仑山、可可西里山、唐古拉山、申克里公山、昆仑山、通天河，还有高频率大强变的地震活动区、雷暴区、热融滑塌区、热溶湖塘、冰丘、冰滩等多种特殊地质地带，环境恶劣，情况复杂，艰难程度难以想象。

原计划是修建地上的格尔木至拉萨输油管线，就是管道暴露在地面上，这样施工难度相对较小，投资比较节省，工期也能保证。但是，高原气候寒冷，管道的保暖是个大问题，而且管道安全存在诸多隐患，对输送易爆易燃的油品来说，安全可靠是第一位的。因此经过进一步论证，修改了原计划，将地面管道建设改为地下管道建设。

由于计划的改动，施工难度、工期和投资就加大了，质量要求更高了，这关系到工程的百年大计。格尔木至拉萨输油管线，工期预计4年，投资10亿元，近两万名解放军指战员和地方工程技术人员参战。输油管由内径15.9厘米的德、日进口的无缝钢管焊接而成，外加防腐层，埋于1米多深的地下。中间修建若干个加压泵站，用高压输送油。这一工程技术难度高，所经之地环境差，过去没有这方面的经验，全靠工程人员自己去摸索。

从1972年至1976年，经过4年的风餐露宿，沐雨栉风，终于建成了这条世界上海拔最高、线路最长的能输送多种成品油的管线，创造了一个人间奇迹。

为修建这条举世罕见的输油管线，解放军官兵做出了巨大的牺牲，成百上千的科技人员为它殚精竭虑，倾注了满腔心血，甚至付出了宝贵的生命。

在格尔木北郊的旷野上，在富有顽强生命力的红柳丛中，耸立着一座2米高的水泥墓碑，碑文写着："下列同志在执行敬爱的周总理亲自批示的'五三〇'工程任务中，献出了宝贵的生命，特立此碑，以寄哀思"，下面刻在墓碑上描着红色底漆的是饱经风雨侵蚀的30位英烈的名字。他们把自己的热血和生命永远融进了这条常年舞动的油龙里，他们用富有深刻内涵的沉默回答着后人们无尽的哀思……

组建"五三〇"工程指挥部

周总理1972年5月30日批准建设格拉输油管线，从保密的角度考虑，将此建设项目以总理批准的时间定名为"五三〇"工程，指挥部的代号也称之为"五三〇"工程指挥部，这是非常有历史意义的。

1972年9月，由解放军总后勤部有关部门、西安办事处、成都军区后勤部、西藏军区、西藏自治区迅速抽调人员共同组成格拉输油管线工程指挥部，负责"五三〇"工程建设的组织领导。

"五三〇"工程指挥部下辖输油管线工程总队、青藏兵站部的3个汽车团各1个营、工程兵建筑某团、2个汽车团和格拉输油管线通信工程大队、西藏军区步兵某团、某师工兵营、步兵某团第二营、那曲军分区独立营，以及青海、西藏地区的部分民工。

党中央一声令下，没有喧闹的锣鼓彩旗，没有热烈的迎送场面，也没有对外造势的宣传，在1972年柴达木进入隆冬时节，解放军总后勤部所属部队的14000余名指战员和工人、民工、工程技术人员，肩负着党和人民的重托，满怀对西藏百万翻身农奴的深厚情谊，从祖国四面八方齐汇青藏高原，"世界屋脊"沸腾起来了。

在这支队伍中，有曾参加过首都十大建筑的工程兵部队，有参加过抗美援朝的汽车部队，还有步兵和通信兵。数十路大军，每人怀揣一本《为完成周总理亲自批示的"五三〇"工程，支援社会主义新西藏甘洒热血》的小册子，迎着艰难上高原，全身心地投入与缺氧、风沙、寒冷、强紫外线、高山性疾病比精神、拼斗志的大会战中。还有2400多台汽车和部分推土机、挖掘机、起重机、发电机等设备，也随着施工大部队，浩浩荡荡移师格拉输油管线施工观场。

青藏高原高居地球之冠，被称为南极、北极之外的"第三极"。据测定，这里的空气含氧量只有内地平原地区的60%～70%。"人上五千米，一步三喘气"。尤其在海拔5000多米的唐古拉山一段施工，走路喘气都比较困难，何况强体力劳动。建设大军一踏上高原，就面临着"世界屋脊"恶劣自然条件的严峻考验。

生活的艰难，更是一个难关接着一个难关。夏天，戈壁沙漠的气温高达40℃以上，帐篷内的温度往往达到50℃以上，像个大蒸笼，中午根本无法休息。晚上虽然稍凉快一点，但又不敢开窗户，因为蚊子肆虐，一巴掌能打死十多个，人走到哪里，就叮咬到哪里，防不胜防，打不胜打，只好戴上特制的防蚊帽干活。

冬天，帐篷内要生火炉取暖，一夜要添几次煤，添不及时火就灭了，人们常常会被冻醒，而且极易煤气中毒。

下雨天，地面返潮，帐篷里面湿度大，被子又潮又黏。

有的地方吃水也相当困难。指挥部和施工部队刚进驻格尔木时，虽然有一条河近在咫尺，但浑浊的河水不能直接饮用，又没有专门的拉水车拉水。只好到邻居农建师求助，靠肩挑人抬运水。

起初，指战员的生活也存在很多难处。副食以罐头为主，经常吃不上蔬菜，部队吃的粮食和蔬菜都是从西宁、甘肃柳园用汽车运来的，汽车跑一趟来回五六天。夏天拉蔬菜，极易腐烂，冬天又容易冻坏，因此只有秋天才能吃上新鲜蔬菜，有人闻到罐头味就想吐。许多人的手、脚指甲都是瘪凹的，这是严重缺乏维生素的缘故。

但是，英雄建设大军敢于走前人没有走过的路，敢于攀登前人没有攀登过的高峰，他们发扬"一不怕苦，二不怕死"的革命精神，革命加拼命，战天斗地，终于在"世界屋脊"上创造了人间奇迹。

能不能在这里站住脚，扎下根？这是建设格拉输油管线的第一道难关。工程建设指挥部党委向全体建设大军发出了"树雄心，立壮志，认识高原，征服高原"的战斗口号。英雄的建设者们以大无畏的英雄气概响亮回答："高寒缺氧无所惧，欲与天公试比高！"

由于时间紧迫，勘探、设计任务重，总理批示后不久，解放军总后勤部营房设计院和石油部第二炼油设计院担负起整个主体工程设计任务，测绘工作由青海省第一水文工程地质队和原总后各办事处的测量队等单位承担。1972年9月到10月进行了现场勘察设计,11月至12月进行了初步设计。同时,立即着手向国外购置管材,派焊工、电工到油田培训,赢得了早日开工的时间。

由于大多数人从未干过输油管线工程,而且这项工程又是在海拔四五千米以上的永冻层地带施工,必须在三年内完成,困难之大,问题之多,是可想而知的。因此,头三脚如何踢开,是摆在工程指挥部和各级领导面前的一个难题。

"五三〇"工程指挥部党委、机关和各级领导率先垂范,以取得组织指挥的主动权。在这个基础上组织部队,有条件的立即上马,没有条件的要创造条件力争早上马。同时,领导、设计人员和一些技术人员一同上线进行初步工程交底;另一部分人狠抓影响工程进展的一些关键问题,如设计问题,防腐场的建设问题,焊接技术的培训、考核问题,设备材料进场问题,等等。这样就为工程开工开了一个好头,使千里施工现场有了一个比较正常的施工秩序。

1973年5月30日,工程指挥部在格尔木召开了工程开工誓师大会,鸣放开工礼炮5—3—10响。誓师大会后,上万人的队伍从格尔木到拉萨一线摆开,拉开了大干一场的阵势。

担负修建输油管线通讯线路的通讯大队三连,就是一个杰出的集体。1973年初由首都一上高原,就进驻4700米的被称为青藏线上"鬼门关"的五道渠。这里不仅海拔高,气候还特别恶劣,风沙雹雪,一日数变。连队住的是透风的帐篷,喝的是冰雪水,吃的是露天做的夹生饭,严重的高山反应使95%的干部、战士都病倒了。

面对这样的条件,指战员们说:苦不苦,比比长征两万五;累不累,想想革命老前辈。为了西藏百万翻身农奴,再苦再累也心甘。

高山反应吃不下饭,连队党支部把吃饭当作一项重大的政治任务在全连反复动员,领导亲自带头吃,吐得越多吃得越多。

天寒地冻，他们因陋就简，用罐头筒做烟筒，用废钢筋做炉条，捡来石头砌炉子，扒雪捡野牛粪生火取暖。

能起床能吃饭了，他们就开始积极锻炼。先是步行，然后就出操、爬山、打球，接着就锻炼抬电杆、扛线圈。开头六个人抬一根杆，四个人扛一盘线，以后四个人抬一根杆，两个人扛一盘线，跌倒了爬起来，昏过去醒了再干。

他们就是以这样坚忍不拔的毅力，逐渐适应了高原的特殊环境，提高了劳动、战斗的能力，终于一步一步战胜了"世界屋脊"。

力克长途拉运钢管难题

格拉输油管线工程进入敷设管道阶段，从国外进口的无缝钢管源源不断地运抵甘肃柳园火车站，急需要用大型拖车转运到青海格尔木，然后在防腐场进行除锈、防腐处理后，再将钢管运到沿线挖好的管沟前，将钢管焊接，放置到1米多深的管沟内，用土填埋，即大功告成。

可是，问题的发生令施工部队不知所措。由于担负运输任务的汽车团没有大型拖车，无法从柳园火车站运走钢管，导致钢管在柳园火车站堆积如山，影响到火车站的正常运营。火车站频频告急，催促施工部队拉运钢管的电报一个接一个，如催命一般。

从甘肃柳园到青海格尔木约700公里，由柳园往南，经敦煌，翻越当今山，通过柴达木盆地断断续续100多公里的流沙区，纵穿60公里的察尔汗"万丈盐桥"，才到达格尔木。对一般运输算不了什么，但对特种运输就不那么容易了。

也就是说，格拉输油管线起点格尔木、终点拉萨，全长1080公里，钢管从柳园火车站运到最近的地方格尔木要700公里，运到最远的拉萨要1780公里，距离远不说，沿途自然环境差，给特种运输带来了种种困难。

如何将这种长10～12米、直径159毫米的无缝钢管，从柳园火车站拉运到格拉输油管线上千公里施工沿线，保证钢管按时敷设到管沟内，成了担负拉运钢管任务的汽车团官兵的一道大难题。

问题出在部队没有配备拉运超常钢管的特种汽车。当时装备的全是老解放牌运输车，车身短而窄，载重量也不大，钢管装到车上，2/3的管子露在车外，根本拉不了这些"长家伙"。指战员为此着急得坐立不安。

面对长途拉运钢管难题，最省劲的办法是向上级申请购置特种拖车，这种特种拖车需要进口，何时能够批准，何时能够拨款，何时能够进车，何时能够分配到部队，半个月二十天能搞定就算神速了。远水解不了近渴，火车站和施工现场都等不及啊。

再大的困难也难不倒英雄的汽车兵。他们横下一条心，不等，不靠，不推卸责任，没有条件，创造条件也要上。指战员们群策群力，打起了改装解放牌汽车的主意。

装上木板，加长车厢，但一大半的钢管露在车厢外，木板根本承受不了数吨的重量，这个办法行不通。拆除后车厢，安全系数难以保证。一次次地试验，一次次地失败。经过反复试验，也没有找到理想的办法。

于是，由工程指挥部牵头，组织汽车部队、汽修厂参加，成立了运输攻关技术革新小组。人们夜以继日地奋战了几个昼夜，绞尽脑汁，想方设法，终于攻克难关，将解放牌汽车改装成能分解结合的圆盘拖车，即把拖盘固定在去掉车厢的汽车大梁上，后边再设置一双轮拖架，整个拖车长达十二三米。这样超长钢管就平稳地摆放在拖盘和后架上，既能前进自如，拐弯道也不成问题，汽车改装成功了。

汽修厂加班加点大量改装汽车，改造好几辆，就派出几辆，装上钢管，星夜运送。经过20多天的连轴转，很快将积压在柳园火车站的钢管清运完毕。这样不仅节约了时间，也为国家节省了大量外汇。这在当时是一项创造性的工作，汽车团和汽修厂受到了上级的表扬。

改装的卡车只能将钢管运到与公路平行的地方，管沟离公路近的，卸送钢管比较容易，但管沟离公路远的，汽车开不过去，钢管卸运就困难大了。

有些管沟通过山坡、沼泽地，离公路又远，用牦牛搬运也无济于事。汽车团官兵在运输间隙，就帮助施工部队用人扛运钢管，平地6～8人扛一根，上山用10～12人扛一根。由于高山缺氧，负重大，钢管搬运上了山，人却累得倒下了。就是靠这种天不怕、地不怕的精神，人们将一根根重达六七百斤的钢管运到管沟旁，保障了焊接任务的需要。

钢管运输问题解决了，大型钢板运输的任务又摆在了汽车部队的面前。汽车团召开"诸葛亮会"，官兵提出用运输钢管的拖拉汽车，下层摆放钢管，上面摆放钢板加以固定。经试装试运，一次成功。

高原挖沟千里堪称恶战

管沟开挖是整个"五三〇"工程的先行工作，也是一项关系到全局的控制性工程，进展的快慢，完成得好坏，至关重要。

一声令下，千里施工现场，全面布阵，红旗招展，一派顶风雪、冒严寒、大干快上、热火朝天的战斗景象。

长1080公里的格拉输油管敷设在1米多深的地下，这就要挖一条1000多公里长的地沟。在内地平原地区，这算不上是什么难事，可以说是轻易而举。可是，在"世界屋脊"的青藏高原上挖掘上千公里地沟，不仅艰难，简直就是一场恶战。

担负这项施工任务的西藏军区某部一五四团和由沿线农牧区藏族民兵组成的民工队伍，虽然有几台挖土机，但主要靠人工硬攻强拼。

时间不等人，施工往前赶。在平均海拔4500米，最高达5000米以上的青藏高原施工，一年的施工期仅有六七个月，不分秒必争是无论如何也完不成挖沟任务的。

因为施工路上有很多难以预测的困难，施工部队完成任务心切，于是主动出击，从南到北拉开决战架式，按照划定的地段一线展开。

由于格拉输油管线工程紧急上马，只能边勘察、边设计、边备料、边施工。图纸未能全部跟上施工进度，大部分地段只给了一个线路的大致走向，部队便开始大干起来。

有些地段在正式施工图纸拿出之前就开挖了，待正式施工图纸拿出后，有的地段发现管沟走向与图纸不相符，施工部队不得不放弃已经挖好的管沟，又按照正式图纸重新开挖。大家争分夺秒，力争把损失的时间和进度夺回来，没有一个人喊苦叫累，更没有一个人喊怨叫屈。

有的地段虽然按图纸要求完成了挖沟任务，但由于管线的焊接、试压没有跟上，管子不能及时下沟，同样影响了施工的顺利进行。

战士、民工们吃在工地，住在工地，白天干了，夜晚打着车灯继续奋战。一天一人才挖1方多土。以后他们用烧红的钢钎打眼，采用大爆破的办法，把工效提高到每人每天挖土7方。1米多长的钢钎一直打得只剩下

挖沟下管道

二三十厘米，铲土的铁锹磨成了小锅铲。指导员们说：愚公能移山，大庆人在那样艰苦的条件下建成了大油田，我们就能挖通"世界屋脊"。

那段时间，指战员们心中装的就是早日修通格拉输油管线，到了休假时也不回家探亲，一心扑在施工现场。

有个排长结婚多年，夫妻聚少离多，一直没有小孩。媳妇来高原看他，见丈夫拼命地在工地上干活，感到心疼。而丈夫却没有因为妻子来看他而高兴，反而埋怨妻子说："凑什么热闹！"一连20多天，这位排长天天早出晚归，夜里一回到帐篷就累得躺到床上，不一会儿就打开呼噜，妻子悄悄抹眼泪。她收拾了包袱，头也不回地走了，干部战士留她，她留下一句话："这不是女人来的地方！"

有些地段冻得像块铁疙瘩，巨大的挖沟机运来了，但挖沟机也有"高山反应"，啃不动硬骨头，功率大大下降了。

施工沿线到处是大大小小的鹅卵石和冰块，天寒地冻，钢钎打下去只见火花四射。

管沟开挖部队和民工队，爬冰卧雪，晴天一身土，雨天一身泥，有的病了还不下火线，仍坚持完成自己的开挖任务。不少人的手磨起了血泡，用布包一下又继续战斗。由于缺氧，维生素又缺乏，加上劳动强度大等，干部、战士的指甲全部变形，上翻流血。

管沟挖到唐古拉山口，这里海拔高达5200米，是全线最高的地段。强烈的高山风还要和人们作对，刚挖好的管沟，不一会儿就被风沙填平了。但战士们毫不动摇，迎难而上，风沙刮得越凶，他们挖得越猛。

一五四团八连在这里一连奋战了3个冬春。有的战士干着干着就在工地上昏倒了，还有不少官兵留下了终身残疾，有16人甚至献出了自己年轻的生命。他们在日记上和写给党组织的决心书中写道："身体是革命的本钱，这个本钱就要舍得花在革命上。""一个人的生命是有限的，但生命的价值是不能以年龄来计算的，而是以对革命贡献的大小来衡量的。"

正是这种崇高的革命精神，鼓舞着他们奋不顾身地顽强战斗，挖山不止，使管沟越过了座座高山，穿过了条条大河。

赞管线兵42年的坚守

1972年5月30日经周恩来总理批准修建格拉输油管线，到1976年11月16日建成通油，再由部队精心管理几十年，这条西藏大动脉已历经42年，而在世界屋脊上腾飞也达38年。

自始至终参加格拉输油管线建设，而后负责管线管理的是英雄的管线兵，他们42年的坚守，创造了42年的辉煌。

管线兵的前期任务是挖管沟、焊油管、建泵站，后期任务是为泵站和输油进行管理。

当数万建设大军悄然撤离格拉输油管线之后，我军编制序列里出现了

1976年11月16日，格尔木至拉萨输油管线通油剪彩仪式

一支特殊的部队——格拉输油管线团。他们默默地担起了为雪域高原输送"血液"的重任。

当年，"五三〇"工程指挥部和管线总队集结青藏高原的时候，都是新成立的单位，确定在柴达木重镇格尔木驻防，而许多与工程有关的单位也大都在此安营。

1972年10月，汽车载着指战员和装备开进了格尔木，这里是西藏的门户，格拉输油管线的起点。

部队驻扎在离县城十多公里、紧靠青藏公路的西部戈壁滩上。满目荒凉，令人茫然。

管线总队首长号召指战员们自力更生、艰苦创业，用实际行动为"五三〇"工程建设做出自己的贡献。

这是一支招之即来，来之能战，战之能胜的队伍。指战员们二话没说，不顾疲劳，立即动手，平整沙丘，铲除杂草，搭建帐篷，经过几天的奋战，一个崭新的营区基本建成。

吃水的难题摆在了人们面前。虽然离格尔木河不远，但浑浊的河水不能直接饮用，又没有专门的拉水车，只好求助邻居农建师，到两公里外的水井挑水、抬水。

没有伙房，就搞野炊；没有蔬菜吃，就吃罐头咸菜；没有柴火，就到戈壁滩上去捡荆棘。在这海拔近3000米的地方，初来乍到都有呼吸困难的高原反应，但指战员们勇于吃苦，排除万难，终于初战告捷，在这荒无人烟的沙滩上安营扎寨。

管线连队迅速分布到上千公里施工线上，沿线平均海拔4000多米，最高的5300米，严重缺氧影响到人们的身心健康。连队有的负责挖管沟，有的负责管道焊接，有的负责建泵站，都是最苦最累最关键的活，一下子又把指战员们推到一个更加艰苦困难的境地。

在艰难险阻面前，管线兵无所畏惧。

刚来青藏高原时，许多战士高山反应非常厉害，气短憋得慌，走动都觉得费力，吃不下饭，睡不好觉。还要天天挖掘管沟、焊接管道、建设泵站，身体透支严重。指战员硬是顶过来了。我们看到有的战士收工回来，用左手指插起5个馒头，右手往嘴里扒菜，吃得是那样的香甜，让人感叹。

初进施工现场时，许多战士细皮嫩肉，没有经过风霜雨雪日晒的考验。可是，几年下来，那些顶风冒雪挖管沟的，在酷暑严寒下焊接管道的，一年四季坚守泵站的，谁不是满手老茧，脸色黝黑，令人动容。

但困难最终被这些英雄好汉一个个克服了。

1975年10月，管线敷设到西藏境内的羊八井，距拉萨仅剩75公里，但就是这区区75公里，却成了管线工程部队最难啃的一块硬骨头。

羊八井位于拉萨西北110公里的当雄县境内的山谷盆地中，海拔4300米，面积100多平方公里。羊八井北临海拔5000～6000米高的念青唐古拉山，山顶终年白雪皑皑。进入盆地后，整个大地被热气弥漫，蒸气灼人，到处都有地热露头点，沸泉、热泉、温泉、热水湖、水热爆炸穴等。

格拉输油管线所经羊八井地区，属坡降较大的拉萨河支流堆龙曲河谷区，谷内河流弯曲，水流湍急，素有"羊八井峡谷"之称。

谷内怪石嶙峋，河水湍急，发出轰鸣声。原设计，管线要沿公路敷设，但这里地形险恶，一边是绝壁，一边是大河，要在悬崖上开山架桥，工程难度实在太大。

按新方案施工，管线要从河底穿过，敷设到对岸，然后在坡上开小道敷设，这样可节约投资200万元。

为了集中优势兵力打攻坚战，"五三〇"工程指挥部对这里复杂的地形地貌和工程的艰难程度，作了周密的调查、分析、研究，果断调整10多个连队、2000多人，向卡脖子地段发起了总攻。

在冬季零下30多摄氏度的严寒中，为了争分夺秒攻克难关，担负施工任务的指战员，首先要在河底打好两排高大的木桩，然后把红柳条编在桩子上，进而将石块和沙土填进去，并用万余条草袋装上土，挡在桩子外围，筑起一条大坝，拦住东去的河水。

可是，这里河底遍布泉眼，堵不胜堵，一道道水柱喷涌而出，穿河而过的管沟，尽管挖到了7米深，但转瞬间又灌满了水，造成布管、焊接、防腐工作难以进行。

此时正是高原施工的好季节，前几次穿越失败已经耗费了不少人力物力，这次攻坚战万万不能错失良机。

为此，工程指挥部又调集了10多台大功率抽水机，推土机的大灯把工地照得通明，连续三天三夜轮番作业，终于将管道顺利敷设过河，战士们激动地互相拥抱，失声痛哭。

经过40多天日夜奋战，油龙跃出了羊八井石峡，向拉萨腾飞而去。

1976年11月16日，格拉输油管线全线建成，在拉萨隆重举行通油庆典。党中央、国务院发来贺电，解放军三总部发了贺信。1982年9月，"五三〇"工程通过国家鉴定，荣获国家优质工程银质奖章。如今这座银光闪闪的奖牌，陈列在总后输油管线管理团的荣誉室里。

在以后的30多年中，青藏兵站部管线团常年值守在海拔4000～5300米的高山泵站，保证管线安全畅通。他们先后取得了近百项科研课题和技术革新成果，不仅成功解决了渗油、冰堵、混油切割等十余个高原输油的世界性难题，填补了"带油焊接""冰堵点探测"等十多项输油作业技术空白，而且在48个技术兵种中先后培养出数千名"土专家""兵博士"，最大限度地发挥了输油管线设备的潜能，使这条设计寿命只有20年的高原"油龙"，安全畅通了38年，为西藏地区输送各类成品油500余万吨，创造了高原管线输油的奇迹。

（载西藏人民出版社2015年12月出版的《天路　天路　天路》一书）

在青藏公路改建的日子里

我们乘坐高速越野车，在新改建的青藏公路上飞驰，两旁的雪山、草地、羊群匆忙地闪过，我们不禁惊叹道："好一条横贯世界屋脊的平坦宽阔的沥青公路！"

置身于1937公里长的青藏线，只见一派繁忙运输景象。有的进藏车队一摆开阵势就有十里八里长，正日夜兼程赶运庆祝西藏自治区成立20周年的节日商品。

1985年8月，新华社记者党周（左）、张荣大（中）、王运才（右）采访青藏公路黑色路面改建工程，在唐古拉山口合影

　　青藏公路改建工程胜利竣工了，同风雪高原顽强拼搏12载的数万名筑路战士、工人和民工，正陆续撤离施工现场。英雄们用自己的血和汗为青藏高原各族人民浇铸起一条幸福大道。

一

　　青藏公路海拔之高，距离之长，沿线环境之差，冻土分布之广，在世界上均属罕见，它是举世无双的特殊公路建设工程。

　　解放初，西藏还没有通往内地的公路，那时用两万多峰骆驼从青海向西藏赶运粮食。骆驼不适应恶劣的高原环境，不到半年就有8000峰骆驼倒毙在运粮路上。慕生忠将军在周总理、彭老总的大力支持下，于1954年率领1200名驼工和100名工兵，手操铁锹、镐头，用时7个月零4天，在世界屋脊上开辟出了青藏公路，创造了人间筑路奇迹。

　　现在每年85%以上的进藏物资都是通过青藏公路运进西藏各地的。随着各项事业发展的需要，把青藏公路改建成标准较高的公路已提上议事日程。这里环境恶劣，修路工期要比当年长，任务艰巨，技术难题也多。尤其是格尔木—拉萨1100多公里的地段，要翻8座高山，跨4条大河，海拔大都在4000米以上，还有长560公里的冻土特殊地带，再加上这里的气候变幻莫测，别说常年在这里住下来修路，就是匆忙过路也会感到痛苦难忍。

　　我们在青藏公路采访期间，内地正是酷暑盛夏，而这里却乍暖还寒，皮大衣要常备身边。然而，正在这里施工的工人、民工、战士们，却只穿件运动衫，挥镐、抢锹、拉车、抬石，有的人一天可挖运土石上十方，这在条件好的内地也是难以达到的工效。浇铸沥青路面，需要一气干完，一干就是十五六个小时，饿了，人们就从口袋里掏出冷馒头啃上几口接着再干。

　　特殊的条件，不仅造就了一批具有特殊精神的普通工人、战士，也造就了一些具有特殊精神的科技工作者。年过半百的朱学文，是交通部公路科研所的副研究员，他从北京来到高原，一干就是4年。由于生活条件艰苦，加上工作劳累，他的胃病加重了，两次吐血。同志们劝他下山，他总是那句话："没关系，死不了。"他领导的青藏公路科研组写成了《青藏高原多年冻土地区沥青路面的修筑》等两份报告，共计20万字，为整个工程施工提供了科学依据。

二

青藏公路的改建史，就是一部记载筑路英雄忘我献身精神的史册。我们在五道梁见到了西安公路学院44岁的助理工程师张秀华，她是青藏公路科研组唯一的女科技工作者，也是唯一研究无规聚丙烯浅色路面的人。这种路面抗压强度和反光率都比沥青路面好，是冻土地带修筑高标准公路的一种好方法，在世界上还从未有人搞过。

当初在西安搞浅色路面可行性试验时有3个人，临近上山时有2人因身体不适上不了山，只剩下张秀华一人。当时，张秀华的爱人要到国外讲学，两个孩子又没有人照顾……但她毅然舍家登上了昆仑山。3年中，她克服了许多意想不到的困难，终于在施工部队配合下使这种新型浅色路面在多年冻土层上铺筑成功。

在风火山脚，我们访问了被交通部授予"青藏高原筑路先锋连"的武警交通一总队二支队六连。这个连队在格尔木以南五六十公里处担负炸掉老鹰嘴的艰巨任务，这是青藏公路上的卡脖子工程。80多米高的陡壁直上直下，对面是深达30多米的河沟，要加宽路面，唯一的办法是炸掉老鹰嘴。要从险峻的高山上抠掉4万方石头，任务是十分艰巨、危险的。而上级要求这个连队两年内完工，还要保证正常通车、输油管道畅通、通信线路安全。在随时都有可能牺牲的艰险条件下，没有一个战士退缩，人人争先恐后地要求承担最危险的工作。

有一次，三排长李泽民的妻子来连队探亲，她身患风湿性心脏病，天天打吊针输液，卧床不起。身兼突击队队长的李泽民，顾不得照顾病中的妻子，每天都爬到最高处，腰上拴根粗绳子，吊到半山腰与突击队员一起打炮眼，排险石。在他的带领下，两年任务只用3个月就完成了，而且没有发生一起重伤事故。当战士们庆祝胜利的时候，李泽民的妻子却离开了人间。

12年来，在青藏公路改建的工地上，有140多名建设者献出了宝贵的生命。青海撒拉族青年马克木日，握着铁锹倒在工地上，连一句遗言也没留下；年仅17岁的武警战士贺生华，在生命的最后时刻，唯一的愿望是在他死后，把他埋在公路旁，好日夜守望着公路。英雄们的名字与业绩，将与青藏公路共存！

三

在青藏高原上，盛开着傲霜斗雪的雪莲花。然而，比雪莲花更有生命力、更艳丽的，是筑路员工共同培育的团结协作之花。

采访了青海交通厅筑路队数千名工人和民工团结一心征服唐古拉的事迹，令我们激动不已。当格尔木—拉萨段的改建面临困难时，他们主动分担兄弟单位的施工任务，开上了全线最艰难地段，勇敢地挑起从南温泉到安多136.8公里的施工重担。

唐古拉，藏语称它"雕飞不过的高山"。这里平均海拔高达5022米，空气中的含氧量只有海平面的60%多，每年冰期有331天，8级以上大风要刮160天左右。他们为改建好这段公路，团结奋战，不惜流血牺牲。

今年，为了赶工期，他们提前1个月上了施工工地。4月的唐古拉，仍然天寒地冻，人们一上来就病倒了一大片。在全部医护人员也都患病的情况下，他们就吃几片药，相互打一针，支撑着身子去抢救病人。护士宋海琳，是个刚满20岁的姑娘，她患了严重的肺水肿，抢救了5天才脱离危险。

她病还没有好利索，就奋不顾身地去抢救别人，许多病人感动得流下了热泪。病人很快恢复了健康，争取了时间，在最艰难的地段修出了全线质量最好的公路。

在青藏线上，到处传颂着西藏自治区交通厅第五工程队藏汉筑路员工团结协作多修路、修好路的事迹。这个工程队有职工500多人，一半藏族，一半汉族。汉族职工来自全国17个省市。为了修建通向幸福之路这个共同目标，他们团结得像一个人一样。几个汉族队长整天滚爬在工地上，而藏族党总支书记穷达干得更卖力，这几年他的家人和亲属连遭不幸，女儿因病瘫痪，沉重的打击并没有使他离开工地，人们夸奖他是一个"顾路不顾家的铁汉子"。

现在，青藏公路改建工程胜利竣工了，筑路大军将开赴新的战场，但他们创造出的英雄业绩，将永世长存。

（新华社西宁1985年8月27日电）

把铁路修上"世界屋脊"

——回眸青藏铁路第一期工程建设

我与青藏铁路建设结下不解之缘。30年前，记者在新华社青海分社工作，有幸担负了青藏铁路第一期工程哈尔盖至格尔木段建设的新闻报道任务。在四五年的时间内，铁路修到哪里，记者就采访报道到哪里，先后采写发表对内对外新闻稿件40多篇（部分稿件与黄昌禄合作）。《把铁路修到"世界屋脊"——记青藏铁路的建设者》和《火车开进柴达木》的通讯成为有社会影响的报道，《青藏铁路铺轨到格尔木》和《荒野中的新城格尔木》，被称为红花配绿叶的佳作，并被评为新华社1979年对外报道十大好新闻之一。

高原来了咱铁道兵

当年王震担任铁道兵司令员时曾经说过，什么是铁道兵的最大幸福？就是把铁路修到喜马拉雅山，在祖国建成四通八达的铁路网。

1974年，根据毛主席和周总理的指示，铁道兵又一次奔赴高原。

人们概括青藏铁路哈尔盖至格尔木段铁路所经地区的自然条件，是高、寒、风、旱四个字。铁路的大部分路基都在海拔3000米左右，比著名的东岳泰山还要高出一倍。这里空气稀薄，含氧量只相当于海平面的80%，机械运到这里，功率要降低25%到30%；人来到这里，不劳动也感到

高原来了铁道兵

气短、胸闷、头昏、乏力。这里的冬季长达半年以上，六月飞雪是常有的现象。风沙之大也为其他地区所罕见，8级以上的大风每年至少要刮70天。有人形容这里是"一年一场风，从春刮到冬"，大风甚至可以把几百只的羊群一股脑儿地刮到青海湖里。全线还有350公里地段是无水区，全年的蒸发量要比降雨量多几倍甚至上百倍。

在这样艰苦的环境里，战士们表现了高度的革命乐观主义精神。采访期间，我们亲眼看见许多连队住在杳无人迹的戈壁荒原上，战士们却在简陋的帐篷四周，砌起粉刷得雪白的围墙，上面写着豪迈的诗句："身戴冰珠穿冰甲，风雪昆仑战士家。今日我吃千般苦，来年高原现彩霞。"

某团负责施工的120多公里地段，只有两处可供饮用的水源，施工用水，生活用水，全靠汽车从10多公里乃至几十公里外运来，真是水贵如油啊！战士们拿到一盆水，早晨用来洗脸，晚上用来洗脚，澄清后再用来洗衣服、打煤砖。他们风趣地把这叫作"一水四用"。

有个团住在海拔3000多米的一处山沟里。战士们初来时，煮不熟饭，吃不上菜。大家就设法用钢板制成了大压力锅，修建了可以储存8个月蔬菜的大菜窖，办起了能生产10种以上副食品的小作坊，盖起了长出新鲜蔬菜的塑料棚温室。有的营区还修建了篮球场、排球场，设置乒乓球台，办起了图书室、俱乐部。施工之余，在昔日黄羊出没狼群嚎叫的深山里，响起了悠扬的琴声和雄壮的歌声。战士们高兴地说："居高临下三千五，读书娱乐不觉苦。"

为了在青藏高原上架起钢铁大桥，我们的英雄战士们不惜献出自己年轻的生命。某团十八连连长邓广吉，先后参加过7条铁路的建设，多次立功受奖，是有名的"铁连长"。前两次修青藏铁路，在锡铁山泉吉峡打隧道，他几天几夜不下火线。工程下马时，邓广吉含着热泪说："我还要再来，总有一天要把铁路修上世界屋脊！"

这第三次，只有邓广吉自己清楚，他是带病上高原的。

在他病得起不了床的时候，仍然不肯离开工地，每天早上，让班、排长到他床前，交代当天的工作，晚上回来向他汇报施工情况。

临逝世前，守在身旁的部队首长问他有什么要求。邓广吉什么也没有提，只是要求把他的骨灰埋在青藏高原上，死后也要看到青藏铁路修上世界屋脊！

高原处处埋忠骨，在格尔木烈士陵园，英勇献身青藏公路、青藏铁路一期工程、格拉输油管线等重点工程和高原新城格尔木的建设和发展的革命烈士、因公牺牲人员330余人长眠于此。

新华社首发新闻稿

1978年11月初，新华总社下达准备公开报道青藏铁路工程建设的任务，经青海分社指派，我单枪匹马奔赴青藏铁路沿线采访。在这之前的一两年时间里，有关青藏铁路的进展情况，我负责及时去施工部队采访，有针对性地采写内部稿件向上提供参考。

铁道兵第七师、第十师数万名指战员重上高原，展开653.5公里的青藏铁路哈尔盖至格尔木段建设大会战。与此同时，勘测设计大军在1000多公里的格尔木至拉萨段，更加深入地进行科学勘测设计。经过4年多艰苦奋战，到1978年底，青藏铁路建设已取得重大进展。

为了解决青藏铁路施工中碰到的盐湖和冻土地质地理、建筑工程与材料、高原机电和通信信号设备以及高原气象、高山病防治等一系列科学技术新课题，中国科学院、铁道部、一机部、铁道兵领导机关等组织了全国68个单位进行了青藏铁路科研大会战，上千名科技人员来到这里，与铁道兵指战员、铁道部第一设计院第二勘测设计总队的设计人员紧密配合，攻克了高原铁路建设中的若干技术难题。

"青海城头空有月，黄沙碛里本无春。"这是古代诗人笔下的青海高原。如今，随着青藏铁路的逐段通车，青海湖畔、戈壁荒原，出现了一座座新的工厂、矿山、市镇，火车给草原运来了机械，给牧区带来了繁荣，给柴达木送来了春天。仅西宁至哈尔盖段通车4年来，就运进运出了310多万吨物资，相当于77万多辆次载重4吨汽车的运货量，这对于正在兴建的黄河上游青海共和县境的龙羊峡水电站、青藏公路黑色路面改建工程、青藏铁路继续西修以及发展青海湖北岸的工农牧业生产，都发挥了重要的作用。

以往，国家重点建设项目的宣传，基本原则是开工不声张，竣工再报道。但是，青藏铁路却例外地在建设中期决定对国内外宣传报道，的确打破了常规，这是中国社会发展的必然，预示着中国改革开放的大幕即将拉开，中华民族伟大复兴的新时代即将到来。

我从1978年11月6日至22日在青藏铁路沿线采访了17天，恰逢历时36天的中央工作会议正在北京召开，会议从11月10日开始到12月15日结束。邓小平在会议闭幕式上作了题为《解放思想，实事求是，团结一致向前看》的重要讲话，为随即召开的十一届三中全会做了充分准备。时隔3天，中国共产党第十一届中央委员会第三次全体会议于1978年12月18日至22日在北京举行。全会的中心议题是讨论把全党的工作重点转移到社会主义现代化建设上来。

为什么正在建设中的青藏铁路可以公开报道？历史背景就在于此。

新华社于1979年1月6日播发我采写的《青藏铁路第一期工程进入施工高潮》的1100多字消息，是首篇公开向全国播发的青藏铁路第一期工程的新闻通稿，立即引起社会强烈反响。第二天，《人民日报》等众多媒体纷纷转载和转播，从此青藏铁路第一期工程揭开了神秘的面纱，成为国内外都非常关注的一件大事。

关角隧道"虎口"拔牙

巍巍关角山像一座天然屏风，横亘在天峻大草原和柴达木盆地之间，是通向柴达木的"东大门"。打通关角山长达4006米的关角隧道，就等于打通了青藏铁路第一期工程的"咽喉"。

关角隧道在1958年到1961年间曾经施过工，后因经济困难而停工封闭。因此，洞内积水深达3米，更给施工增添了难度。人们把凿通关角隧道比作"从老虎嘴里拔牙"。

关角隧道峒内开挖

青藏铁路再次上马后，这座隧道经过的地段有10多处断层带，岩石破碎，极易塌方；洞内的地下水特别多，一昼夜最大涌水量达到1万吨；有一段岩石含有几种膨胀土，遇水就会膨胀。除此以外，由于隧道位置在海拔3700米的高原上，空气稀薄，严重缺氧，在洞内施工时，连火柴都划不燃。人在里面工作久了，就会因缺氧而昏厥，一次最多昏倒过32人。

担任隧道施工的铁道兵某部，从师长到团长，都轮流到工地蹲点。干部、战士们争着完成最危险、最艰巨的任务。

铁道兵十师师长姜培敏三上高原修铁路，他第三次刚把家在乌兰安顿下，就深入关角隧道施工现场，一个月回机关和家两次，每次住两天，一蹲就是9个月。只要姜师长在关角，他每天一早一晚都要进隧道查看，盯在工地随时解决问题，促使多清理土石方2.6万立方米。由于过度疲劳，休息不好，姜培敏心脏病发作，四肢发凉，心慌得厉害，经常一分钟心跳120次，高血压160左右。医生再三劝说才下来，但看到工程施工顺利了，进展快了，他认为以往的付出值得。

有一次，距隧道出口100多米的地方突然发生大塌方。1500多方土块和石头从洞顶倾泻下来，把正在施工的127名干部、战士封堵在隧道里。狭小的洞内顿时烟尘弥漫，一片漆黑，呼吸十分困难。地下水排不出去，水位不断上升。在危急关头，跟班作业的8名党员干部立即聚集到一处，在漆黑的洞子里开了一次紧急的支委扩大会。会议作出两项决定：一是做好思想政治工作；二是派人找寻横通道，组织同志们突围出去。

当时，横通道也被塌方堵死。许多战士争先恐后地要求承担打通横通道的任务。最后，党支部决定，由干部、党员和老战士组成突击组，承担这项最危险的工作。

新战士们也没有停止斗争。藏族新战士多吉才让，在伸手不见五指的隧道内，摸着把施工工具一件件地收起来捆好。抽水机司机覃达树怕地下水泡坏机器，把100多公斤重的电动机摸着卸下来搬到高处。有人说："死活还不知道，忙这些干啥？"他回答说："就是我牺牲了，也要保护好机器，留给以后进来的同志使用。"

经过洞内洞外战友们14个多小时的奋战，终于在52米长的塌方体上部挖出了一条小小的通道。先让洞内的所有战士全部撤出险区，副营长吴德安、副指导员吴扬然等党员干部最后才从洞内出来。

在这样的干部、战士面前，还有什么艰难险阻不能战胜，还有什么高山、戈壁、沙漠、盐湖，能挡住铁道兵前进的道路呢！

关角隧道打通后，出隧道再盘山而下，在直线距离仅有25公里的峡谷内，劈山架桥，迂回筑路，转了7个S形，使铁路拉长到38公里，标高降低800米，此关角隧道与关角沟线路成了青藏铁路第一道险关。

当1978年老关角隧道通车后，不断出现整体道床开裂上鼓现象，不到两年道床就抬高了300毫米，而且水沟破裂，边墙脱落变形，拱顶裂纹掉块，局部边墙侵限等病害，威胁行车安全。虽经多次病害整治，但仍然无法根治。因此，老关角隧道又成了青藏铁路运输的一大瓶颈。

废弃老关角隧道，另建新关角隧道，已势在必行。在青藏铁路通车一年5个月后的2007年11月6日，新建关角隧道全面开工建设，总投资26.4亿元，设计为两座平行的单线隧道，设计速度为每小时160公里，两线间距40米，计划2013年12月10日隧道全部贯通，2014年6月30日调试完成并开通天棚至察汗诺区间电气化。全长32.6公里的新关角隧道，使原来线路缩短36.837千米，缩短行车时间2个小时。这条新关角隧道，被称为中国第一长隧、世界在建第一长隧、世界高海拔第一长隧。

技术专家们的心血

在修筑青藏铁路第一期工程的艰苦卓绝的斗争中，还有大批从事科研、设计工作的工程技术专家们。他们和铁道兵指战员一起，并肩战斗在工地上，为给子孙后代留下一条好铁路，倾注了大量的心血。

为了攻破察尔汗盐湖上修铁路的重重难关，铁道部科学研究院铁道建筑研究所副研究员杨灿文，从北京赶到盐湖工地。4月的盐湖，成天刮着六七级大风，夜里寒气袭人。年过半百的杨灿文和铁道兵的干部、战士们一起，住在帐篷里，过着同样艰苦的生活。白天，他迎着风沙上工地，亲自指导试验。夜晚，他在帐篷内掌灯熬夜，查阅国内外资料，研究施工中碰到的问题。他本来患有胃病，加上这里高寒、缺氧、干燥引起的高山反应，使这位老科学家的两眼渐渐深陷下去。

从1977年4月到8月，杨灿文在盐湖上度过了100多个紧张的日日夜夜。他同其他科研人员、铁道兵指战员一起，胜利地完成了挤密沙桩的试验工程，在海绵般的粉细沙地层上筑起了一条坚实的铁路路堤。这项试验研究成果，受到全国科学大会的奖励，在我国铁路建设史上写下了新的一页。

铁道兵某团副总工程师陈孔安是1975年来到青海高原的。他对全团负责施工的120多公里线路进行仔细踏勘和深入调查以后，发现有些地方的施工设计不合理，加大了工程量和投资。他决定向部队领导和设计部门提出自己的建议。

为了把饮马峡车站的正线缩短46米，减少一座桥梁，少挖10万多土石方工程，陈孔安和同志们先后7次深入现场，反复测量、计算和比较，提出了一个经济、合理的方案。为了减少从红铁山到欧龙山一段原来设计得过于密集的桥梁和涵洞，在连续两年的雨季里，他带领有关人员冒雨守在工地，察水情，测雨量，向设计部门提供了第一手的可靠资料。为了缩短战士们铺路基底渣的运输距离，陈孔安同另一个工程师、一个实验员，背上铁筛、磅秤和资料袋，冒着风沙的扑打，忍受着烈日的熏烤，在戈壁滩上步行8天，终于找到了一处离铁路最近的石渣场，使运碴距离比原设计缩短了12公里。

几年来，陈孔安和团里其他工程技术人员一道，提出了67项变更设计的方案，经部队领导机关和设计部门采纳后，共为国家节约投资180多万元。

在黄沙滚滚的工地上，我们遇到一位两鬓斑白的老战士，他是指挥部的副总工程师孙仲彻。他从铁道兵组建时起，就参加了这支部队，为新中国的铁路建设奔波了大半生。他当时已年满60岁，仍然精神饱满、生气勃勃地战斗在风雪高原上。当我们称赞他的这种革命精神时，孙仲彻说："我要像一支蜡烛，燃烧到最后，把一生都贡献给铁路建设。"

给柴达木送来春天

柴达木有"聚宝盆"之美称，共有32个湖泊，其中24个是盐湖。据地质部门探明，光是氯化钠（食盐）的储量就达500多亿吨。

开发历史最长的茶卡盐湖，面积105平方公里，盐层的厚度平均为8米到15米，含氯化钠达95%左右，原盐蕴藏量达4.5亿吨，从湖里采出后，只需简单冲洗一下，便可食用。经过200多年的开采，只不过在盐湖的西北部挖了一个角。

茶卡盐场生产成本比海盐、井盐、矿盐要低得多。可是，过去没有铁路，全靠汽车外运，每吨盐运到西宁，运费比生产成本高出10倍以上。

火车奔驰在察尔汗盐湖上

自从42公里长的铁路支线铺轨到茶卡盐湖，除外运食盐价格大大下降，茶卡盐厂的生产规模将从年产30余万吨扩大到50万吨，以后再扩大到年产100万吨。

总面积5856平方公里察尔汗盐湖，是我国最大的天然盐湖，以钾盐为主，伴生有镁、钠、锂、硼、碘等多种矿产。

2000年，青海盐湖集团采用新工艺上马了年产100万吨钾肥项目。这是国家西部大开发的首批十大重点工程之一，经过几年的建设，已于2004年正式投产，并于当年实现了年产量首次突破100万吨。加上周边企业的年产量共计200万吨，使钾肥的国内需求有1/3实现了自给，从根本上提高了国产钾肥在市场上的竞争能力。

柴达木还有许多宝石山，锡铁山就是其中之一。这座山名为锡铁，实际上矿石含的是铅锌，以储量大、品位高、矿体集中、埋藏浅、开采方便而著称。

过去因不通铁路，只建了一个小矿，采出的矿石，要用汽车运输500多公里到兰新铁路上的柳园站，再经过3000公里铁路线运到沈阳去冶炼。

随着青藏铁路修到矿区，一个现代化的包括采矿、选矿、冶炼的有色金属联合企业，已在柴达木盆地诞生。

格尔木是联结青海、西藏、新疆、甘肃四个省、区的交通枢纽，火车没通以前，从内地运来一块砖，相当于买3斤面粉的价格，吃1斤蔬菜，要花买1斤肉的钱。国家每年在格尔木地区的建设投资，至少有一半花到了汽车运输费用上。现在火车到了，格尔木的建设步伐就要大大加快了。不少"老柴达木"原来想调回内地工作，现在看见铁路通车，柴达木大有发展前途，都安下心来，立志为开发柴达木贡献力量。

柴达木，是蒙古族、藏族和哈萨克族居住的牧业区。新中国成立初期，天峻县的唯一运输工具是牦牛，全县每年外运的上百万斤畜产品，靠牦牛驮出去。牧民和干部吃的粮食、用的工业品，全部用牦牛从200多公里外的湟源等地运来。一头牦牛只能载重100市斤，往返要走一个月，还得有人跟着放牧、照料。那时，全县的青壮年劳力，70%都花到运输上，根本无力发展畜牧业。

1956年以后，牧区才有了公路，汽车代替了牦牛运输，节约了大批劳力，投入畜牧业生产。但公路里程长，汽车的运输量也有限，畜产品仍然不能及时全部外运，造成羊毛变质发黄，皮张变硬。特别是活畜运出更为困难。

"火车一到，这一切都开始改变了。"1976年底，青藏铁路修到天峻草原，火车运来了廉价的砖、水泥等建筑器材。县里正在修建一座冷库，计划在年内建成后，全县每年需外运的5万多头牛羊，就可全部在最肥的季节屠宰冷藏，然后有计划地用火车运出，仅减少损耗一项，每年即可增产牛羊肉三四十万斤，而且保证了肉的质量新鲜卫生。

青藏铁路沿线，新的城镇正在建设，新的工厂、学校、医院、商店不断出现。在各个站场，都整齐堆放着从东北、广东和金沙江林区运来的圆木，从甘肃、四川运来的水泥、沥青，从全国许多钢厂运来的各种型号规格的大批钢材。而当地盛产的畜产品、农副土特产品、矿产品及食盐等，正源源不断地运出。

柴达木从此与全国经济建设接轨，进入了发展繁荣时期。

青藏高原，我的第二故乡！

青藏铁路，我永远的牵挂！

（新华网青海频道2016年7月1日电）

坐上"天路"列车去拉萨

——写在青藏铁路全线通车十周年

清晨我站在青青的牧场，

看到神鹰披着那霞光，

像一片祥云飞过蓝天，

为藏家儿女带来吉祥。

……

那是一条神奇的天路，

把人间的温暖送到边疆，

从此山不再高路不再漫长，

各族儿女欢聚一堂。

这首情深意浓、催人泪下的《天路》绝唱，我不仅喜欢听，也喜欢唱，而且只要音乐声起，我都浮想联翩、心潮澎湃，这是因为我与铁道兵有段不解之缘，与青藏铁路有段不解之缘。

2006年7月1日，世界屋脊上的青藏铁路正式开通运行，从此西藏结束了没有铁路的历史。10年间，带火了西藏旅游业，坐上"天路"列车去拉萨，成了风靡中外的一种时尚。

据统计数据显示，2015年，西藏接待国内外游客达到2018万人次，旅游收入282亿元，分别是青藏铁路通车前的11倍和15倍；同年，青海接待国内外游客2315.4万人次，实现旅游收入248.03亿元，分别是通车前的3.6倍和7.3倍，均实现了前所未有的增长与跨越。

对此，我这个在青海工作了20年的"老高原"，也感到欢欣鼓舞。

我与青藏铁路有缘

我在新华社青海分社从事记者工作12年，把相当大的精力用在了青藏铁路第一期工程、青藏公路黑色路面改建工程和格尔木至拉萨输油管线工程这三大"天路"的新闻采访报道上。几十次到柴达木采访，四进西藏承担大型工程报道，在柴达木油田、盐湖、矿山、青藏铁路、青藏公路、格拉输油管线，以及高原地质勘探队和广大牧区草原，都遍布我采访的足迹。

特别是在37年前，我有幸参加了青藏铁路第一期工程哈尔盖至格尔木段建设的新闻报道，共采写对内外新闻报道40多篇。

在持续五六年的时间里，我不仅历尽艰辛报道了铁道兵修建青藏铁路第一期工程的惊世壮举，更主要的是在铁道兵胜利完成青藏铁路西宁至格尔木第一期工程后，奉党中央和中央军委之命整建制转业这一历史性转折中，我所采写的数十篇青藏铁路的新闻报道，无形中成了记录这支英雄部队最后辉煌历程的光彩一页。

我为能够奉献给英雄的铁道兵一曲永恒的赞歌而自豪。

我1986年从新华社青海分社调到新华社青岛支社工作后，经常回忆在青海工作20年的方方面面，也时刻惦念着那条缓建的青藏铁路何时启动建设。

时任中共中央总书记江泽民十分关心西藏的铁路建设问题，2000年11月，对建设青藏铁路作了重要批示，指出：修建青藏铁路是十分必要的，对发展交通、旅游、促进西藏地区与内地的经济文化交流是非常有利的。我们应该下决心尽快开工修建。这是我们进入新世纪应该作出的一个大决策，必将对包括西藏广大干部群众在内的全国各族人民带来很大的鼓舞。他要求国家有关部门要抓紧研究，对多个方案进行分析比较，以便党中央、国务院作出正确决策。

国务院召开总理办公会审议青藏铁路建设方案时，时任总理朱镕基指出，经过20多年的改革开放，我国综合国力显著增强，已具有修建青藏铁路的经济实力。通过多年不间断的科学研究和工程试验，对高原冻土地区筑路技术问题也提出了比较可行的解决方案。在几个建设方案综合比选中，青藏铁路方案比较有利，投资少，工期短，地形较为平坦。修建青藏铁路，时机已经成熟，条件也已经基本具备，可以批准立项。总之，过去缓建青藏铁路格尔木至拉萨段是必要的，现在青藏铁路全线贯通也是必须的。

2001年6月29日，青藏铁路格尔木至拉萨段开工的新闻播发后，令我兴奋不已。身处沿海城市青岛的我，曾一度萌生重返青藏铁路采访的念头，但因事务繁忙，年龄也大了，没有如愿。

但是，我十分关注青藏铁路格尔木至拉萨段的建设情况，许多新闻报道我反复读过，细细品味。

2006年7月1日，青藏铁路全线建成通车，不仅满足了高原各族人民的夙愿，也了却了包括我这名新华社记者在内的众多与青藏铁路有不解之缘的人的心愿。

争乘头班车进西藏

在青藏铁路通车前的一个月，应中共格尔木市委、市人民政府邀请，由留在格尔木的战友、优秀企业家——青海瀚海集团董事长李和印鼎力支持，我们组织了山东知青四十年重返格尔木的活动，无论在重视程度上、代表团规模上，还是在活动的安排上，都是前所未有的，充分体现了当地政府和人民以及留在高原的战友对山东知青的关心和友情。

我们本想到格尔木活动3天后，再乘坐青藏铁路开通的首班列车去拉萨一趟，这会为我们此次青藏行带来更大的喜悦和意义。可是，订购火车票却成了大难题，青藏铁路开通的首班列车车票根本买不到，之后也是一票难求，我们这个80多人的访问团订购车票就难上加难。负责我们旅行的青岛铁路国际旅行社费了九牛二虎之力，直到1个月后的2006年8月27日至9月9日，我们才完成了这次青藏行。

我是山东知青40年重返格尔木代表团的团长。

此次活动引起新闻媒体广泛关注，山东电视台、青岛电视台、青岛广播电台、《青岛早报》、青岛广播电视报等派出8名记者随团全程采访报道。《青海日报》、《西宁晚报》、《西海都市报》、《格尔木日报》、格尔木电视台等媒体也派记者追踪报道。

2006年8月27日上午，青岛火车站广场成了战友汇集的海洋，他们与前来送行的众多亲朋好友热烈地交谈着，新闻记者穿梭于人群中忙碌地采访，其他的旅客都被这热闹的气氛感染了，纷纷投来好奇的目光。

8时45分，火车启程了，这些年过半百的战友早就把年龄抛在脑后，歌声笑语荡漾在车厢内，说不完的知心话，讲不完的老故事，叙不完的老感情，人人仿佛又回到了40年前十七八岁的年龄。沿途经过的潍坊、淄博、济南都有战友上车，所以一到这些车站，大家都主动下车迎接战友入队，那种战友重逢的纯真喜悦难以言表。

1965年至1966年，山东8000多名知识青年，从黄海之滨、齐鲁之邦的青岛、济南、烟台、淄博、潍坊、德州、济宁、枣庄八大城市奔赴青海高原，其中青岛知青占到一半。

最终，人们在青海干了一二十年后，又回到了阔别已久的故乡，而不同的是，当初是单身去青海，而后来是绝大多数战友成双成对组织了家庭，都有了自己的下一代。

自20世纪70年代末以后，山东知青陆续离别高原回到故乡后，始终忘却不了曾经燃烧过激情也留下不少酸甜苦辣的那片故土。多年来，山东知青们通过各种形式回访第二故乡柴达木，到格尔木、马海、大格勒等故地重访，感慨良多。

在经过几天几夜的长途跋涉后，山东知青40年重返格尔木代表团的80多名战友，于8月30日早晨8时乘坐西宁至格尔木的909次列车徐徐驶进格尔木火车站。列车还未停稳，车内重返故土的山东知青们按捺不住激动的心情，纷纷趴在车窗上，寻找熟识的面孔，寻找当年留下的串串足迹。都兴奋地高喊：格尔木——我们又回来了！

战友们对意想不到的隆重欢迎场面惊喜过望。留在格尔木的知青组成锣鼓、秧歌队，使格尔木火车站变成了欢乐的海洋；市政府秘书长前来欢迎我们。瀚海集团董事长李和印、格尔木市人民法院原院长石忠州、市工商联秘书长申国良代表留守格尔木的山东知青上前热情相拥，敬上青稞美酒，敬献洁白的哈达，整个车站人声鼎沸，激情回荡，老知青们见面后，泪流满面，诉不完别后衷肠。

青藏铁路永远爱你

2006年8月31日，是我们山东知青回访团来到第二故乡格尔木的第二天，代表们在上午参观了市容之后，普遍感到在我们的记忆中几十年前那个建筑落后、市容较差的旧格尔木已今非昔比了。无论城市基础设施建设还是城市规模，都完全超乎我们的想象。我们当年在这里工作的时候全城只有两条正规路，路边也只有杨树，可现在道路纵横宽阔，绿树成荫，鸟语花香，城市布局也很独特，已经变成了一个令人耳目一新的城市；而最令世人惊叹的是，2006年7月1日，青藏高原迎来了一个具有划时代意义的日子，历经几代铁路建设者前赴后继地拼搏奋斗，横跨世界屋脊的青藏铁路全线建成通车了，各族人民世代梦想的天堑变通途终于成为现实。

作者在南山口火车站参观

尤其这次我与80多名战友重访格尔木，在离别20多年之后再次来到青藏铁路线上领略天路的风情万种，别有一番滋味在心头。

2006年8月31日下午，我们来到南山口火车站参观，这里是青藏铁路第一期工程和第二期工程的分界点，她见证了20多年来青藏铁路格尔木至拉萨段缓建与建成的历史。我站在横跨铁路的大型弓门一侧，目视一辆从远而近的货车飞驰而过，我的情绪似打开闸门的洪水倾泻而出，我失声哭了，扯开嗓子喊道："青藏铁路，我永远爱你！"

天路列车舒适大方

9月2日，天还没有亮，戈壁新城格尔木仍在沉睡中。

9月的格尔木，一早一晚已有丝丝凉意。

我们乘坐大巴车来到格尔木火车站，火车还没有进站，大家就在汽车上等候。

20分钟后，我们进站了。又在站台上等了10多分钟，火车隆隆驶进火车站。我们终于坐上火车，沿着开通不久的青藏铁路，前往圣城拉萨参观访问。

一进车厢，第一感觉是整洁明亮，窗子大，过道宽，要比一般的车厢宽敞。

放好行李，坐到号位上，感到高背软座的硬座车很舒服。再仔细一看，车厢内装饰力求藏族风格。车座的罩布、车窗窗帘都体现出高原的地域特色。

从标志显示看出，每节车厢定员60人，自重60.02吨，长26.6米。车上每个标注都由中文、英文和藏文构成，这是为满足中外游客和藏族少数民族的需要而为的。

车厢内有电子显示屏，用藏、汉、英三种文字标出，滚动播放车内温度、列车时速、到站信息等内容。

我对青藏铁路列车有一种亲近感，这不仅是因为在20多年前曾为报道青藏铁路第一期工程的新闻，在高原铁路千里施工线上奔波多年，还因为这次青藏铁路全线开通所启用的客车车厢，是由作者所在的沿海城市青岛一家叫南车

惊艳的"天路"列车

四方机车车辆股份有限公司研制提供的。

青藏铁路是世界上海拔最高、线路最长的高原铁路，其特殊的地理条件给机车车辆研发制造提出了许多特殊的高性能要求，青藏铁路客车项目被列为国家重大技术装备研制和重大产业技术开发项目。

2006年6月，南车四方机车车辆股份有限公司承担的169辆青藏铁路客车全部交付用户，并在2006年7月1日青藏铁路正式通车时上线运营。相比平原旅客客车，青藏铁路客车有许多独特的自主创新成果，不少先进技术为世界首创。比如在列车上首创了制氧系统；绿色环保的独特设计，列车首次实现了"零排放"；列车独有的大功率高原发电车；高可靠性的电气系统以及特有的防紫外线、防风沙措施；等等。

火车在行进中，逐渐从格尔木海拔2800米向唐古拉山海拔5300米的高度爬升，缺氧问题就出现了。有的战友因离开高原20多年，重返青藏高原又产生了高山反应。

青藏铁路列车的设计，为了解决缺氧难题，每节车厢的配置与飞机一样，设置了两套供应方式，一套是弥散式供应方式，类似"中央空调"，可使车厢内的氧气含量达到平原地区的80%以上；另一套是氧气面罩供气方式，若旅客感觉车厢内依然缺氧，可将座位旁边的氧气面罩摘下来直接吸氧。

大多数的旅客基本上适应车厢内弥散式氧气供应，而个别因缺氧出现气喘胸闷的，就戴上氧气面罩直接吸氧，感觉舒服多了。

据介绍，青藏铁路每趟列车都配备一名大夫和一名护士，采取应急措施。青藏铁路公司还在青藏铁路沿线的沱沱河设立了医疗救护站，并与铁路沿线的西藏安多、那曲等地区医院建立了医疗联系点，便于紧急治疗。所以，旅途安全是有保障的。

据了解，青藏铁路开工以来，全线共接诊病人53万多人次，其中470例高原性脑水肿、931例肺水肿患者全部得到有效救治，实现了"高原病零死亡"的目标。在2004年8月召开的第六届国际高原医学大会上，中外医学专家经过现场考察，一致认为：青藏铁路建设卫生保障防治救护工作卓有成效，医疗设施配置先进，人员健康保障科学，对人类高原医学事业发展做出了重大贡献。

攻克冻土技术难关

修建青藏铁路格尔木至拉萨段困难重重，最大的困难是如何在长达550公里的多年冻土区修建一条坚实的路基，而路基成败的关键在于怎么解开冻土因工程施工影响会造成冻土融沉的死结。如果这个关键问题解决不了，青藏铁路就会因为冻土融沉造成路基四处坍塌，这就成了无法收拾的病害工程。

我在1978年采访青藏铁路第一期工程哈尔盖至格尔本段建设时，曾到过铁十师五十团十三连，他们在1975年至1977年，配属科研单位担任风火山冻土试验工程项目，这里海拔4750米，含氧量60%。他们被称为战斗在风火山上的尖刀连。

我在32年前报道青藏公路黑色路面改建工程时，曾采访过年过半百的朱学文，他是交通部公路科研所的副研究员，从北京来到高原一干就是4年。由于生活条件艰苦，加上工作劳累，他的胃病加重了，两次吐血。同志们劝他下山，他总是那句话："没关系，死不了。"他领导的青藏公路科研组写成了《青藏高原多年冻土地区沥青路面的修筑》等两份报告，共计20万字，为整个工程施工提供了科学的依据。

他们所做的一系列工作，都为解决冻土地带修建铁路难题提供了帮助。

真正攻克青藏高原冻土地带修建铁路难题，是中科院冻土工程国家重点实验室青藏高原研究基地的专家，积极配合铁道部进行青藏铁路可行性研究取得了重大成果。他们编制了《青藏铁路多年冻土区工程勘察暂行规定》和《青藏铁路多年冻土区工程设计暂行规定》。2001年，他们开始从事"青藏铁路工程与多年冻土相互作用及其环境效应"研究，中国科学院院士程国栋为项目主管，马巍、吴青柏两位研究员为首席科学家。2001年在铁道部支持下建起了这个研究基地，并在青藏铁路线建设了14公里的冻土工程试验示范段。

我们这次乘坐青藏铁路客车去拉萨，在铁路沿线看到了他们的科研成果，很多路段采用的是块石路基和块石、碎石护坡路堤。这种保护冻土的措施，既经济方便，又切实有效，最主要的是利用块石、碎石孔隙较大的特点，使它们在夏季产生热屏蔽作用，冬季产生空气对流，改变路基和路基边坡土体与大气的热交换过程，起到较好的保护多年冻土的作用。按照设计，全线有117公里路段采用块石路基，31公里路段采用块石、碎石护坡路堤。

据资料介绍，在青藏铁路路基两旁埋设高效导热的热棒、热桩，目的是将热量导出，同时吸收冷量并有效地传递贮存于地下。在路基中铺设通风管，可使土体温度明显降低，在通风管的一端设计、安装了自动温控风门，当温度较高时，风门会自动关闭，温度较低时，风门自动打开，这样可以避免夏季热量进入通风管。在路基顶部和路基边坡铺设遮阳棚、遮阳板，可以有效地减少太阳辐射，降低地表温度。这些措施在建设中也得到不同程度的运用。

这些保护多年冻土层和主动冷却路基的创造性科研成果，为修建高质量的青藏铁路奠定了坚实的基础。

风火山隧道大穿越

让人惊叹不已的是，当列车驶入风火山隧道时，它的上下左右都处于永久性高原冻土层内，隧道所在区域地质复杂，主要为含土冰层、饱冰冻土、富冰冻土，还有裂隙冰、融冻泥岩等病害性地质。这条世界海拔最高的铁路隧道，轨面海拔4905米，全长1338米，是青藏铁路重点控制工程。隧道冻土层最厚达150米、覆盖层最薄处仅有8米，施工稍有不慎，就会导致大塌方，工程难度之大前所未遇。

风火山隧道设计为单线隧道，隧道最大埋深100米，最小埋深8米，进出口均设计有明洞，进口35米，出口23米，洞门形式采用斜切式结构，隧道结构为复合式衬砌，采用5层先后施作的隧道支护衬砌结构形式。风火山隧道成功突破高原冻土技术难题，在国家科技部等单位组织的评选活动中，被评为"2002年公众关注的中国十大科技事件"之一，也被称为世界上最长的"冻土隧道"。

车站风格各具特色

青藏铁路格尔木至拉萨段经过海拔4000米以上地段达960公重，设45个站点，属于青海管辖的22个，西藏管辖的23个，几乎站站都精彩纷呈，这些火车站是：格尔木、南山口、甘隆、纳赤台、小南川、玉珠峰、望昆、不冻泉、楚玛尔河、五道梁、秀水河、江克栋、日阿尺曲、乌丽、沱沱河、开心岭、通天河、塘岗、雁石坪、布玛德、布强格、唐古拉北、唐古拉、唐古拉南、扎加藏布、托居、安多、错那湖、联通河、底吾玛、岗秀、那曲、妥如、桑雄、古露、乌玛塘、当雄、达琼果、羊八林、羊八井、昂噶、马乡、古荣、拉萨西站、拉萨站。

青藏铁路已经在全国各地开通了7条前往圣城拉萨的线路，目前有广州—拉萨、上海—拉萨、北京—拉萨、兰州—拉萨、西宁—拉萨、成都—拉萨、重庆—拉萨。已经开通能搭乘去拉萨的火车客运站有：北京、广州、长沙、武昌、郑州、太原、石家庄、上海、无锡、南京、蚌埠、徐州、西安、成都、广元、宝鸡、重庆、广安、达州、兰州、西宁、德令哈、格尔木、沱沱河、安多、那曲、当雄共计26个城镇。列车车型主要以空调特快为主，直达车次有：T264（T265）、T164（T165）、T22（T23）、T222（T223）、T27、K9802、K917，到达拉萨终点站。

其中K9801，西宁—拉萨，在格尔木、沱沱河、安多、那曲、当雄有列车停靠站，其中玉珠峰、楚玛尔河、沱沱河、布强格、唐古拉、错那湖、那曲、当雄、羊八井9个火车站设有观景台；甘隆、纳赤台、小南川、玉珠峰、望昆、楚玛尔河、五道梁、秀水河、江克栋、日阿尺曲、通天河、雁石坪、布强格、唐古拉、扎加瀑布、托居、错那湖、底吾玛、岗秀、妥如、古露、乌玛塘、达琼果等火车站为无人值守车站。

青藏铁路格尔木至拉萨段许多火车站的设计别具匠心，楚玛尔河火车站，被设计成高度抽象的藏羚羊造型，以此提醒人们这里就是藏羚羊迁徙的主要路线，运气好的话，可能欣赏到成百上千藏羚羊穿越通道的壮观景象；托托河火车站，设计简洁醒目，以顺次设置的三组倾斜体寓意了雄伟的高山，以水平展开的弧形玻璃暖廊寓意了曲折的河流，巧妙地反映了沱沱河乃是长江之源的主题；唐古拉火车站，为世界海拔最高的火车站，修建在海拔5068米的地方，车站主体远看像一个纪念碑，造型酷似雄鹰，高耸的碑体强化了站房形象的标志性和纪念性；拉萨火车站，既渗透着藏族传统建筑的元素，又体现了现代化建筑的风格，步出车站，就与藏传佛教格鲁派寺院哲蚌寺隔河相望，向西远望，布达拉宫在落日的余晖中更显庄严。

对于普通列车旅客而言，观光不是主要目的，"赶路或许才是大部分旅客的初衷"。因此，为了不耽误其他不想观光旅客的时间，铁路规定普通列车旅客最好不要下车观光，但可以根据具体情况，在那曲站停留6分钟，供旅客观光、拍照留念。以后旅游列车开通后就另当别论。不过，由于普通旅客列车车窗已经安装了大块玻璃，旅客在车上其实就可以看到青藏铁路沿线的美景。

在列车停留那曲火车站短短几分钟时间内，几乎所有的乘客都下车到

乘坐青藏铁路客车去拉萨，与列车长合影

站台上观光，我和爱人急匆匆地在站台上来回走了一段，看到一位女列车长正站在站台上，我们邀请与她合了个影，留下了高原列车行的美好印象。

我们从格尔木乘上去拉萨的列车时，是黎明时分，由于心情激动，急想登车，就没有留意列车的外观。可能是青藏铁路列车开通时间不长，一路上翻山越岭，跨河过桥，虽然停靠部分火车间站，但不开门让旅客下到车站站台，主要是为了旅途安全。直到列车停留在那曲火车站6分钟，我才真正观看到列车特有的外貌，25T型列车周身草绿色，围着一道金黄的宽线，以时速百公里穿行高原，与雪域高原环境和谐一致。

雪山草地白云辉映

雪域高原是一个充满神奇的世界，千里青藏铁路线的神奇让人神往。

先说蓝天白云。坐青藏铁路列车，西宁至格尔木是夜间行车，而格尔木至拉萨段就是在白天行车了。从格尔木至拉萨途中，偶遇天空密布黑云，但多数是湛蓝的天，雪白的云，在内地见不到这样的好天气。

我们领略了黑云压顶的恐惧。突然天空大变，云忽高忽低，黑云团团聚来，有的翻滚，有的奔跑，瞬间黑云布满天空，密不透气，云像灌了铅，天似扣上了锅。大雨瓢泼而下，倾打在车窗上，让我们的心紧缩着，

美丽的青藏高原，湛蓝的天，雪白的云

要是这样的天在野外，那才叫"上天无路，入地无门"，两个字：恐怖！可是，我们在车厢里却没有这种感觉，还是两个字：哇噻！

　　雨过天晴，在阳光照射下，一幅蓝天白云的水彩画美轮美奂。在离天最近的地方，天空蓝得那么清澈，既高又深远。云一片一片，一缕一缕，时而如一条飞龙凌空而动，时而又变成各种鸟兽穿梭往来，不断变化出千奇百怪的造型。这蓝天白云，如梦似幻的仙境、充满神秘色彩的天堂。这里气候异常清爽，贪婪地吸上一大口甜丝丝的新鲜空气，就会把你的五脏六腑洗得干干净净。

　　雪山草原又是青藏高原的另一神奇。列车一会儿行驶在气势恢宏的高架桥上，一会儿又穿行绵长的隧洞，当上升到海拔4767米的昆仑山口，高耸的雪山，让人不禁为之放歌。万山之祖昆仑，绵延千里，冰封雪锁，仿佛玉龙横卧。6178米的主峰玉珠峰巍然矗立眼前，在这里常能遇到闻名遐迩的昆仑六月飞雪。在青藏铁路西侧的当雄高原背后，是念青唐古拉山脉高峰集中区，4座7000米以上的山峰紧密相接，其中一座是主峰，周围还聚集着30多座6000米以上的雪峰，雪山美景，叹为观止。

在青藏铁路所经过的广袤大地，有昆仑山和唐古拉山间的可可西里无人区，一片茫茫的高寒荒漠高原。它被称为世界第三大无人区，荒凉、原始、生存环境严酷，但却充满生命活力，高原精灵藏羚羊、藏野驴、野牦牛等230多种野生稀有动物，在这里繁衍生息。藏北高原是西藏北部辽阔的草原，在那曲境内有羌塘大草原，位于昆仑山脉、唐古拉山脉和冈底斯山脉之间，它不仅是野生动植物的天堂，同时也是一片具有丰厚沉积层的文化沃土。在一望无际的高原上，帐篷星罗棋布，牛羊遍野。英雄格萨尔王的足迹及故事遍布藏北，著名的唐蕃古道贯穿南北。那曲是最能代表羌塘的地区，那曲的意思为"黑河"，黑河是怒江的上游，水色发黑，因而得名，那种短小似"寸头"的"那扎"是蛋白质含量最高的草类。

拉萨河大桥好壮观

青藏铁路拉萨河大桥到了，人们都兴奋起来。拉萨河大桥是青藏铁路重点工程之一，也是青藏铁路和拉萨市的标志性工程之一。大桥距青藏铁路终点拉萨火车站约2公里，距拉萨市中心约5公里，

与拉萨铁路大桥合个影

大桥全长928.85米，最大跨度为108米，主桥采用钢管混凝土拱连续梁结构形式，引桥采用预应力混凝土连续箱梁形式。大桥设计结构新颖，融民族特色与现代风格于一体，建成后大桥通体白色，连续的拱形犹如一条飞扬的哈达。造型优雅的桥墩，则犹如盛开在河面上的雪莲。大桥与举世闻名的布达拉宫、拉萨火车站遥遥相望，成为圣城拉萨一道重要的人文景观。

圣城拉萨到了，乘客已按捺不住激动的心情。最后，列车停靠在拉萨河畔的终点站"日光城"拉萨。巍峨的布达拉宫就耸立在对面的红山上，金顶在夕阳下闪耀着光芒。

沿途美丽的景色一直陪伴我们到达拉萨。

那首《天路》绝唱一直伴随着我们美好的行程：

黄昏我站在高高的山岗，

看那铁路修到我家乡，

一条条巨龙翻山越岭，

为雪域高原送来安康。

那是一条神奇的天路，

带我们走进人间天堂，

青稞酒酥油茶会更加香甜，

幸福的歌声传遍四方。

（新华网青海频道2016年6月30日电）

《火车开进柴达木》：献给柴达木和青藏铁路

8月27日，带着淡淡油墨气味的《火车开进柴达木》新书，从兰州新华印刷厂运抵山东青岛，我翻看品味，爱不释手。这是我用心血编撰的一部书，被收入"柴达木文史丛书·柴达木认知读本"，圆了我出一部青藏铁路专著的梦想，这也是我唱给魂牵梦萦的柴达木、青藏铁路和铁道兵的赞歌。

"柴达木文史丛书·柴达木认知读本"，共30册，由青海省海西州政协编辑、张珍连主编、中国文史出版社出版，是一套大型且具有现实意义和深远意义的丛书。它以丰富多彩的内容，翔实生动的笔墨，满腔火热的情感，为读者呈现了一个全新的、可爱的柴达木。

我与柴达木有缘！我与青藏铁路有缘！我与铁道兵有缘！

辽阔的青海，浩瀚的柴达木，是我工作和生活了20年半的地方。我把人生最美好的青春年华——20岁到40岁，完全奉献给了青藏高原的建设事业和广袤边疆的新闻事业。

1965年9月，我从山东省淄博市博山区应征到了青海省柴达木，中国人民解放军生产建设兵团农业建设第十二师干了八年半，先后担任一团六连排长、一团宣教股新闻干事、师部宣传科新闻干事，28岁时任副团级师部宣传科科长。大漠戈壁，洒下了既有欢乐也有辛酸的泪水与汗水。

三十而立。我在1974年初借调到新华社青海分社帮助工作，1975年8月正式调入分社当记者，一干就是12年。少时，我就渴望将来当一名记者或作家，在而立之年梦想成真，走进了新华社殿堂，我为自己的努力与幸运兴奋不已。我对仕途没有多大追求，但始终抱定当一名能干的好记者的信念，为此拼搏了30余年。

我与铁道兵有一段难以忘却的不解之缘，这不仅仅是我曾奔波跋涉6年采访报道了铁道兵修建青藏铁路第一期工程的惊世壮举，更主要的是在铁道兵胜利完成青藏铁路西宁至格尔木第一期工程后，奉党中央和中央军委之命整建制转业这一历史性转折中，我所采写的数十篇青藏铁路的新闻报道，无形中成了记录这支英雄部队最后辉煌历程的光彩一页。我为能够奉献给英雄的铁道兵一曲永恒的赞歌而自豪。

铁道兵是一支英勇善战和为人民造福的英雄部队，在解放战争、抗美援朝和新中国建设事业中，屡屡立下不朽的功勋。1974年，根据毛主席和周总理的指示，铁路兵七师和十师全体指战员陆续开进青海，肩负起了修筑这条世界上罕见的高原铁路的历史使命。

青藏铁路指的是从青海省省会西宁到西藏自治区首府拉萨，全长近2000公里，工程分两期进行，第一期工程东起青海西宁市，西至通向西藏的门户格尔木，全长834.5公里，其中西宁至哈尔盖的181公里已在1975年建成通车。铁道兵承担修建的是从哈尔盖到格尔木的653.5

记者在铁路经过的地方留影

公里的一段铁路。第二期工程从青海格尔木到西藏拉萨，全长1121公里，其中多年冻土地段600公里，海拔高于4000米的地段长达960公里，青藏铁路是世界上海拔最高和最长的高原铁路，这在我国和世界的铁路建设史上都是罕见的。

我就是在青藏铁路第一期工程哈尔盖到格尔木一段建设进入施工高潮并可以对外报道的1979年，只身奔赴千里施工线上采访，共采写对内对外新闻报道和内部稿件40多篇（部分稿件与黄昌禄同志合作）。

与张万象留影在青藏铁路线

有付出就有回报。这些连续报道，无论从新闻时效、报道体裁、写作技巧、质与量等方面，都硕果累累。所采发的青藏铁路各类稿件有16篇是今日新闻，其中8篇被评为好稿。《青藏铁路铺轨到格尔木》《荒野中的新城格尔木》的对外稿，被称为红花配绿叶的佳作，并评为1979年新华社对外报道十大好新闻之一。《把铁路修到"世界屋脊"——记青藏铁路的建设者》《火车开进柴达木》两篇通讯，受到广泛好评。

我1986年2月调到新华社青岛支社工作，先后任副社长、社长、高级记者20年，采发了大量青岛改革开放和各类典型的新闻。尤其是与人合作采写的《中南海与黄岛》《好支书王廷江》《洋垃圾追踪》等稿件，被评为新华社社级好稿。《人民的科学家曾呈奎》《许振超再写新篇》等报道，也产生了强烈的社会反响。还有40多篇被评为新华社部级好稿，另有40多篇获得山东省社科成果一等奖、中科院科星新闻奖、山东对外传播好新闻以及青岛市好新闻奖等。

30余年，我共采发新闻稿件数千篇达数百万字，上百篇稿件获奖，也算是一名多产、多奖的新闻记者。同时，我还陆续出版了《两地集》《在新闻背后》《我与新闻三十年》（九卷本、200多万字）专著；与人合作出版了《自然王国探奇》《祖国的聚宝盆柴达木》《五四运动与青岛》等多部著作。

2005年5月，我从新华社记者岗位上退休后，仍笔耕不辍，开始了由记者向作家的转型，利用和发挥记者的积累和沉淀优势，著书立说，收获颇丰。

2012年12月，就与人合著《心脉》和执笔与人合著《三代医家之路》两部长篇纪实文学，合计近60万字。2013年12月，又出版了个人专著《海洋之恋》（上下卷）。

2013年盛夏，我有幸接受青海省海西州政协文史委副主任张珍连之邀，参与一部30册的"柴达木文史丛书·柴达木认知读本"的编撰，分工编撰其中《火车开进柴达木》一书，实为丛书中的一部个人专著。我对这部大型丛书抱有厚望，定能以多视野、多层面、多风格，展现一个可爱的柴达木。这不仅是至今仍在柴达木工作生活的人的期望，也是曾在柴达木工作生活过的人的期望。

在编撰这部书时，一方面深感难得，另一方面又怕拿不出好书，让读者失望。

当我重新翻阅整理30多年前所采写播发的一篇篇新闻和文章，又打开了高原采访记忆的闸门，好像重新回到了广袤的大漠荒原，火热的施工现场，英雄的铁道兵部队……那青藏铁路第一期工程如火如荼的千里施工战场，那铁路铺轨到锡铁山矿区令矿山员工喜悦的场面，那察尔汗盐湖架起钢铁"彩虹"让施工部队雀跃的情景，那青藏铁路铺轨到格尔木人们奔走相告的激情，那客运列车载着兴致勃勃的各族游客穿越戈壁滩的实况，那青藏铁路十条专用线投入临时运营给沿线带来的繁荣景象，历历在目，近如昨天。

我当年采写的八九万字的青藏铁路建设和火车给柴达木带来春天的系列文章，而今已成为历史，但我仿佛又回到了昔日火热的施工现场，又走进了那英雄的群体中间。

我把这些重新挖掘出来，原汁原味地整理成采访日记，或写成文章，为本书增色不少。一本采访日记，记录了我从1978年11月6日至22日的17天中，采访了铁道兵第一指挥部、铁道兵七师、铁道兵十师，以及6个团、6个营、8个连、36名师、团、营、连、排干部和技术干部以及战士，内容十分丰富。为了把日记重新录制成文，我读日记，女儿张园打字，全文达33000字，基本保持了日记原貌，很有感染力。

1982年1月，在青藏铁路建设进入后期阶段，我对工程作了一系列报道后，深入挖掘了铁道兵十师师长姜培敏的事迹材料，计划要写一篇人物通讯。可是，由于种种原因，没有写成。2013年8月，在我编撰《火车开进柴达木》这部书时，总感到有一个人物不能不写，他的事迹平凡而又不平凡，可以说是领导干部做人做事的一个楷模，非常值得好好地写一写，他就是铁道兵第十师原师长姜培敏。我到网络上搜索姜培敏的信息，他因病医治无效，已于2011年6月10日11时20分在北京逝世，享年82岁。在他的追悼会和告别仪式上，并没有播放哀乐，而是播放着一首军歌——《铁道兵志在四方》，悠扬、乐观而雄壮的旋律在人们耳边低旋：

背上了（哪个）行装扛起了（哪个）枪，

雄壮的（哪个）队伍浩浩荡荡，

同志呀！你要问我们哪里去呀，

我们要到祖国最需要的地方……

这歌声催人泪下，人们愿姜师长一路走好！我怀着对"铁"师长姜培敏的尊敬之情，奋战几昼夜整理出了1万余字的文章《缅怀"铁"师长姜培敏》，以怀念两年前已病逝的姜培敏师长，了却了我几十年的一桩心事。

慕生忠将军是青藏公路建设的倡导者、组织者、指挥者和参加者，我与慕生忠将军有一段比较深入的交往，早在32年前的1982年，我与张万象曾到慕生忠在甘肃省兰州市木塔巷的住家采访，五六天后又到新疆乌鲁木齐采访了他的哈萨克族儿子沙特尔，先后写出了33000字的《将军之路》和12000余字的《将军与孤儿》两篇报告文学。

1994年10月19日，慕生忠在兰州逝世，终年84岁，他的遗愿是把骨灰撒在昆仑山口。子女们遵照父亲的遗愿，一个多星期后捧着慕生忠将军的骨灰来到了格尔木。格尔木的党政军机关和群众，在当年修建并一直保留完好的"将军楼"前，为慕生忠举行了隆重的公祭仪式。

慕生忠8个儿女亲自护送父亲的骨灰到昆仑山口安葬，女儿慕瑞峰流着泪说："在这里，无论是过汽车，还是过火车，父亲既能看见，也能听见，他安息了。"

听说慕生忠将军的骨灰撒在青藏公路和青藏铁路线上，沿途有的司机主动把车停下，鸣喇叭3分钟。他们都知道，青藏公路和青藏铁路都留下了慕生忠永不消失的足迹，激励人们不畏艰难向前进，他在人们心目中高高树立起一座丰碑！慕生忠将军不仅是青藏公路之父，也是青藏铁路建设的先驱，他既是青藏公路交通运输管理局党委书记、局长，又任青藏铁路工程局党委书记、局长，两副重担一肩挑。我根据当年的采访记录，又撰写了14000字的《青藏铁路建设的先驱慕生忠》报告文学，为慕生忠传奇增加了新的光彩。

享受新闻，也可以说是新闻享受，是我爱上新闻这一行并几十年如一日为之倾力倾心的原动力。我从事新华社记者工作30多年，经受过风沙雨雪的磨炼，饱尝过新闻采访写作的酸甜苦辣。有些稿件是来之不易的，特别是在那些特殊的年代或一些特殊的情况下，记者废寝忘食地采写好稿件后，怎么抢时间发出去，对记者是一种考验。

我在报道格尔木至拉萨输油管线工程建设中，就采写过一篇《管线指战员怀念周总理》的稿件，通过格尔木到北京的长途电话，我流着泪念稿子，编辑流着泪抄稿子，1400字的稿子用了一个多小时才传送完成。当年我采写的《青藏铁路跨过察尔汗盐湖》《察尔汗盐湖架"彩虹"》的两篇新闻稿，也为了抢时效，采用发加急电报的形式，我往电报纸上抄中文稿，邮电人员译成数码电文，花费了两个多小时，真是电报发稿凝深情。总社及时编发了这两篇稿件，收到了很好的效果。我特意赶写了一篇4600字的《电报发稿凝深情》回忆文章，收录进《火车开进柴达木》，深感不写不快。

青藏铁路中途要穿越青海境内海拔3700米、全长4006米的老关角隧道。出隧道之后，还要再盘山而下，在直线距离仅有25公里的峡谷内，劈山架桥，迂回筑路，转了7个S形，使铁路拉长到38公里，标高降低800米，此关角隧道与关角沟线路成了青藏铁路第一道险关。

由于老关角隧道底部地层中含有大量遇水膨胀的绿泥岩、蒙托石等，当1978年老关角隧道通车后，不断出现整体道床开裂上鼓现象，不到两年道床就抬高了300毫米，而且水沟破裂，边墙脱落变形，拱顶裂纹掉块，局部边墙侵限等病害，威胁行车安全。虽经多次病害整治，但仍然无法根治。因此，老关角隧道又成了青藏铁路运输的一大瓶颈。

废弃老关角隧道，另建新关角隧道，已势在必行。在青藏铁路通车一年5个月后的2007年11月6日，新建关角隧道全面开工建设，总投资26.4亿元，设计为两座平行的单线隧道，设计速度为每小时160公里，两线间距40米，计划2013年12月10日隧道全部贯通，2014年6月30日调试完成并开通天棚至察汗诺区间电气化。全长32.6公里的新关角隧道，使原来线路缩短36.837公里，缩短行车时间2个小时。这条新关角隧道，被称为中国第一长隧、世界在建第一长隧、世界高海拔第一长隧。中铁十六局集团有限公司和中铁隧道局集团有限公司做出了巨大的努力，这支当年的铁道兵部队以"不畏艰险、勇攀高峰"的豪情壮志，与高寒缺氧斗，与超强涌水斗，克服了资金紧张等重重困难，修建了高海拔、高质量、长距离的新关角隧道。在新关角隧道贯通之际，我又赶写了《关角隧道话今昔》一文，也一并收录进《火车开进柴达木》一书。

编撰《火车开进柴达木》一书，我仅用了3个月，高效来源于高兴。书中有的作品，是与黄昌禄、张万象、马集琦等合作或由我执笔完成的，在此一一表示感谢。

谨以此书，献给当年英雄的青藏铁路建设者！并祝可爱的柴达木，现在美好，未来更美好！

（新华网山东频道2014年8月27日电）

我与青藏高原结下不解之缘

《天路　天路　天路》书稿即将付梓，我似乎余意未尽，有些话还想说，有些情感还想表达，因此一吐为快，表达透彻为好。

1965年9月至2015年9月，在这半个世纪中，我有两大情结魂牵梦萦，伴随至今。

一是50年前的1965年9月16日，我从山东淄博赴青海格尔木参加了青海军垦，光阴似箭，越来越感受到这半个世纪的不寻常阅历，既无怨无悔，也五味杂陈。

二是50年来，我与青藏高原结下了不解之缘，关注和撰写了青藏公路、格尔木至拉萨输油管线、青藏铁路第一期工程三条"天路"大量新闻报道，有点成就感。

2015年9月16日，山东淄博的军垦战友是最早一批赴青海的，将举行赴青海50周年纪念聚会，我是淄博博山人，理所当然地前去参加。

而在山东青岛，10月8日，几千名青岛籍军垦战友也将举行一系列活动，纪念参加青海军垦50周年。我作为编委之一，参与了编撰《曾经昆仑》上卷：文字集、下卷：照片集，106位战友撰文，收录了我2006年撰写发表的《重访青藏高原让我三次挥泪》，第一次挥泪：站在40年前牺牲的战友王世新墓前；第二次挥泪：寻找到30多年前喜结良缘的老洞房；第三次挥泪：走进20年前有不解之缘的青藏铁路。同时，战友还排练了一台大型文艺节目，精彩纷呈。

我在高原从事新华社记者12年的经历，让我在事业的征程上实现了一次跨越，不仅为青海的建设发展事业出了力，也为西藏的建设发展事业尽了心。

我与青海有缘50年，同样我与西藏也是有缘50年。西藏自治区成立元年、10周年、20周年、30周年、40周年、50周年，好像我做的一些事都与此有过关联，这就是缘分，半个世纪割不断的缘分。

从我50年前的1965年9月底到达目的地格尔木的那天起，格尔木就成了我的第二故乡，同时这年的9月1日，西藏自治区正式成立，作为西藏"门户"的格尔木，到9月底还有喜庆的气氛，我有幸沾了这份喜气。

格尔木是青海省省会西宁之外的第二重镇，也是西藏的门户。

西藏和平解放了，但西藏的局势并不稳定，国内外一些势力勾结起来，想把进藏部队饿死困死。中央采取非常措施，决定用骆驼向西藏运粮，以解燃眉之急。

1953年8月，西藏骆驼运输总队宣布成立，大本营设在青海省香日德。慕生忠被任命为总队政治委员。

在短时间内，2万多峰骆驼，也就是说，当时全国将近1/10的骆驼，迅速集中到千里风雪运输线上。

慕生忠坚持一边运粮，一边修路。在11月寒冷的一天，他亲自出马，带领20多人和两部汽车，用一部汽车拉上吃的冰块，从香日德到格尔木探路修路，300公里的路程，仅用了4天时间，就奇迹般地穿越浩瀚戈壁，来到了格尔木河畔。

从此格尔木成为西藏骆驼运输总队运粮的重要基地，成为最早的帐篷城。

1954年5月11日至12月15日，慕生忠率领筑路大军，仅用七个月零四天就修通了千里青藏公路，创造了修建高原公路的奇迹。

1953年在格尔木建立运粮基地，格尔木1954年才建政。自1955年8月中共西藏工委派驻格尔木工作组起，先后经历了中共西藏工委驻格尔木办事处（后改为西藏筹委驻格尔木办事处）、西藏自治区人民委员会驻格尔木办事处、中国人民解放军西藏自治区委员会驻格尔木办事处军事管制委员会、西藏自治区驻格尔木办事处革命委员会、西藏自治区驻格尔木办事处、西藏自治区人民政府驻格尔木办事处七个阶段。

在格尔木市区西部的盐桥路两侧，西藏驻格尔木各单位密密麻麻地排开，共占地3.8平方公里。不仅有公路局、运输总公司及4个汽车队，汽车修配厂，还有职工子弟学校、粮食局、石油公司、物资公司、医院、招待所、邮电局等单位，甚至连法院、检察院、交警队都有，是西藏自治区设在区外的最大物资中转基地。一共在格尔木投资了4.5亿元。

本着"一切服从于西藏、一切服务于西藏"的工作宗旨，西格办几十年如一日地强化服务意识，提升服务水平，增强服务效益，努力为西藏发展稳定服务。

20世纪80年代初期之前，85%的进藏物资和90%的出藏物资都由基地的运输队承担，西格办功不可没。

我们军垦战士把柴达木和格尔木当成第二故乡，我在这里工作和生活了八年半，留下了许多难忘的回忆。

当时格尔木有四方面军组成，一是格尔木地方机构，二是西藏驻格尔木办事处，三是以汽车兵为主的部队，四是青海军垦。

在那个什么生活物资都实行票证的年代，除了部队供应由国家保障外，似乎西格办也像西藏一样享受一些特殊照顾，每逢我们从连队到格尔木的时候，除了逛军垦商场，也去西格办商场，那里商品的种类和质量既多又好，有些在内

格尔木高原精灵雕塑

地买不到的商品这里都有，不过要凭票供应。我那时学会了抽烟，货架上摆放的上海专供的前门、牡丹、中华香烟，让人垂涎三尺。时间长了，熟人多了，也托人从西格办或部队买点稀罕东西。

近十年来，随着青藏铁路通车，西格办辉煌过后进入萎缩。

许多单位撤销或迁回西藏，职工子弟跟着回迁。而基地的另一部分职工退休后，也举家迁往内地。

西藏曾三次派人调研西格办今后的出路，都难以下决断。

但是，不要舍弃西格办，可以改革转型，继续为西藏建设与发展事业再立新功。

有人认为，格尔木对西藏来说地理位置十分重要，不仅是重要的前沿门户，也是重要的后方基地，舍弃会造成不可弥补的损失。1993年，庆祝基地建立40周年时，曾出版了一本专集。在谈到基地的发展前景时，有这么一段话：基地的过去、现在以至将来的主要任务仍然是为西藏的进出藏物资提供交通运输、中转储存以及公路养护和后勤接待服务。同时，随着青海、西藏两省（区）的横向经济联合的深入发展，还可能会成为西藏自治区出藏矿产品、畜产品的初加工基地和培育人才的基地。可以肯定，格尔木西藏基地将继续为西藏的经济建设、文化教育、社会发展和巩固边疆，为建设团结、文明、富裕的社会主义新西藏做出更大的贡献。

西藏方面实际上有意将这3.8平方公里的土地置换，在较为偏远的地方建立"西藏矿产品加工基地"。基地毕竟还有2000多名职工、3000多名家属，有3.8平方公里的土地和2.9亿元净资产，盘活人力和财产资源，西格办就一定会成为西藏建设发展不可或缺的力量

格尔木方面也希望把西格办留住，继续打"西藏牌"。格尔木西藏基地的发展，不仅是西藏自治区繁荣和稳定的重要支撑点，而且显示出格尔木作为交通枢纽和西藏后勤基地的战略地位。

按照格尔木市委市政府的构想，在格尔木西藏基地3.8平方公里的土

地上，建立"西藏矿产品加工基地"，盘活土地及固定资产，同时解决职工就业、生活等问题，向中央争取投资、税收、金融、土地等有关优惠政策，为"西藏矿产品加工基地"争得更多的发展空间。

作为一名老新闻工作者，我认为，只有中央给予优惠政策，西藏加强西格办的转型，西格办才会重生。早断早好，当断不断，必受其乱。

我在青海军垦干了八年半之后，于1974年初借调到新华社青海分社帮助工作，1975年9月正式调入当记者，一直从事工业报道，而且以格尔木为采访根据地，既报道柴达木各行各业，也集中报道青藏公路、格拉输油管线、青藏铁路第一期工程这三条"天路"。

就在西藏自治区成立10周年之际，我恰好在格尔木采访，又一次感受了西格办的节日气氛。

两个月之后的1975年11月，我们新华社青海分社与西藏分社4名文字和摄影记者，开始沿千里格拉输油管线进行实地采访，这一次跑遍了沿线部队，最后到达拉萨，这是我有生以来第一次与西藏亲密接触。那广袤的大草原，那清澈的蓝天白云，那连绵起伏的雪山峻岭，那圣城拉萨和雄伟的布达拉宫，让人心驰神往。

1985年8月，在迎接西藏自治区20周年的日子里，我与党周、王运才赶往青藏公路采访，置身于1937公里的青藏公路，只见一派繁忙运输景象，有的进藏车队一摆开阵势就有十里八里长，正日夜兼程赶运庆祝西藏自治区20周年的节日商品。最值得我们激动的是，这次我们采访青藏公路黑色路面改建工程已经竣工，同风雪高原顽强拼搏12载的数万名筑路部队战士、工人和农民，正陆续撤离施工现场。英雄们用自己的血和汗为青藏高原各族人民浇铸起一条幸福大道。最终赶在庆祝西藏自治区10周年前夕的1985年8月27日，新华社播发了我们采写的《在青藏公路改建的日子里》的长篇通讯，向西藏自治区成立20周年献了一份厚礼。

我1986年2月从新华社青海分社调到青岛支社后，青藏高原的情结并没有因为调离而终结，反而越来越浓郁，我将其视为人生的一笔财富，不断地释放出热量，继续为高原建设发展尽一份心，出一份力。

1995年9月，在西藏自治区成立30周年之际，我撰写了《千里"热线"哭唤周总理》的回忆文章。1972年5月30日，为了彻底改变西藏缺燃料油的困境，造福西藏各族人民和发展各项事业，重病的周总理批准修建格尔木至拉萨输油管线。广大部队指战员艰苦拼搏数年，工程取得了重大进展。1976年1月8日，周总理积劳成疾、医治无效不幸逝世，震惊了全国人民，也引起了管线建设者的极大悲痛。记者饱含热泪采写了回忆文章，并在当时通信不发达的情况下，用长途电话向总社传稿，记者声泪俱下地念稿子，编辑在抽泣中记稿子，那个令人难忘的场景一直刻骨铭心。此稿收入我1996年12月出版的《在新闻背后》一书。

2005年西藏自治区成立40周年之际，我又撰写了"记者手记"采访青藏铁路一期工程的日子里的文章，由新华网发表，8000余字，也算是我为西藏自治区成立40周年大庆献上的一份厚重的心意。

从2014年上半年，我又一次反复思考要出一本三条天路的书。三四十年前，我写了大约12万字关于青藏公路、格拉油路（格尔木至拉萨输油管线）、青藏铁路（第一期工程）的新闻报道和文章，曾经产生过较大的社会反响。我从新华社青海分社调到青岛支社工作，一次采访一个部门领导，得知他曾经参加过青藏铁路建设，立即拉近了距离，有一种亲近感。我介绍当年全力采访青藏铁路，但他对我的名字记不起来。可是一说到当年我发表的《火车开进柴达木》的通讯稿，他激动起来了，不但说出了稿子的一些内容，而且还收藏着登载这篇稿子的报纸，这让我非常感动和知足。毕竟一二十年过去了，他还想着这篇老新闻，这是读者对自己的最高奖赏。

常言说，今天的新闻，就是明天的历史。而三四十年前采写发表的12万字的新闻和文章，就是记载三条"天路"的一部历史。

我敲定用《天路　天路　天路》作为书名，既切合实际，也有点文采，我兴奋不已。

我感到现成的文字还是少了，又补写了多篇文章，有10万字，还找了七八十张照片，形成了一部书的规模。

时下出书，作者最头痛的是出书经费和新书销路两大问题。

不管怎样，书一定要出。

我选中了西藏人民出版社，委托他们出版此书是最合适不过的了。

我找到新华出版社社长张百新，说明想在西藏人民出版社出版《天路 天路 天路》一书的打算，我想出版界往来比较多，问他西藏人民出版社有没有熟人，他说没有，但可以想办法找。

时间不长，张百新社长打来电话，说找到了西藏自治区党委宣传部常务副部长、新华社西藏分社社长张晓华，他答应帮助联系出版事宜。

不几天，我接到西藏自治区党委宣传部曾林处长的电话，让我抓紧把书稿发给他，他负责协调，看书稿后再定。

过了一些日子，曾林处长再次打电话给我，说书稿已看，并征得西藏人民出版社领导同意，列入2015年出版计划，并告诉了我一个好消息，出版社答应出资出版，我深感难得，一再表示感谢。

新华社原副社长何东君和张晓华、张百新二位社长分别题写天路书名。

近几个月来，由于编校书稿，我与西藏人民出版社的编辑苏远尚经常电话往来，他告诉我，西藏自治区党委宣传部和西藏人民出版社对《天路 天路 天路》一书评价很高，已列入庆祝西藏自治区成立50周年重要出版物，正争取主题出版基金或国家出版基金，把这本书出好，力求产生好的效果。

我为此书被列入庆祝西藏自治区成立50周年重要出版物而兴奋，并对关心本书出版的各位领导表示衷心感谢。

《天路 天路 天路》一书，在我人生的70年的征程上筑起了一条情系高原的"心路"，这是我心中的"天路"。

（写于2015年8月8日，为《天路 天路 天路》一书后记）

大漠奏华章

千里"热线"哭唤周总理

1976年1月8日，是个令人难忘的悲痛的日子。我们敬爱的周总理积劳成疾，不幸逝世，震惊了全中国各族人民的心。

当时，记者正在青藏高原格尔木至拉萨输油管线建设工地采访，这一悲痛的消息迅速传到千里施工线上，近两万名人民解放军指战员、工人和工程技术人员无不失声痛哭。人们不仅仅为失去了一位深深崇敬的伟人而悲痛，还因为他们正在夜以继日建设的格拉输油管线是周总理亲自批准建设的项目，就在工程施工进入关键和高潮的时候，周总理却永远离开了我们，指战员们怎能不悲上加悲呢？

指战员们不会忘记，1972年5月30日，周总理作了修建格拉输油管线的批示，按照周总理批示的日期定为"五三〇"工程。周总理在亲笔批示中说："拟先定第一期工程，请计委列入计划，今年勘查，明年施工，后年建成。"中央其他一些领导同志也先后对工程作了10多次重要批示，周总理等中央领导始终关心着这条输油管线的建设，给建设者以极大的鼓舞。原计划是修建地上的格尔木至拉萨输油管道，后来根据需要又决定修建地下输油管道，难度和工期就加大了。中央和周总理批准修建格尔木至拉萨输油管线，主要是从有利于加快西藏经济建设、巩固西藏边防和提高西藏人民生活水平出发的。原来西藏每年需要的大量燃料油，全靠汽车往返数千里运到西藏各地，仅汽车本身在路途所耗费的油料就占到30%左右，修通格拉输油管线就从根本上解决了燃料油运输难和耗费大的问题。

指战员们更不会忘记，在党中央一声令下，解放军总后勤部所属部队的近两万名指战员和工人、民工、工程技术人员，肩负着党和人民的重托，满怀对西藏百万翻身农奴的深情厚谊，从祖国四面八方齐汇青藏高原，"世界屋脊"沸腾起来了。这是我国第一条高海拔、长距离、可输送多种成品油的输油管道，是继川藏、青藏公路之后，征服"世界屋脊"的又一曲嘹亮的凯歌，在世界管道建设史上也是罕见的壮举。1080公里长的格拉输油管线有900多公里海拔在4000米以上，无论是在昆仑山、可可西里山、唐古拉山、申克里公山、昆仑山、通天河，还是在高频率大强变的地震活动区、雷暴区、热融滑塌区、热溶湖塘、冰丘、冰滩等多种特殊地质地带，英雄的建设者们凭着"高寒缺氧无所惧，欲与天公试比高"的大无畏英雄气概，千难万险无所阻拦，战胜了一个又一个难关，将管线一公里一公里敷设在"世界屋脊"上。

在悼念周总理的日子里，记者采访了工程建设指挥部党委的一些领导同志，他们的心情格外沉重，他们说：我们是肩负着党中央和周总理的重托来到青藏高原修建格拉输油管线的，为了带领近两万名指战员在高原站住脚，扎下根，工程建设指战部党委一上高原就向全体建设大军发出了"树雄心，立壮志，认识高原，征服高原"的战斗口号，鼓舞了全体官兵战天斗地的士气。经过几年的艰苦奋战，工程已取得了重大进展。万万没想到，工程还没有最后完成，周总理却永世长辞。许多指战员失声痛哭，悲痛笼罩着千里施工线。工程指挥部立即召开会议，认真严肃地研究如何加快修通格拉输油管道，各个常委一致表示，一个常委深入一个泵站，不搞好泵站建设决不下山，以最实际的行动悼念敬爱的周总理。

各施工部队悼念周总理的活动开展得更是深入。担负修建输油管道通讯线路的通讯大队，指战员们分布在各个艰苦施工地段，他们开头6个人抬一根杆，4个人扛一盘线，以后4个人抬一根，两个人扛一盘。总理逝世的消息一传到部队，指战员们用拼命干活去冲淡痛苦，许多人累得跌倒了再爬起来，昏过去醒了再干，他们表示决不拖"五三〇"工程的后腿，为早日通油拉萨做出贡献。担负输油管敷设任务的某部一五四团的指战员，将输油管埋到1米多深的地下，就要挖一条1000多公里长的地沟，这在内地平原地区算不了什么难事，而在"世界屋脊"的青藏高原就艰难多了，巨大的挖沟机在复杂的地质条件下难以发挥作用，多数的地段靠人工开挖，战士和民工们吃在工地，住在工地，白天干了，夜晚打着车灯继续奋战。一根根1米多长的钢钎打得只剩尺把长，一把把大铁锹磨成了小锅铲，困难终于向指战员们低头。当指战员们得知周总理逝世的噩耗后，他们抹着眼泪上工地，化悲痛为力量，加快工程进度，以更大献身精神展开了冬季施工，到处是一派催人泪下的奋战场面。

担负管道焊接任务的管线总队，为了使全线10万多根钢管的10多万个焊口万无一失，无论是冬天还是夏天，面对艰难的作业环境，他们都一一挺过来了。可是周总理逝世的消息传来，指战员们精神上简直难以接受，连日来都沉浸在极大的悲痛之中。许多官兵默默地走上工地，相视无语，埋头苦干，只要有人一提到周总理，便会传出一阵哭泣声。

记者耳闻目睹指战员们沉痛怀念周总理的悲壮情景，也时常以泪洗面，陷入悲痛之中。记者采访格拉输油管线建设也有一年多了，与指战员们结下了深厚的友谊，心情和指战员们是一样的，都盼望早日胜利通油拉萨，向党中央和周总理报喜，向全国人民报喜。当然，作为新华社记者，我们还有一件义不容辞的责任，就是在工程胜利完成的时候，还要写一篇长篇通讯，以颂扬格拉输油管线建设者的英雄业绩，说不定周总理等中央领导同志会仔仔细细地看看这篇报道呢。但这一天还没有到来，敬爱的周总理却去世了，他再也不能听到格拉输油管线建设者战天斗地的消息，再也无法分享终有一天会胜利通油拉萨的欢乐，这不仅是近两万名指战员的终身憾事，也是我这个自始至终采访格拉输油管线建设的新华社记者的终身憾事。

记者实在按捺不住沉痛悼念周总理的心情，饱含热泪写出了《管线指战员怀念周总理》的稿件，将人们的情感完全融汇其中。当时格尔木有文字传真设备的单位极少，也都是单位的内部专线传真，没有办法直接将稿件传到北京新华总社。如果发电报，长达1400字的稿件非常麻烦，再说电报也要两天左右才能收到，时效就耽误了。我急中生智，干脆到邮电局要长途，用电话直接向总社传稿，但也顾虑1400字长的稿件，编辑能一字一字地记录吗？结果，记者的顾虑是没有必要的。当记者要通了总社国内编辑部的长途电话后，向编辑陈秀珍同志简略说明这篇稿件的内容，她非常痛快地说："这篇稿件很重要，很及时，现在正需要这种稿件，那就你念我记吧。"于是，相隔数千里之遥的记者与编辑通过长途电话"热线"，传递着格拉输油管线近两万名指战员对敬爱的周总理无比深沉的缅怀。字字情，声声泪，千里长话"热线"哭唤敬爱的周总理。

当记者念过《管线指战员怀念周总理》的题目，顿觉悲痛涌上心头，眼睛湿润了，声音低沉了，但尽量控制住自己的感情，一字一句地读着开头一段："周总理逝世的消息极大震动了参加格尔木—拉萨输油管道建设的近两万名人民解放军指战员、工人和技术人员。连日来，他们怀着沉痛的心情，回忆周总理生前对他们的关心和教导，无不深切怀念敬爱的周总理。"话音刚落，我已听到对方陈秀珍同志轻轻的抽泣声，我也止不住抽泣起来。

随后，我可以感觉出来，我念稿子，老陈记录，都是满含热泪，双方的抽泣声随着稿子的起伏而起伏。特别是念到"敬爱的周总理和我们永别了，广大油管施工人员既悲痛又惭愧，悲痛的是，我们失去了敬爱的周总理；惭愧的是，没有让周总理在生前听到他亲自批示修建的格拉输油管道通油拉萨的消息。想到这里，人们眼泪滚滚，万分悲痛"时，我和老陈再也忍不住了，都失声痛哭起来，足足两分钟无法继续念稿子，无法记录稿子，我面前摆着的张张稿纸，洒落了点点泪水，有些字都浸得模糊不清了。是啊，广大指战员无比热爱和怀念敬爱的周总理，我们新闻界的记者编辑同样对敬爱的周总理无比热爱和怀念，不同的是，我们既要承受个人发自内心的悲痛，还要承受在采访过程中一次又一次所触发的悲痛，因此在周总理逝世后的几天内，我的心情一直就没有平静过，泪水几乎没有干过。

就这样，我和陈秀珍同志在用长途电话传送和接收《管线指战员怀念周总理》这篇稿件的时候，双方也不知掉过多少泪，也不知多少次哭出了声，自始至终都难以控制悲痛的感情，稿子传了一个多小时才结束。当放下电话后，我又泪如泉涌。我这个人不太轻易掉泪，但这一次可真是动了感情，至今一想起这件事，眼睛还酸酸的。

1977年10月，千里格拉输油管线建成，广大指战员为周总理树立了一座丰碑。

周总理世世代代活在全国人民的心中。

（刊于1996年12月青岛出版社出版的《在新闻背后》一书）

骆驼·汽车·火车

远征探宝的骆驼时代

漫游在广阔的柴达木，随时随地都能感受到这片土地的变化，应该说，青藏高原的变化是巨大的、多方面的，然而，最深刻的变化是什么？

记者曾经向许多"老高原"提出过这个问题，得到的回答几乎是相同的——交通事业的发展使青藏高原结束了与世隔绝的历史，为柴达木的大规模开发建设奠定了坚实的基础，这是柴达木最深刻的变化。有人说，新中国诞生以来，柴达木交经历了三个时代：1955年以前，是远征探宝的骆驼时代；1955—1978年，柴达木交通经历了初期开发的汽车时代；1979年，迎来了继续前进的火车时代。

柴达木，绵延的戈壁，被巍峨的雪山环抱，过去，几乎是一片与世隔绝的土地。茫茫的沙海中只有些小片绿洲，生活着为数寥寥的蒙古族、藏族、哈萨克族牧民，那些绿洲就像漂在无边大海中的孤岛。牧民们要想与外界联系，唯一的交通工具就是骆驼。骆驼被称为"沙漠之舟"，它对戈壁沙漠有一种特殊的适应性。它有四只大如蒲团的软蹄，踩在软沙滩上不至于下陷，适用于在沙海里载重远行；它的眼睛由一圈长而密的睫毛保护着，在风沙弥漫中能辨别方向；它那高高耸起的双峰是储存脂肪的仓库，几天不吃不喝也可以维持生命。骆驼能在炎热的环境中长期生活的秘密，还在于它那1000平方厘米的鼻黏膜有奇特的功能，可以把呼出的近70%的水汽重新收回体内。郭沫若曾经写诗热烈称颂骆驼是"沙漠的船""生命的山"……

据史料记载，明朝正德年间，蒙古族首领安达汗游牧柴达木，带来一批骆驼。柴达木生长着大量的白刺、坎巴、梭梭，这些沙生植物是骆驼理想的食物，于是骆驼便在柴达木繁衍开来，但是数量一直不多。直到新中国成立后的1953年，由于开发建设柴达木和支援西藏的需要，几万峰骆驼一下子涌进了柴达木。

当时，刚刚和平解放不久的西藏，仍然处在封建农奴制度的统治之下，拉萨有1/5的人过着乞丐生活。进藏部队的处境十分困难。西藏上层中少数反动分子得到外国反动势力的支持，在暗地里策划阴谋，采取经济封锁，挑拨藏族同胞不卖给进藏部队任何东西，他们视高山大川、交通闭塞为王牌，扬言要把解放军饿绝困死。

为了挫败反动派的阴谋，支援西藏军民，2.7万峰骆驼迅速从内蒙古、宁夏、甘肃等地集中到柴达木盆地的香日德。1953年夏天，以骆驼为运输工具的西藏运输总队宣告成立，慕生忠将军被任命为总队政治委员。骆驼运输总队担负起向西藏运送粮食物资的紧急任务。当时骆驼队浩浩荡荡行进在青藏高原上，这大概是骆驼发展史上最壮观的场面了吧。

在格尔木，我们访问了当年西藏骆驼运输总队一大队二中队指导员马珍。这位老人看起来体弱多病，可是一谈起骆驼，精神一下子就振奋起来。他说："那时候，从香日德到藏北草原，1000多公里的运输线上，漫山遍野，到处都可以看到运粮的驼队，一路上撒下叮叮当当的驼铃声。一个驼工赶7峰骆驼，一峰骆驼驮300斤粮食物资，还要驮上行李、帐篷、吃饭用的锅碗瓢盆、扫雪开路用的扫帚和铁耙子。每天，天不亮就起程，下午，高原上刮起大风或者骆驼走累了的时候，就找个避风的地方支起帐篷宿营。夏天，常常冒着风雨前进；冬天，经常与暴风雪搏斗。这样，我们三四个月可以在这条运输线上往返一次。在前后两年的时间里，我们这些驼工忍受着常人难以忍受的艰苦，步行上万公里，把几百万斤粮食物资运进西藏。柴达木成了支援西藏的可靠后方，骆驼，为支援西藏做出了可贵的贡献。"

"可是，骆驼也付出了巨大的牺牲。"说到这里，老人的声音低沉了，陷入了痛苦的回忆："骆驼号称'沙漠之舟'，能适应沙漠，却不适应风雪高原的气候，更不习惯跋涉在坚硬的地面上，蹄子磨损

繁忙的骆驼运输队

得厉害。给骆驼的脚上套了皮鞋，时间不长就磨透了，蹄子鲜血直流，疼得骆驼一拐一瘸，步履维艰。唐古拉山区一场暴风雪，山山岭岭一片银白，平地积雪一尺多厚，大雪覆盖了草场，骆驼吃不上草，饥寒交加，一峰又一峰骆驼倒下去了。风火山附近有一条长长的峡谷，本来是骆驼队来往的理想走廊，后来竟成了骆驼的'墓地'。几百峰骆驼倒毙在峡谷中，横七竖八，惨不忍睹，粮食等物资弃之路旁，等到天暖了，整个峡谷弥漫着难闻的臭气。到1954年的春天，已经有8000峰骆驼死在运粮路上，骆驼的总数损失了1/3。这时候，慕生忠将军下决心开始修青藏公路。"

1954年，我国大规模的经济建设开始了，石油地质普查大队进入柴达木。地质队员在荒无人烟的戈壁中找矿挖宝，骆驼是最亲密的伙伴，是沙漠里最理想的交通工具，它为地质队运送粮食、水和物资。当暴风雨来临的时候，人们紧紧偎依着骆驼能够度过最困难的时刻。夜晚，骆驼卧在沙漠上，可以为人们围起一个临时性的安全宿营地。

柴达木盆地本来没有路，骆驼的脚下就是路。当时，乌孜别克族老向导依沙·阿吉老人就是骑着骆驼走遍沙海，帮助地质队探通了一条条路，找到一处处水源，探明了一个个矿点。

1982年一个偶然的机会，我们在北京见到了辽河油田研究院副院长葛泰生，他是当年石油地质大队101分队的队长。他给我们讲述了一段关于骆驼的悲壮故事。

1954年6月底，那是他们进盆地后的第一次远征。葛泰生带着一支8个人组成的小分队牵着骆驼、驮着淡水，从阿拉尔出发经过红沟子到茫崖去。阿吉老人是他们的向导。

第一天，他们到达红沟子，旗开得胜，发现了储油构造和油砂。

第二天，在油泉子又发现了大量的油砂和地蜡。

接二连三的胜利鼓舞着他们继续前进，可是危险也在一步步向他们逼近。小分队带的水只够用七八天，4天过去了，水已经消耗了一多半。沿途没有见到水草，白天，烈日当空，烤得戈壁滩滚烫滚烫的，大地像蒸笼，热得人喘不过气来，每人每顿只能分到一杯水，大家的嘴唇都起了泡，裂开了大口子。

第五天过去了，水只剩下两桶，不过百十斤，人们的心情越来越沉重。

第六天清晨继续上路。走着走着，突然一峰骆驼倒在地上，呼哧呼哧地喘着粗气。它实在渴坏了，大家求驼工老李："给它点水喝吧！"可是水没有多少了，这点水关系着整个小队的生命安全。大家只好忍痛把骆驼身上驮的东西卸下来，含着眼泪走开了。看到主人走了，那骆驼拼着命从地上跳起来，踉踉跄跄地追赶上来，没有跑出多远，又栽倒在地上。人们走远了，回头望望，骆驼又一次挣扎起来，艰难地向前追着，追着追着，又摔倒了。倒下去爬起来，追赶一段，又倒下去，再爬起……看着这揪心的场面，泪水模糊了队员们的眼睛。那骆驼，拼着最后的气力，足足追了五六里路，最后一次倒下去，再也没有动一下。看到这情景，年轻的地质队员都失声痛哭起来。

第七天，清晨4点钟，小分队就趁着月光赶路了。刚刚走出一段路，骆驼一个个昂起了头，拼命奔跑起来。阿吉老人兴奋地大叫："这下可好了，骆驼闻到水草味了！"原来，骆驼对水草有一种特殊的敏感，几十里之外就能闻到水草的气味。果然，远方出现了一片碧绿的草滩，茫崖到了，人们不顾一切地向前奔去……

柴达木有史以来的第一次远征探宝，取得了显著成绩，发现了10多处油砂、地蜡和储油构造，为柴达木以后大规模石油地质普查开了路。当人们回顾这些历史时，也永远忘不了那献出了生命的骆驼。

这以后，632、636、637、639等地质队相继开进了柴达木。上千名地质队员在盆地里展开了大规模的矿产普查。纵横几千里的戈壁荒漠里，到处可以看到三五成群的骆驼队。地质队员们依靠骆驼，攀昆仑，进祁连，穿戈壁，下盐湖。骆驼与现代化交通工具比起来，还是很落后的，可是在当时极其艰苦的条件下，只有骆驼才能担负起这种特殊的任务，帮助人们打开柴达木这座迷宫的大门。依靠骆驼的帮助，人们透过盆地荒凉、单调的外貌，看到了地下蕴藏的丰富宝藏，第一次认识了"聚宝盆"的真实面目。

初期开发的汽车时代

骆驼，为稳定和平解放不久的西藏局势和揭开青海柴达木"聚宝盆"的奥秘，建树了不朽的功勋。可是青藏高原的大规模开发建设靠骆驼是无法完成的。在打开柴达木大门的同时，汽车开进了柴达木。

1954年到1968年，是柴达木公路交通大发展时期。国家投资5600多万元，派出成千上万的筑路战士和民工。他们坚持"就地爬行，先通后好""因地制宜，就地取材"的方针，修成了全长5000多公里的5条干线和20多条支线，全盆地形成了四通八达的公路网。

谈起柴达木的交通发展史，人们都忘不了慕生忠将军。尤其是在格尔木，慕生忠的名字更是家喻户晓。因为，将军的命运与青藏公路、敦格公路和格尔木，是紧紧地联系在一起的。西藏驻格尔木运输公司党委书记杨庆繁对我们说："慕将军率领我们修建青藏公路、建设格尔木时的情景好像就在眼前。"

我们访问杨庆繁的时候，他正在家里养病，听说要谈慕生忠将军，他的兴致很高，一下子就从床上爬起来，讲起来滔滔不绝。

"格尔木是蒙古语，汉语意思是'水汇集的地方'。新中国成立前，地图上能找到它的名字，可实际上它并不存在。因为这里既无城镇，又无村落，连个固定的帐篷都见不到，只有一些被新疆军阀盛世才迫害而逃亡到这里的哈萨克牧民在附近的阿尔顿曲克草场上游牧，行踪飘忽不定。"

"1953年底，慕生忠将军带着一小队人马，从香日德来到格尔木，大家站在格尔木河边看到了什么呢？看到了峻峭的雪山，浩瀚的戈壁，还有大片的芦苇，连绵起伏的沙柳包，真是满目荒凉。于是，大家七嘴八舌地议论起来：'这是什么鬼地方？''格尔木在哪儿？''哪儿是格尔木？'……当时，将军一挥手，斩钉截铁地说：'同志们，我们的帐篷撑到哪儿，那儿就是格尔木！我们不走了，我们要做第一代格尔木人！'就这样，大家把帐篷扎支在格尔木河畔的沙滩上，从此，这里才有了实实在在的格尔木，而它，最早就是从几顶帐篷开始的。"

慕生忠这坚定自豪而富有鼓动性的语言，顿时使人们的情绪活跃起来，人们发生了共鸣，都响亮地附和道：

"我们不走了，我们要做第一代格尔木人！"

"这激动人心的声音，久久地回荡在格尔木河畔。"

"人们簇拥到将军的身边，都想和他说几句话。将军微笑着拍了拍他跟前一个同志的肩膀说：解放中国你们没赶上，你们赶上了开发建设大西北，任重道远，条件艰苦。我希望大家能顶住，要看到未来，只要大家信得过我，我们就一起干。我到过不少地方，我看准了格尔木，虽然现在条件很差，就我们这几十个人，但我相信我们的队伍很快会壮大起来，我们的愿望一定能实现。"

人们把6顶帐篷扎在格尔木河畔的沙滩上，从此，这里才有了实实在在的格尔木，而它，最早也只不过是一个才有6顶帐篷的"帐篷城市"。

1954年5月11日，纵贯世界屋脊的青藏公路在格尔木动工了。在一个雪花飞舞的寒冷日子，慕生忠将军站在格尔木河畔的沙滩上向大家宣告："我们一定要用勤劳的双手，在世界屋脊上修筑一条平坦的大道，在柴达木盆地建设一座美丽的花园！"当时全部筑路大军只有1200多名工人，19名干部。工具就是铁锹、钢钎和大锤。而当时要修建的青藏公路中线和南线，海拔大都在4000～5000米。

创业难！而在"世界屋脊"上创业更难！夏天，戈壁滩上热得像蒸笼；冬天，昆仑山区冷得似冰窟。筑路员工就带顶单帐篷开进万古荒原，爬上冰山雪岭。他们顶着星星出工，踏着月光收工，每天工作十几个小时，而吃的却是咸菜、盐巴、干馒头。当时，这也许是世界上生活水平最低、工作最艰

青藏公路"筑路忠魂"雕塑

苦的一支筑路队伍了，然而这却是一支所向披靡的铁流。公路以惊人的速度伸进昆仑山区，伸向长江源头地区，爬上唐古拉，穿过羌塘草原。1954年12月15日，慕生忠乘坐汽车，沿着自己新修的公路开进拉萨。拉萨突然出现了有史以来的第一辆汽车，震动了整个西藏，也引起国外的广泛关注。

慕生忠将军既是一名有威望的领导者，又是筑路工地上的普通一兵。在公路修进昆仑山的时候，慕生忠登上山口，望着闪烁着银光的群山，对身边的同志说："假如我死在青藏线上，就把我埋在这里！"当时，身边的同志听了都很吃惊，怎么将军突然想到死？其实，他们还不了解慕生忠将军的心情。他早就说过："人生都免不了一死，但人生的死大致有三种，无非是老死、病死、战死。自己不愿意躺在床上慢慢老死、病死，而愿意死在战斗的岗位上。"在战争年代，他把生死置之度外，转战黄河两岸，曾经一次负伤21处。他认为，今天，在困难的情况下要想打开局面，还需要有那种不怕死的精神，"置之死地而后生"！

领导者以身作则，是最好的思想政治工作。有一次，沱沱河里修的过水路面被洪水冲毁了，一长串汽车被堵在河边。慕生忠第一个跳下水搬石砌路。来自格拉丹东的雪水，冰冷刺骨，在水里站一会儿，两腿就麻木了。工人们一再催促他："政委，你快上去吧！我们来干！"不管别人怎么说，慕生忠始终站在河水最深最急的地方，整整在雪水中干了10个小时。过水路面修好了，汽车又继续前进了。慕生忠的双腿却肿得穿不进鞋了。大家心痛地说："政委今天可受苦了！"慕生忠微笑着说："我受点苦，可是价值大。今天200人干了500人的活。数学上1+1=2，哲学上1+1就可能等于3、等于4，甚至更多。在最困难的时刻领导者站在前头，一个人就能顶几个人用。这就是生活中的辩证法！"

青藏公路，就是在这样一种特殊的条件下以特殊的方式修建起来的。因为急需，当时修的只是一条简便公路。公路通车后，一边使用，一边整修，并进行过局部改建。为了从根本上改善公路通车状况，国家又决定，从1975年开始，用10年时间对青藏公路进行一次全面彻底改建，加高加宽路基、添建桥涵，全部改建成二级沥青路面。

在格尔木和青藏公路沿线，我们曾多次访问基建工程兵某部。这支部队的1万多名指战员从1974年开始陆续进入青藏线，担负着格尔木到唐古拉山一段路的改建任务。这段公路全长605公里，80%的地段在海拔4700米到5300米之间的冻土地带，是青藏线上海拔最高、气候最恶劣、地质条件最复杂的一段公路。英雄的筑路部队经受了严峻的考验，为发展我国的交通事业做出了新的贡献。1983年共铺设沥青路面422公里，架设桥梁22座，完成土石方676万立方。老一辈创业者曾留下足迹的青藏线上，今天，又洒下了新一代开拓者的辛勤汗水。

格尔木到唐古拉一段，每年冻结期长达6个月以上，为了赶工期，每年3月，筑路部队就冒雪上山，破冰动工，一直到10月底才撤回到格尔木休整。沿线天气变化无常，往往一天之内，会遭到狂风、暴雨、飞沙、冰雹和大雪的轮番袭击。有时正在施工，一阵雨雪袭来，战士们的衣服全被淋透了，但谁也不愿离开工地。有时正在吃饭，一阵冰雹砸下来，碗里一半饭菜，一半冰水。战士们就在这种恶劣的气候条件下作业。

公路还要穿过上百公里的热融滑塌区和沼泽地带，翻越九处冰丘、冰锥。在这样复杂的高原冻土地带铺设沥青路面，在我国公路建设史上还是第一次，世界上也属罕见。为了向人民交一条标准公路，筑路部队发扬了对人民负责的精神，坚持科学态度和严细作风，指战员们响亮地提出："铺路十年八载，用路千秋万代。我们拿人民的钱修路，要让人民放心，要经得住历史的检验。"工程技术人员深入施工现场，不断总结经验教训，在实践中编写了数十万字的技术资料，提出了一系列特殊的规定和要求。主要领导干部像当年在炮火连天的战场上一样，冲锋在前，亲自到风雪弥漫的筑路第一线指挥施工。

与青藏公路同时诞生的另一条公路是从敦煌到格尔木的敦格公路。它穿过柴达木腹地，纵贯浩瀚的戈壁，全长670多公里。

带领筑路员工修通敦格公路的齐天然，现在担任甘肃省政协委员，已经75岁高龄。我们在兰州访问了齐天然老人，他身体健壮，头脑清楚。老人兴致勃勃地给我们讲述了当年修建敦格公路的情景，回忆在修路中他与慕生忠将军结下的友情。

1954年9月底，青藏公路修到风火山。慕生忠将军乘车来到可可西里运输站。当时，齐天然是这个运输站的站长。吃晚饭的时候，慕生忠对齐天然说："我到北京向彭总汇报修青藏公路的事，彭总在地图上画了一条红线，要我们同时修通敦煌到格尔木的公路，这样从玉门运油要比青藏公路运油近1000公里。这个任务很重要，我想交给你去完成，不知你有没有这个胆量？"

齐天然很喜欢慕生忠这种军人性格，他毫不犹豫地回答："你敢把任务交给我，我就敢承担！"

"好，痛快，我就等你这句话。任务就砸给你了。但是丑话必须说在前头，只能前进，不准后退，你要是在哪里修不通了，就死在那里，我给你树碑立传，再派别人去接着修！"

"就这么定了！不把路修通，我决不回来见你！"

两人都有些激动了，高高举起盛酒的破旧瓷杯，"当"的一声碰在一起，"干杯！"两人同时仰脖一饮而尽。

当年11月初，齐天然带领四个人、开了一部十轮卡车，经西宁、兰州，绕道到达敦煌。他们又从当地招了40多个民工，便开始修敦格公路。实际上，这是一次探路，边探边修。

他们进到阿克塞一条山沟时，沟里横七竖八地躺着八九十块大石头，谁也搬不动，他们想出就地挖坑埋石的办法。在数九寒天整整挖了4天，把大石头全部埋到地里头，汽车顺利开过了山沟。

上了当金山，遇到纷纷扬扬的大雪，山顶积雪很厚，汽车也开不动了。他们在雪地上支起帐篷，一边休息，一边研究对策。通讯员从河沟里提来水，让大家洗漱，人们洗罢后，把水往雪地上一泼，立时雪厚的地方变薄了，转眼又冻成了冰块。这无意中给了人们一个启示，如果把雪堆到中间，泼上水冻成冰，汽车不就好过了吗？于是有人堆雪，有人提水，硬是在雪地上开辟了一条长长的冰路，汽车终于开出了当金山。

到了大柴旦，一片无边无际的芦苇荡又挡住了人们前进的去路。他们没有带砍芦苇的刀，只好用铁锹铲芦苇，芦苇秆又粗又硬，铁锹卷了刃，震得人手虎口发麻，累得两臂酸软。他们凭着一把铁锹两只手，在芦苇荡中开辟出了一条长街，从此荒凉的大柴旦才陆续来了建设者，这里一段时间成为柴达木工委和行署的所在地，是早期开发柴达木的大本营。

可是敦格公路还得通过盐湖呀！要在盐湖上修路，那是前所未有的事。齐天然带领大家闯进了察尔汗盐湖，溶洞成了他们的拦路虎。这里硬硬的盐盖下面，分布着无数上窄下宽的溶洞，从上面可以看到洞里的黄绿卤水，用钢钎向下一插却探不到底，水深至少有3米多。要是汽车不小心栽进大溶洞，就无计可施了。人们犯愁了，拿什么东西填平这些溶洞呢？

只见齐天然拿着一根撬棍，东敲敲，西戳戳，竟然掀起了一块二三十厘米厚的硬盐盖，人们顿开茅塞，就地取盐盖不是可以填溶洞吗！绝路逢生，人们精神头又来了。他们选择了一段溶洞少的地带，挖来了一块块大盐盖，垫起了一条盐盖路基，汽车终于开过了危险的溶洞区。人们高兴地喊叫："我们胜利了！"

这天晚上，他们露宿在盐湖南岸。为欢庆胜利的时刻，煮了一大锅牛肉，每人倒上一大碗酒，划拳猜令，举杯畅饮。人们还唱起了家乡小调，笑声、歌声、猜拳声交织在一起，久久回荡在空旷的盐湖上。

齐天然带领40多人，只用14天的时间，就修通670公里的敦格公路，汽车开到了格尔木。他立即打电报给正在青藏公路前沿工地指挥修路的慕生忠，报告了敦格公路修通的喜讯，这时青藏公路已经快修到拉萨，慕生忠接到敦格公路修通的消息后，真是喜上加喜，立即回电齐天然表示祝贺：

"你们修通敦格公路，扩大了青藏公路的胜利，特予嘉奖，命令你们按原路返回敦煌。"

公路像柴达木的血管，修到哪里，哪里就出现繁荣。随着公路的延伸，戈壁中出现了一个又一个崭新的城镇，像撒在瀚海中明珠——"石棉城"茫崖、"石油城"冷湖、"铅都"锡铁山……而那四通八达的公路又像一根根银线把撒落在戈壁滩上的颗颗明珠串联起来。青藏公路、敦格公路几条干线又把柴达木和祖国其他省区联系起来，柴达木荒凉死寂、一无所有的历史结束了。石油、化工、煤炭、建筑材料、电力、机械、汽车修配、皮革、食品等工业陆续建设起来。"聚宝盆"在社会主义祖国面前开始袒露自己的胸怀。

继续前进的火车时代

1979年7月，青藏铁路一期工程胜利完工铺轨到格尔木，随后火车开到昆仑山下。人们高兴地说：柴达木迎来了火车时代。

把铁路修上世界屋脊，这是开发建设青海柴达木盆地的需要，也是支援西藏建设的需要。随着盆地里建设规模逐年扩大，汽车运输已经无法完全适应需要，国家每年给这个地区的建设费用，有将近一半是用来支付运费的。盆地里的石油正在勘探，察尔汗盐湖需要开发，锡铁山急需要建设……柴达木需要铁路，青藏高原需要铁路，各族人民盼望铁路。

青藏铁路曾两上两下。1974年根据毛主席和周总理的指示，铁道兵某部第三次开进青海。就是这支部队，以革命英雄主义气概，筑成了高原钢铁大动脉。

某团负责施工的120多公里地段，只有两处可供饮用的水源，施工用水、生活用水，全靠汽车从10多公里乃至几十公里外运来，真是水贵如油啊！战士们拿到一盆水，早晨用来洗脸，晚上用来洗脚，澄清后再用来洗

青藏铁路开进柴达木的第一趟客车　王精业／摄

衣服、打煤砖，他们风趣地把这叫作"一水四用"。

有个团住在海拔3000米的山沟里，战士们初来时，煮不熟饭，吃不上菜。大家就设法用钢板制成了大压力锅，修建了可以储存8个月蔬菜的大菜窖，办起了能生产10种以上副食品的小作坊，盖起了长出新鲜蔬菜的塑料棚温室。有的营区还建了篮球场、排球场，设置乒乓球台，办起了图书室、俱乐部。施工之余，在昔日黄羊出没狼群嚎叫的深山里响起了悠扬的歌声。战士们高兴地说："居高临下三千五，读书娱乐不觉苦。"

在关角沟，我们曾参观过铁道兵四十八团团史展览室，英雄连长邓广吉的事迹深深打动了我们，久久留在我们记忆中。

邓广吉是四川人，瘦小的身材，看上去很单薄。1974年，他随部队第三次来到青藏高原。在列车上，战士们议论纷纷，争得脸红脖子粗，有人说青海苦，有人说青海好。一个战士问邓广吉："连长，你这是三上高原了，你说说青海到底咋样？"当时邓广吉回答："青海的确很苦，可青海确实也是一个好地方。青海湖是全国最大的咸水湖，湖里面有个鸟岛，鸟飞起来能把太阳遮住。咱们要去的柴达木盆地里有几十个盐湖，盐湖里储藏的盐就够供全国的人吃1万年。锡铁山有铅有锌，大小柴旦湖从泥巴里掏出硼砂来……你们说不修铁路，这些宝怎么运得出来？我们前两次上高原，铁路没修通，心里老觉得憋气。这次上去了，不把铁路修通，我决不下来！"

连队进驻柴达木盆地的东大门关角，这里海拔3500米，是个六月飞雪的地方。邓广吉带领全连指战员，抓紧高原短暂的黄金季节，修建房屋，安营扎寨，为施工积极做好准备。

一天，连队突击盖房子，邓广吉把袖子一挽，两手轮换着往墙上抹泥，挥动的时间太长了，突然觉得天昏地暗，一头栽倒在地上。战士们赶忙把他抬到帐篷里，可是邓广吉苏醒过来后，又回到工地。同志们劝他休息，他说，这是高山反应，没有啥了不起，我们这些"老铁"，有点头疼脑热，抗一抗就过去了。他始终坚持在施工现场。

邓广吉先后参加过7条铁路的建设，再硬的骨头他敢啃，再危险的地方也敢上，多次立功受奖，是有名的"铁连长"。前两次修青藏铁路，在锡铁山泉吉峡打隧道，邓广吉经常是几天几夜不下火线。工程下马时，邓广吉含着热泪说："我还要再来，总有一天要把铁路修上世界屋脊。"这一次，只有邓广吉自己清楚，他是带病三上高原的。

11月上旬，邓广吉的病情恶化了，上级领导机关决定送他到内地治病，他三番五次推托。团政治部主任到连队来，邓广吉拉着他的手恳求说："我在这里吃点药会好的，我可以坚持，不要让我离开连队，连队缺乏高原施工经验。我上不了工地，在家出出主意也好啊！"

最后，组织上硬下命令让他离开连队，他才恋恋不舍地与同志们分别。临行的前一天，他让两个同志搀扶着走遍现场施工点，检查了连队的冬防，蔬菜的储备情况，看望了每个帐篷里住的战士。晚上，他建议指导员在他的病榻旁开了一次党支部会，会上，邓广吉把高原冬防工作中注意的问题一一作了交代。他提醒同志们，要抓紧把菜窖挖好，储备的冬菜要保证能吃到明年5月，在帐篷里生炉子，烧火墙，一定要防止煤气中毒，隧道施工，要特别注意安全……

他终于被送到四川住了医院，可仍时刻不忘千里之外的青海高原。春节前一天，他看见爱人坐在身边给自己织毛衣，马上想起南方的天气都这么冷，高原上一定是冰天雪地了。于是挣扎起来，伏在床头给指导员写了一封信，问连队的冬菜储存好了没有？帐篷的火墙烧得热不热？冬季施工遇到什么困难？……他对看护他的四排长说："连里干部少，你赶快回去吧！告诉同志们，我很快就回青海，别看青海条件差，我还要和它碰一碰！"

他人在医院，心却一直没有离开高原。住院3个多月，他忍着病痛，先后给团、营、连写了24封信，提出了许多加强连队建设、搞好铁路施工的建议。

可是，邓广吉哪里知道，他患的是血癌，已经到了晚期，再也回不到青藏高原了。

在邓广吉弥留之际，部队领导问邓广吉有什么要求。邓广吉向组织提出的唯一要求是，把他的骨灰埋在青藏高原上，他生前没有把铁路修通，死后也要看到铁路修上世界屋脊！

我们的铁道兵，就是由这些勇于为四化献身的英雄战士组成的。他们用汗水、青春和生命筑成通向"世界屋脊"的钢铁大道，在青藏高原播种幸福，为少数民族地区创造了繁荣，为柴达木迎来了春天。

青藏铁路第一期工程从青海省省会西宁市到柴达木盆地南部重镇格尔木，全长834.5公里，其中有500公里穿越柴达木盆地，人们概括这段铁路所经之地的自然条件是四个字：高、寒、风、旱，铁路路基的绝对高度大部分在海拔3000米的地区，比著名的东岳泰山还要高出1倍。沿线含氧量只有海平面的70%左右。机械运到这里，功率要降低25%，人到这里，犹如坐飞机生活在高空，不劳动也会感到气短、胸闷、头昏、乏力。这里冬季长达半年之久，风沙长年不断。当时，高原的物质条件也是比较差的。前几年我们在铁路沿线采访，看到一些连队在荒无人烟的戈壁滩上，修起土坯房，把围墙刷得雪白，在上面书写了这样的诗句："身戴冰珠穿冰甲，风雪高原战士家。今日我吃千般苦，来年高原飞彩霞。"

为了修建"世界屋脊"上的青藏铁路，5万多名铁道兵干部、战士和上千名科技人员，沐雨栉风，艰苦奋战了6个年头，终于在1979年7月把铁轨铺到格尔木。随后又加紧配套工程建设，1984年5月青藏铁路第一期工程已交付国家临时运营。

（载1984年9月四川人民出版社出版的《祖国的聚宝盆柴达木》一书）

筑路大军鏖战唐古拉

慕生忠将军的大名，在拉萨、在西宁、在格尔木、在2000公里青藏公路线上大大小小的食宿站和道班房里，一直被人们广为传颂，青藏高原的各族人民不会忘记他——修建震惊中外的青藏公路的组织者和指挥者。

1982年秋，记者利用两个月的时间，到兰州采访了慕生忠本人，又去陕西、新疆、西藏和青海柴达木寻访了众多的知情者，追寻了当年慕生忠将军率领筑路队伍一个又一个战天斗地的场面，鏖战唐古拉就是最壮烈的一幕。

青藏公路于1954年5月11日在格尔木正式动工，公路在筑路大军的脚下一天天向前延伸，汽车紧跟在后边轰轰隆隆地前进。10月初，大队人马登上了巍峨的唐古拉。

唐古拉山，原名唐拉尕卡，藏语称为雕飞不过的马鞍形山口，据说是由当年反对吐蕃王朝的奴隶起义首领宗额拉玛取名的。那是在公元840年，奴隶起义军占领了一座雄伟壮丽的高山，准备依仗天险与吐蕃王朗达玛的军队在此决一死战。奴隶们都叫不出这座大山的名字，于是请教首领宗额拉玛，宗额拉玛见大山山脊起伏，两峰之间有一马鞍形峡口，便脱口说，就叫它唐拉尕卡吧。后来译者译成汉语时，去掉了"尕卡"，就叫作唐古拉山了。

青藏公路必须翻越唐古拉山，唐古拉成了青藏公路的最高点，海拔5300米，青藏公路修建的成败，关键在此一举。

一场征服唐古拉的决战打响了。

秋天的唐古拉，已经寒气逼人，寒风劲吹像是从天上下刀子，大雪纷扬如万蝶飞舞，暴雨倾注似断线的珠子，冰雹大得像核桃，这些魔鬼轮番地向人们进攻，威胁着我们的筑路大军。

人上五千米，一步三喘气。这里空气中的含氧量只有海平面的一半，在这样高的地方别说劳动，就是走动走动也会感到痛苦难忍。强烈的高山反应，使人憋得胸闷，心疼得简直要炸裂，吃饭不香，睡觉不宁，比生病还难受。

筑路英雄们，是铁打的筋骨，钢铸的人，天大的困难，也压不垮他们。在冰天雪地之中，一座座营帐扎起来。山顶30公里，6个施工队分段作战，到处响彻雄壮的劳动号子，锹镐翻飞，铁锤叮当，炮声轰鸣。人们用镐头刨，钢钎撬，铁锤打，一点点地抠掉前进路上的坚石硬土。谁的双手不是裂开了道道血口，哪一个的脸不是粗糙得像砂纸。是啊，筑路英雄就是凭着这种忘我献身精神，为西藏人民开辟通向幸福之路。

唐古拉的20天，慕生忠一天也没有离开工地，天天和工人一起劳动。他感到这20天，是他一生中最艰苦的一段生活，也是最有意义的一段经历。慕生忠和工人们一起排队抢着8磅重的大锤，一抢就是七八十下，工人们害怕累坏了他，抢着抢着，就把大锤从他手中抢走了。

唐古拉山上，吃的东西倒不缺，骆驼运输队丢弃的粮食随手可捡，而烧的却奇缺。在这海拔5000多米的荒山僻壤，既找不到一根树枝，也挖不到草根。起先人们跟着野牛在雪地上踏出的脚印去捡拾牛粪来烧饭，后来牛粪难以捡到了，人们都舍不得烧牛粪，有时用雪水拌面粉充饥，把节约下的牛粪用来煅烧钢钎。

这里让我们讲一段慕生忠将军与普通筑路工小韩肝胆相照的动人故事吧。时间大约在公路修过唐古拉山口不久，筑路大军正争分夺秒直下黑河。

一天中午，慕生忠来到前方工地，他见路边有七八顶工人住的帐篷，就挨个地进去看一看，转了六七处也没见个人影。原来工人们到工地劳动去了，天黑才能回来。当慕生忠转进最后一个帐篷时，发现地铺上躺着一位青年人。慕生忠近前仔细端详，方才认出是患了重病的小韩。"他怎么还没回去治病？"慕生忠打心里责怪小韩，前些日子，慕生忠来到工地督战，见小韩眼皮肿得很厉害，脸色青黄，嘴唇黑紫，大口大口地喘粗气，还在坚持干活，他是患了肺水肿。慕生忠强迫他回帐篷休息，并嘱咐工地负责人赶快送小韩下山治病。可是慕生忠一走，小韩又不顾干部和工人多次劝阻，仍然拖着病身子上工地劳动，结果累垮了。慕生忠这次看到小韩，几乎辨认不出来了，小韩的脸色比前些日子更加难看，双眼都肿成了一条缝，喘气都有点上气不接下气了。可能是小韩听到了脚步声，他使劲睁开了眯缝的双眼，当认出是慕政委来了，他用劲抬了抬头想起来。慕生忠赶忙伸手托住小韩的头，边劝边让他重新躺好。

慕生忠对小韩说："你病得这么重，还是回去治治吧！"

小韩的眼里噙着泪花，却闪着坚毅的光。他操着浓重的甘肃口音说："我是来修公路的。公路没有修到拉萨我就回去了，无法向上级交代，无脸见乡亲父老。我决不离开工地，就是死，也要面朝拉萨的方向！"

慕生忠被小韩的话深深打动了，从心底里猛然泛起一股热浪，冲得他鼻子一酸，眼圈湿润了。是的，我们的干部和工人不都是一个心肠嘛！他们为了给西藏人民开辟一条幸福路，自己心甘情愿受尽千辛万苦，就是死也在所不辞，这是多么可贵的精神啊！

小韩身边摆着几包药，慕生忠想倒杯开水，帮小韩把药吃下去。可是暖水瓶里空空的，连一滴热水都没有。慕生忠打算为小韩烧点开水喝，他环顾四周，找不到一根柴火，连块干牛粪也没有，眼前竟没有一点可以烧火的东西。慕生忠很快醒悟过来了，工地已经断炊两三天了，这里找不到柴火和牛粪，工人已经连续几天吃冷馍、喝凉水了。

将军毅然脱下棉衣，"刺啦"一声撕下了一只祆袖子。破布扯得一块一块，棉花搓成一根根棉条。棉花和破布点燃了，跳动的火苗狂热地拥抱那半缸子凉水，仿佛是将军火热的感情在温暖小韩的心。小韩感动得说不出话来，只是一个劲地抹眼泪。

水烧开了，这是一杯多么不寻常的水啊！它凝结着一名普通筑路工对革命事业的真诚，倾注着一位将军对部下最真诚的爱。世界上所有的水，都比不上这杯水，它最纯洁、最珍贵。

慕生忠把烧开的半茶缸子水端过去，小韩用颤抖的双手接过水，他脸上淌着热泪，泣不成声地说："慕政委，您这样关心我，叫我怎么报答……"小韩将半茶缸开水紧紧地抱在怀里，反反复复地诉说着。

"小伙子，快不要说这些了，好好养病吧。我们都一样，是普通的劳动者。为了修青藏公路，我们才走到一起来了，要肝胆相照，同舟共济，走到底啊！"听了慕生忠这几句感人肺腑的话，小韩敬佩地不住点头。

慕生忠扶着小韩的头，帮他一口一口地喝下药，又安顿他躺好。然后，慕生忠披上那件只剩下一只袖子的棉衣，饱含热泪走出帐篷，朝沸腾的工地走去。

几天以后，小韩病情突然恶化，最后停止了呼吸。按照小韩的遗愿，工人们把他安葬在支过帐篷的草地上。当慕生忠得知小韩去世的不幸消息时，难过地掉了泪。为了纪念小韩，安葬他的这块地方，以后便称作"韩滩"。

英雄的青藏公路筑路大军，是一支无私无畏、所向无敌的队伍，他们把全部心血和汗水倾注在修路上，汇成了冲破一切艰难险阻的滚滚洪流，为了早日修通青藏线，就是牺牲个人生命也在所不辞。英雄们的思想，比洁白的冰雪还纯洁，英雄们的精神，比巍峨的高山还崇高。唐古拉啊，你可以做证！

然而，对慕生忠将军和部下千余名筑路员工所创造的可歌可泣的业绩，确也有个别人表现出了不公道的态度。就在英雄们鏖战唐古拉的最艰难时刻，从上级领导机关发来了一份催促慕生忠立即下山的电报，电报口气很硬，慕生忠早就耳闻有人要追查什么骆驼运粮大量死亡的责任，并得知工作组已经到了香日德，他认为这份电报可能与此事有关。筑路大军正在唐古拉日夜奋战，作为筑路总指挥的慕生忠，此时就是天塌下来也不会离开唐古拉。于是慕生忠立即回电说，修路已进入决战阶段，我不能回去，有什么艰巨任务放到我肩上誓死完成，有什么错误放在我肩上愿接受任何处分，我们不到拉萨决不回头！

果然不出慕生忠所料，有人在故意找他的岔子，给他出难题。慕生忠对此气愤极了。当第二份催他下山的电报送到手中时，他当场撕了个粉碎，气愤地说："这纯粹是拆台！"

凭良心说，西藏骆驼运输总队大量骆驼死亡的责任不能归罪于慕生忠。在那极端困难的情况下，慕生忠率领驼队向西藏赶运粮食，缓解了西藏紧张局势，他是立了大功的。至于大量骆驼死亡，那是骆驼不适应高原环境造成的。当骆驼大量死亡，运粮陷入困境的时候，慕生忠极力主张修路，以代替骆驼运粮。可是有人反对他这样做，慕生忠曾经尖锐地批评个别人说，你就是把全世界的骆驼都买来，向西藏运粮也维持不了多久，西藏的出路，在于修路！实践证明他说的话是对的。

当初，在要不要尽快修通青藏公路问题上，慕生忠态度明朗，决心最大，是他冒险挑起了修建青藏公路的历史重担。要不是慕生忠全力相争，说不定修建青藏公路这件事还会推迟几年。为此事，他嘴没少磨，气没少受。一次吃饭的时候，他与一位运输总队的负责人又为修不修路的问题争论起来，一个坚决要修，一个不主张修，两人谁都说服不了谁，慕生忠连气加急，把端在手里的一碗饭从窗子里扔了出去，气得扬长而去。

对待来自工作组和个别人的压力，慕生忠究竟采取了什么态度？

古话说："将在外，军令有所不受。"慕生忠按照这句话做了，他主意已定，你发你的电报，我修我的路，这场官司等修通了青藏公路再打不晚。人们看得出来，慕生忠天天狠劲地打闷锤，累了就喝几口酒，他心里并非好受啊！

10月20日，唐古拉山上的一段公路全部打通了。汽车轰鸣着翻过唐古拉山口。工人们望着汽车从跟前驶过，一个个眼窝都潮湿了。慕生忠将军更是抑制不住感情的潮水，他当即向报务员口授，发出一份电报："中央：我们已经战胜了唐古拉！我们在海拔5700米以上修筑公路30公里（注：当时测量的唐古拉山口高度不精确，现在实际高度确认为海拔5300米）。这可能是世界上最高的一段路……"

胜利的电波，带着高原筑路员工的豪情，飞向首都北京，飞向中南海，电报很快送到周总理手中。总理喜出望外，立即打电话给交通部，传播了青藏公路胜利修过唐古拉山的消息，并要求他们赶快派个慰问团上前线。交通部的人傻眼了，他们怎么也想不到青藏公路会修得这样神速。很快，交通部和青海省分别派出了慰问团，带上慰问品，沿着新修的青藏公路去追赶筑路大军。慰问团紧赶慢赶，一直到拉萨附近的冈底斯山石峡，才追上了队伍。

1954年12月15日，仅仅用了7个月零4天，2000公里长的青藏公路就修通了。12月25日，在拉萨召开青藏公路和康藏公路（川藏公路）通车庆祝典礼大会，藏族同胞倾城出动，他们望着数百辆披红戴花的汽车，高兴得热泪挥洒。藏族人民盛赞这两条公路是"金色的飘带""幸福的金桥""五彩放光的路"。

（新华网青岛2002年2月25日电）

青藏铁路跨过察尔汗盐湖

6月23日，青藏铁路胜利地通过了我国最大的盐湖——察尔汗盐湖，铁道兵某部这天将钢轨铺轨到了盐湖南岸。

铁路通过盐湖，是青藏铁路科研的重点项目之一，也是青藏铁路第一期的重点工程。第一期工程从青海省会西宁市至格尔木，全长834.5公里。目前，已累计铺轨774.5公里，距第一期工程终点格尔木只有60公里了。

察尔汗盐湖位于青海省柴达木盆地的中南部，东西长168公里，南北宽20~40公里，总面积为5856平方公里，是我国第一大盐湖。青藏铁路从北向南穿过这个盐湖，筑在湖面上的铁路，长达32公里。

由于长期蒸发浓缩，察尔汗盐湖表面已经干涸，结成了几十厘米厚的一层坚硬盐盖，铁路就是从盐盖上通过的。铁路通过盐湖及南北两岸将近92公里长的地段，共有8种不同的地质构造，在铁路建设上都属于特殊不良地质地段。在这样复杂奇特的地层上修铁路，在我国尚属首创，在世界上也是少有的。

我国许多科研单位和高等院校的科学家、教师、工程技术人员，为解决在盐湖上修铁路的技术难题，进行了长期的研究、实验，付出了辛勤的劳动。担负施工任务的铁道兵在"天上无飞鸟，地上不长草"的茫茫盐湖上，睡帐篷，住盐屋，斗风沙，忍干渴，克服了重重困难。

察尔汗盐湖是盐类化学工业原料的巨大宝库，蕴藏着钾、镁、钠、硼等多种元素。据地质部门探明，仅氯化钠（食盐）的储量就达426亿吨。氯化钾的储量也很大。但是，过去由于不通铁路，盐湖的丰富矿藏不能充分利用。现在，青藏铁路通过了察尔汗盐湖，为大规模地开发盐湖资源创造了有利条件。

（新华社西宁1979年6月24日电，载6月25日《人民日报》）

察尔汗盐湖架"彩虹"

20世纪50年代，在青海省柴达木盆地的察尔汗盐湖上，出现了一条31公里长的公路，人们把它叫作"万丈盐桥"。

现在，铁道兵某部又在察尔汗盐湖上建成32公里长的铁路，架起了一条"钢铁彩虹"。

察尔汗盐湖，是柴达木这个聚宝盆中的一颗灿烂的明珠。它的面积达5856平方公里，湖内汇集了约600亿吨以氯化物为主的近代盐类化学沉积矿，是我国最大的钾镁盐矿。

在盐湖上修铁路，我国还是第一次，在世界上也是罕见的。

察尔汗盐湖海拔2680米，这里年平均蒸发量大于降水量140多倍，有人做过实验，在铁筒里盛上2米深的水，一年内就能全部蒸发干。据地质工作者考证，距今三四十万年前，湖面就已经干涸，形成了一层鱼鳞状的坚硬盐壳。几十厘米厚的盐壳下面，是深达一二十米的结晶盐和晶间卤水。实际上盐壳是浮在水上面的。与32公里宽的盐湖路基相连的南北两岸，还有大片盐渍土和饱和粉细沙震动液化地段。盐湖及其两岸的这些地段，统统属于铁路建设上的特殊不良地质地段，它们的总长度将近92公里。

铁路能不能通过察尔汗盐湖？早在60年代，中国科学院盐湖研究所、铁道部科学研究院、铁科院西北研究所和铁道部第一设计院等科研设计单位，就组织专业人员深入盐湖，进行了长期野外考察和科学研究，从理论上肯定了在察尔汗盐湖上修建铁路的可能性。但是，铁路要顺利通过盐湖及其南北两岸，还有一系列技术问题有待进一步研究解决。

1974年，随着青藏铁路第一期工程开始建设，盐湖特殊路基被列入青藏铁路重点科研项目之一和第一期的重点工程。数以百计的科研、设计人员和铁道兵某部指战员，先后来到了察尔汗盐湖。

盐湖上，寸草不长，鸟飞不过，连空气也带咸味。盐对衣服、被褥和帐篷的腐蚀很厉害，用不了多长时间就变得像纸一样脆。胶鞋几天不穿就变形，新鲜蔬菜放在地上就能腌成咸菜。住帐篷，夏天热得像蒸笼，冬天冷得像冰窟。吃水要用汽车到五六十公里外去拉。尽管生活这样艰苦，大家却非常乐观，以艰苦奋斗为荣。

征服盐湖的战斗，是一场比意志、比勇气、比智慧的顽强战斗。

在盐湖南北两岸，有一种叫作饱和粉细沙震动液化地段，这种地层软似海绵，用竹竿往里一插，就是一两米深。稍遇震动，就变成小米粥一样的稀糊糊。

这段路基，要经受住火车通过时的强大震动，就必须加固基底。科研工作者决定往地下打挤密沙桩。就是用沙桩机把砾沙灌入地层里，铸成一排排沙柱骨架，使火车震动力分散到密实的沙柱上，消除因震动引起的液化现象。

国内没有挤密沙桩机定型设备，他们学习外地在淤泥里打沙桩经验，自制了4台门架式震动挤密沙柱机。但由于这里的地质条件不同，沙桩机的桩尖在往返挤压时，活瓣容易脱落。为了试制出适合这种地层的新桩尖，科研人员和铁道兵指战员齐心协力，废寝忘食地去攻克这个难关。经过不断改进，反复试验，他们终于研制出了三种新柱尖。这种新桩尖十分锋利，装在沙桩机上，能够像尖刀一样，直插地层深处。

胜利鼓舞了大家，工地上沸腾起来。各施工连队密切配合，开展了"一条龙"竞赛。打沙桩是"龙头"，汽车运沙是"龙身"，沙场装料是"龙尾"，首尾互相呼应，两次创造了月打万根沙桩的高产纪录。经过10

个月的艰苦奋战，铁道兵部队提前41天完成了挤密沙柱工程。他们在5.05公里的饱和粉细沙震动液化地段，共打入挤密沙桩56077根，灌沙48000立方米，钻孔总进尺达13.6万多米。

闯过饱和粉细沙震动液化地段的难关后，盐湖北部边缘还有一段长1.76公里的溶洞区，又挡住了前进的去路。这一带，分布着数以千计的溶洞，铁道难以通过。

溶洞是由于盐湖北岸边缘渗入地下的淡水，在还没有变成饱和卤水之前，向上渗透，在岩盐上溶蚀成的。它的形状像一个倒放的喇叭，上小下大。洞口的直径最小的只有0.1厘米到1米，最大的达8米多宽。

要处理这些溶洞，必须先摸清楚溶洞分布情况。明洞好找，要找没有露出地表的暗洞可不容易。根据这种情况，他们就在岩盐层里"扎干针"，加密钻孔，把大的溶洞都找到了。

填补溶洞，是一件非常麻烦而细致的工作。对那些岩盐覆盖较浅的溶洞段，采取切除"脓疮"的根治办法把盐层全部挖掉，然后换填上卵石。有一段长600米的溶洞区段采用了"修补术"，将盐壳扒掉一层皮，见一个溶洞就用卵石灌满堵死。担负这项任务的某团十九连的战士们，穿上高筒水鞋，泡在腐蚀性很强的浓卤水中，手持钢钎铁棍，七八个人并排一行，像探地雷那样一寸一寸地向前探，再小的溶洞也决不放过。这个连的战士，就是用这种认真负责、一丝不苟的精神，用钢钎铁棍，在这段600米长的溶洞段，像梳头发一样来回"梳"了三遍，把所有的溶洞都找了出来，加以处理。铁路终于闯过这一关，修到了32公里宽的湖上。

湖面那层盐壳，硬得像铁板一块。根据试验，就地用盐块筑成的铁路路基，承载力比土质路基更大，跑火车完全没有问题。可是，用什么办法把坚如花岗石的盐壳破碎，再用它筑成路基呢？

英雄的铁道兵专啃"硬骨头"。某团机械连几十台筑路机械一齐上阵。但推土机使出九牛二虎之力，只能在盐壳上刮出一道道白印。打眼放炮，一炮也只能崩一个鸡窝洞。指战员们又把推土机改装成松土机，效率提高了。可是，松出的盐块太大，筑成路基密实度不够。怎么办？连长蒲善业就到盐湖公路的道班去请教，他从养路工人的经验中了解到，对付盐壳，不能硬推，只能水攻。因为盐层遇到水，就会变得酥松。但是，盐湖上水贵如油，从哪里去找水呢？只好炸开盐壳取卤水。在那些日子里，盐湖上天天刮起五六级大风，卤水刮到战士们的脸上，皮肤立即红肿；溅到衣服上，就像刷了一层白漆。当战士们冒着大风和卤水打交道的时候，盐湖上恰好下了两场难得的及时雨，战士们抓住这个好时机，冒雨作业，连续奋战了七天七夜，把一段最难修筑的岩盐路基筑好了。

参加建设青藏铁路的铁道兵部队和工程技术人员，就是用这种顽强的革命精神，克服重重困难，把铁轨铺过了盐湖，创造了许多动人的事迹。他们的名字，将同雄伟的"盐湖铁路"一起，载入我国铁路建设的光荣史册。

（新华社西宁1979年6月24日电）

青藏铁路铺轨到西藏门户格尔木

　　青藏铁路的建设者于今天下午2时把钢轨铺到了第一期工程的终点站——昆仑山下的格尔木车站。

　　青藏铁路第一期工程，东起青海省会西宁市，西至通向西藏的门户格尔木，全长834.5公里。其中西宁至哈尔盖段181公里，已在1975年通车。从哈尔盖至格尔木的653.5公里的铁路，是1974年开始修建的。

　　这条横贯青海省的铁路干线，东面与兰青铁路接轨，南面、西面、北面分别同青藏公路、青新公路和格尔木至甘肃敦煌的公路相连，成为联结我国西南、西北边疆少数民族地区的交通大动脉。

　　毛主席和周总理生前十分关心青藏铁路建设，亲自作了指示和部署。1974年，铁道兵某部开赴青海高原，担负这条我国海拔最高的铁路的施工任务。中国科学院、国务院有关部和铁道兵领导机关，组织全国68个单位的上千名科技人员，进行了修建青藏铁路的科研会战，解决了在"世界屋脊"上修筑铁路的一些技术难题。铁路沿线的少数民族群众大力支援铁路建设。粉碎"四人帮"以后，这条铁路的修建速度大大加快。从1977年到现在的两年多时间里，共铺轨530多公里。

　　青藏铁路从西宁到格尔木的线路，从青海东部富饶的农业区，穿过青海湖北岸的辽阔草原，横越被称为"聚宝盆"的柴达木盆地，对于发展青海的畜牧业和农业，特别是对开发柴达木的盐、有色金属、石油和天然气等丰富资源，提供了有利条件。这条铁路对于繁荣它经过的青海省海北自治州和海西蒙古族藏族哈萨克族自治州的经济，加快那里的社会主义建设，增强民族团结和巩固国防，都有重要作用。青藏铁路修到格尔木后，还使通过青藏公路运往拉萨的物资减少了40%的汽车运输里程，这对促进西藏自治区的各项建设事业也很有意义。

第一期工程铺轨完成后，铁道兵指战员还要建筑车站房屋、安装营运设备、通信信号以及其他附属工程。在此以前，这条铁路已逐段开始办理货运业务，并正在积极筹办旅客运输业务。

（新华社格尔木1979年7月28日电，载1979年7月29日《人民日报》）

戈壁新城——格尔木

在柴达木盆地南缘的戈壁滩上，莽莽昆仑山下有一座新兴城市，这就是青藏铁路第一期工程的终点格尔木。

格尔木，是随着祖国西北、西南边疆交通运输事业的发展，而诞生和成长起来的一座新城市。从这里有青藏公路东去西宁，南通西藏，有敦格公路北达甘肃的敦煌，有青新公路西抵新疆。国家民航总局还开辟了格尔木—西宁和拉萨—格尔木—兰州的空中航线。青藏铁路第一期工程铺轨到格尔木后，这座高原城市进一步成为联结青海、西藏、新疆、甘肃4个省、区的交通枢纽。

解放前，格尔木还是哈萨克牧民放牧牲畜的草场。雪山、戈壁、盐湖把这里同外部世界隔绝，芦苇和沙柳丛生，野兽出没，风沙弥漫，乱石纵横，满目荒凉。

新中国成立初期，修建青藏公路的筑路大军赶着大群"沙漠之舟"——骆驼，来到了格尔木。领导修筑这跨越"世界屋脊"的著名公路的人民解放军将军——慕生忠，带着大家在格尔木建设了第一座楼房，栽下了第一株柳树。人们为了纪念这位创业者的功绩，把这座小楼命名为"将军楼"，把这棵柳树叫作"将军柳"。随着青藏、青新、敦格公路的通车，一批又一批建设者从祖国各地来到戈壁滩上安家落户。他们用辛勤劳动的汗水，浇灌着祖国这块荒凉而富饶的处女地。经过20多年的开拓，今天的格尔木，已经建成100多万平方米的房屋，在宽阔的柏油马路两边，种植了几十万株白杨垂柳，形成了"半城绿树半城楼"、拥有11万人口的戈壁新城了。

　　如今，这里有26所中小学、6个医院和40多个卫生所；设立了百货商店、银行、邮电局、书店、文化馆、影剧院、饭店和旅社；驻有为开发柴达木丰富资源和建设铁路服务的科研、设计单位和地质勘探队，兴办了装机容量9000千瓦的水电站和钾肥厂、砖厂、石灰厂、水泥厂、皮革厂、汽车修理厂等30多个小型厂矿企业；在城市近郊，建起了以知识青年为主的拥有几万亩耕地、生产粮食和蔬菜的国营农场。西藏自治区在格尔木设有汽车运输公司和后勤供应基地，从内地运进自治区的建设物资和人民生活资料，87%经过这里转运进藏。

　　青藏铁路第一期工程铺轨到格尔木，这里的建设又揭开了新的一页。目前，国家正在格尔木以北几十公里的察尔汗盐湖上，筹建一座生产氯化钾等产品的大型工厂，附近的其他丰富的资源也将逐步被开发利用。

（新华社西宁1979年7月28日电）

火车开进柴达木

柴达木，这个全国人民十分熟悉的名字，随着一条钢铁大动脉——青藏铁路的通过，将引起人们对她更多的关注。

打开"聚宝盆"

面积比江苏省还大的柴达木盆地，像一个椭圆形的盆子，横躺在青藏高原的北部。它的四周，被终年积雪的昆仑山、祁连山和阿尔金山所包围，是我国三大内陆盆地之一。和盆地表面广漠、荒凉、单调的外貌相反，地下汇集着种类繁多、储量惊人、品位极高的金属和非金属矿产，被地质学家们冠以"聚宝盆"的美称。

提起柴达木的宝，首先要数盐。柴达木这个名字是蒙古语，翻译成汉语就是"盐泽"。盆地里共有32个湖泊，其中24个是盐湖。据地质部门探明，光是氯化钠（食盐）的储量就达500多亿吨。我们访问了开发历史最长的茶卡盐湖，盐厂党委书记杨永康告诉我们，这个盐湖面积有105平方公里，盐层的厚度平均为8米到15米，含氯化钠达95%左右，从湖里采出后，只需简单冲洗一下，便可食用。经过200多年的开采，只不过在盐湖的西北部挖了一个角。而且已经采过的盐层，5年后卤水又结晶成盐，长出新的盐层，真是取之不尽、用之不竭啊！

由于茶卡盐湖的资源丰富，开采容易，每生产一吨盐的成本只要5元多，比海盐、井盐、矿盐的生产成本要低得多。可是，过去没有铁路，全靠汽车外运，每吨盐运到西宁，运费就要花60元，比生产成本高出10倍以上。现在，青藏铁路已从盐湖北面经过，直接通到盐湖的茶卡铁路支线今年就可以通车。将来，火车的运费只相当于汽车运费的1/10，轻工业部门已决定把茶卡盐厂的生产规模从现在年产30余万吨扩大到50万吨，以后再扩大到年产100万吨。

柴达木还有许多宝石山，锡铁山就是其中之一。这座山名为锡铁，实际上矿石含的是铅锌。锡铁山铅锌矿以储量大、品位高、矿体集中、埋藏浅、开采方便而著称。冶金部门早就准备在这里建设一座大型有色金属矿山，因不通铁路而长期没有实现。后来只建了一个小矿，采出的矿石，要用汽车运输500多公里到兰新铁路上的柳园站，再经过3000多公里的铁路线运到沈阳去冶炼。随着青藏铁路修到矿区，一个现代化的包括采矿、选矿、冶炼的有色金属联合企业，将在柴达木盆地诞生。

三个时代

柴达木，是蒙古族、藏族和哈萨克族居住的牧业区。少数民族牧民说，新中国成立30年，牧区的交通工具跨了三大步：解放初期，是用骆驼和牦牛的时代，以后进入了汽车时代，现在又跨入火车时代了。

我们访问了盆地东部的天峻县。县革委会副主任、藏族干部索南杰对我们说，刚解放那几年，天峻县的唯一运输工具是牦牛，全县每年外运的上百万斤畜产品，都靠牦牛驮出去。牧民和干部吃的粮食、用的工业品，全部用牦牛从200多公里外的湟源等地运来。一头牦牛只能载重100市斤，往返要走一个月，还得有人跟着放牧、照料。那时，全县的青壮年劳力，70%都花到运输上，根本无力发展畜牧业。

1956年以后，牧区才有了公路，汽车代替了牦牛运输，节约了大批劳力，投入畜牧业生产。但公路里程长，汽车的运输量也有限，畜产品仍然不能及时全部外运，造成羊毛变质发黄，皮张变硬。特别是活畜运出更为困难。

"火车一到，这一切都开始改变了。"索南杰同志兴奋地说。1976年底，青藏铁路修到天峻草原，火车运来了廉价的砖、水泥等建筑器材，县里正在修建一座冷库，计划在今年内建成后，全县每年需外运的5万多头牛羊，就可全部在最肥的季节屠宰冷藏，然后有计划地用火车运出，仅减少损耗一项，每年即可增产牛羊肉三四十万斤，而且保证了肉的质量新鲜卫生。索南杰在结束谈话时，向我们建议说："牧区经济文化落后，一个重要原因是交通落后。铁路修通以后，草原上的新鲜事很多，你们去看看天棚公社吧。"

天棚公社就在铁路旁边。我们驱车在平展展的大草原上奔驰，看见一条条漫长、笔直的渠道，好像天上的银河降落在大地。今年天峻县遇到了解放以来最严重的干旱，5月末牧草还未返青，但水渠流经的地方，却呈现出一片绿色，白云般的羊群，都跑到这儿来喝水吃草。公社负责人说，过去全社只有一条水渠，自从铁路修到草原，火车运来了水泥和钢筋，从1977年开始，新修了3条干渠和许多支渠，共可灌溉3万亩草原。现在配套工程还没有全部完成，但今年已灌溉了草原1万亩，每亩产草量要比没灌溉的增加一倍以上。

距北京近了

"铁路把柴达木和祖国各地联结在一起，我们距北京近了。"柴达木人在谈起青藏铁路时，异口同声地这样说。

的确，伴随火车到来的，是一派蓬蓬勃勃的建设景象。在铁路沿线，新的城镇正在建设，新的工厂、学校、医院、商店不断出现。在海西蒙古族藏族哈萨克族自治州首府德令哈，火车站的货场上十分繁忙。这里整齐地堆放着从东北、广东和金沙江林区运来的圆木，从甘肃、四川运来的水泥、沥青，从全国许多钢厂运来的各种型号规格的大批钢材。据青藏线新建铁路管理处统计，从1978年1月到1979年4月，火车已给这个自治州运来了工农牧业机械设备、化肥、建筑材料和生活物资4万多吨，运出畜产品、农副土特产品及食盐等共3万余吨。

青藏铁路第一期工程的终点格尔木，解放时还是哈萨克人的牧场，到处长着高高的芦苇和丛丛红柳。青藏公路通车后，才逐渐成为一个比较大的居民点。铁路西进，给这里带来了新的繁荣，如今，格尔木是联结青海、西藏、新疆、甘肃4个省、自治区的交通枢纽，发展成了拥有10余万人口的戈壁新城。县委书记程步云说，火车没通以前，从内地运来一块砖，相当于买3斤面粉的价格，吃1斤蔬菜，要花买1斤肉的钱。国家每年在格尔木地区的建设投资，至少有一半花到了汽车运输费用上。现在火车到了，格尔木的建设步伐就要大大加快了。他还告诉我们，不少"老柴达木"原来想调回内地工作，现在看见铁路通车，柴达木大有发展前途，都安下心来，准备为开发柴达木贡献力量。

（新华社西宁1979年7月31日电，载8月1日《人民日报》）

火车穿过戈壁滩

——格尔木开往哈尔盖的首次旅客列车运行记

1月13日，格尔木火车站像过节一样热闹。成群结队的少数民族牧民和开发柴达木的建设者们兴高采烈地从四面八方汇集到这里，准备乘坐由格尔木开往哈尔盖的首次客运列车，做一次幸福的旅行。

青藏铁路第一期工程，东起青海西宁，西至格尔木，全长834.5公里。其中西宁到哈尔盖早在1975年建成正式通车，哈尔盖到格尔木长653.5公里，于1979年9月完成铺轨，近两年加紧建设收尾配套工程。格尔木是柴达木盆地南部的新兴工业城镇。在崭新的火车站里，我们访问了铁道兵青藏线新建铁路管理处副处长孙文藻。他说，为了满足柴达木各族人民早已盼望的乘坐青藏铁路火车的强烈愿望，铁道兵克服了许多困难，今天终于开行了临时客车，各族群众能坐上火车回家过春节和家人团聚，真是喜上加喜呀！

下午1时半，682次列车从格尔木车站准时开出。火车在戈壁滩上飞奔，整个车厢充满了欢声笑语。我们在车上新结识了一位汽车司机，他叫于志辉，是1959年进柴达木盆地的。他激动地告诉记者，20多年来，他的足迹几乎遍布柴达木盆地。他开车运过察尔汗的钾肥，大柴旦的硼砂，锡铁山的铅锌矿石，茫崖的石棉，木里山的煤，茶卡的盐。柴达木是名副其实的聚宝盆。过去由于交通不便，无法大力开发，如今火车开进来了，可给咱柴达木插上了金翅膀，为四化多多献宝的时候到了，我决心在柴达木干它一辈子！

在第六车厢，我们遇到了青海省共和县石乃亥公社的20多位藏族牧民，他们是刚从西藏游览朝拜回来的。一位叫桑青的生产队长高兴地说：新中国成立30年来，牧区的交通工具跨了三大步，解放初期是用骆驼和牦牛，修了公路后换了汽车，现在又坐上了火车，咱牧民的日子越过越舒心了。明年，我还准备坐火车到北京、上海、杭州逛逛呢！

在这趟列车上，我们还碰见了3位藏族和1位蒙古族列车员。这4位生长在柴达木的少数民族姑娘，从来没有坐过火车，现在居然成了柴达木第一代人民列车员。她们自豪地说："我们一定不辜负各族人民的期望，建设好柴达木，为四化贡献自己的青春。"

14日上午10时许，682次列车预期到达哈尔盖。

（新华社格尔木1982年1月18日电）

举世闻名的万丈盐桥

世界上有许许多多、各种各样的桥和路，要说起青海察尔汗盐湖上用盐铺的一段31公里长的盐湖公路，知名度远扬国内外。

"盐路打滑，注意慢行！"路边的一块木牌提醒我们，汽车已经开进了我国最大的盐湖——察尔汗盐湖，脚下那光亮平坦的公路，就是奇异而闻名的"万丈盐桥"。

明明是路，为什么称作"盐桥"？是"桥"，又怎么不见"桥"下流水？要想知道其中的奥秘，必须先了解盐湖的结构。察尔汗盐湖面积5856平方公里，宽阔的湖面上，蒸发量比降水量要大140多倍，由于长期蒸发，湖水表面已浓缩成一层坚硬的盐盖。在几十厘米至1米多厚的盐盖下面，是深达一二十米的结晶盐和晶间卤水，公路实际上就像一座桥浮在卤水上

行驶在"万丈盐桥"的车队

面，"万丈盐桥"就是由此而来。

在盐路的两侧，相距几百米就有一个盐坑，坑底是浓度较高的卤水，这是专为养护路面用的。盐遇水可以溶蚀，聪明的养路工人充分利用了盐的这个特点，遇到盐路出现坑坑洼洼的时候，道班工人就从湖面挖起一块块盐盖铺垫在路上，然后浇上卤水使盐盖粉蚀，再经过南来北往的汽车碾压，不平的路面很快又平整如镜了。

在察尔汗盐湖上修公路那是前所未有的，32公里宽的大盐湖上寸草不长，别说人走过去有困难，就是鸟儿也不容易飞过去。公路从盐湖上修过，是率领队伍修建青藏公路的慕生忠将军按照彭总的要求提出来的。1954年5月11日，青藏公路在格尔木正式破土动工，到12月15日，仅仅用了7个月零4天，千里青藏公路就修通并正式通车了，这是新中国诞生后震惊中外的一次壮举。而这支慕生忠将军领导下的筑路队伍，在短时间内就修通了从青海西宁到西藏拉萨长2000公里的青藏公路，总投资仅仅230万元，全队只有一个工程师，没有现代化装备，全部家当是1200名由驼工转为筑路工的农民，还有3000多件笨重的铁锹、镐头、钢钎、大锤之类的工具。

慕生忠不会忘记他连续3次到北京向彭总求援的情景，彭总当之无愧是修建青藏公路的"总后台"，筑路军民流的是汗水，而彭总倾注的却是心血。

慕生忠不会忘记，最初打算修建青藏公路时，是彭总坚决支持他先赶辆马车探通到黑河的路，再下决心修。

慕生忠也不会忘记，当马车顺利探通格尔木到黑河的路后，慕生忠下定决心修路了，急需要30万元修路经费，他到北京跑了几个部门，却碰了钉子。万般无奈，他又第二次找到彭总求援，彭总直截了当地说："你现在就起草个报告，我给你转呈周总理。"报告当场写出来了，彭总立即转呈总理，周总理接到报告后马上如数批给30万元，同时彭总又给慕生忠搭上了10个工兵、10辆卡车和1辆吉普车。

慕生忠更不会忘记，在公路迅速修到五道梁时，经费又严重不足，前进的道路上还有冰封雪锁的唐古拉、怪石嶙峋的冈底斯山石峡，这些都是难啃的硬骨头，急需工兵和汽车兵的支援。当慕生忠第三次到北京向彭总求援时，彭总爽快地说，这次就不要惊动总理了，一切从军费里借支，你需要什么，就给什么，需要多少，就给多少。彭总满足了慕生忠提出的给200万元、100个工兵和100辆汽车的要求，同时又交给慕生忠修通敦格公路扩大青藏公路影响的新任务。

派谁去完成这一使命呢，慕生忠选定了齐天然。齐天然原是国民党胡宗南部一名少将师长，解放战争后率部起义。1951年，他跟随慕生忠率领的西北支队进藏不久，到西藏工委西安办事处负责采购进藏物资，经他手采购了大量的医药、布匹、绸缎、机械等商品，对稳定和平解放不久的西藏局势做出了一定贡献。1953年，他又调到慕生忠领导的西藏骆驼运输总队，他曾跑遍宁夏和内蒙古，购买了11400多峰骆驼，并担任了二大队队长，领导驼工抢运了成千上万袋粮食，为西藏胜利渡过非常时期立了功。1954年慕生忠领导修建青藏公路，齐天然又被安排在条件艰苦的可可西里粮食转运站当站长，他工作非常出色，深受慕生忠信任。

当慕生忠把彭总交给的修通敦格公路的任务让齐天然去完成时，齐天然立下军令状：就是刀山火海，我也要闯一闯，决不拖青藏公路的后腿，拼死拼活坚决完成彭总交给的修通敦格公路的光荣艰巨任务。

不久，齐天然带上4个人、1部车，经西宁、兰州绕道到达敦煌，他们又从当地雇了40多个民工，于1954年11月初开始边探边修敦格公路了。他们一路披荆斩棘，铲坡填沟，闯进了察尔汗盐湖，但是被溶洞区挡住了去路。

这里硬硬的盐盖下面，分布着无数上窄下宽的溶洞，溶洞是由于湖北部渗入地下淡水溶蚀岩盐而形成的，形状就像一个个大头朝下的喇叭。用钢钎向下一插，探不到底，卤水至少有3米多深。要是汽车不小心栽进溶洞陷阱，有天大的本事也出不来。人们一筹莫展，盐湖上既无石头，又无沙土，拿什么东西填平这些溶洞呢？齐天然拿着一根撬棍，东敲敲，西戳戳，竟然掀起一块30多厘米厚的硬盐盖，这使他茅塞顿开，就地取盐盖不是也可以填平这些溶洞？绝路逢生，人们精神头又来了，他们选择了一段溶洞少的地带，背来了一块块大盐盖，垫起了一条盐盖路基，汽车安全开过了一里多宽的溶洞区。人们高兴地喊叫："我们胜利了！"这天晚上，他们露宿在盐湖南岸，为欢庆这胜利的时刻，煮了一大锅牛肉，每人倒上一大碗酒，划拳猜令，举杯畅饮，人们还唱起了家乡小调，笑声、歌声、猜拳声交织在一起，久久回荡在空旷的盐湖上。

齐天然带领40多人，只用了14天的时间就把600多公里的敦格公路探通了。他们一到格尔木，立即打电报给正在青藏公路前沿工地指挥修路的慕生忠，报告了敦格公路修通的喜讯，这时青藏公路已经快修到拉萨，慕生忠接到敦格公路修通的消息后，真是喜上加喜，立即回电齐天然表示祝贺："你们修通敦格公路，扩大了青藏公路的胜利，特予嘉奖。"

1957年12月9日，毛主席在中南海接见了慕生忠，详细询问了青藏公路和敦格公路的修建情况。畅谈中，慕生忠谈到敦格公路有31公里建在察尔汗盐湖上，人称"万丈盐桥"，在开辟这段盐湖公路和后来重新整修盐湖公路时，有不少人持怀疑态度，一个外国专家曾质问慕生忠，盐湖上怎么能修公路！慕生忠反问他，你们国家有盐湖公路吗？他回答说没有。慕生忠毫不客气地说，你们既然没有，那就向我们学习吧！也有人责怪慕生忠说，土壤中含盐量达到 5 %，修公路就要尽量避开，含盐达到10%就不能修路，可不能违背科学蛮干。慕生忠又反问道，如果含盐量达到80%~90%能不能修路？含盐量100%呢？我看可以修路，量变到质变嘛。

毛主席听到这里，高兴地笑起来，称赞慕生忠说："你用辩证法解决了实际问题，你把哲学运用到工程上了。"午夜之后，主席还请慕生忠吃了顿味道鲜美的鸡丝面。

（新华网青岛2002年2月23日电）

柴达木采访印记

可爱可亲的柴达木,我的第二故乡,也是我在新华社青海分社当记者时的采访根据地,整整20年的情缘与投入,既有生活的辛酸,更多的是拼搏成功的欢乐,收获了人生一笔宝贵的阅历和财富,至今魂牵梦萦,割舍不断。

盆地圆梦

我富有梦想,更追求成真。

打上小学时,"少时不努力,老大徒伤悲"这句古训,就灌满了耳朵,我不仅听进去了,还牢牢扎根在心里,深信不疑。

我出生在大文豪蒲松龄的故乡山东淄博,自言是听着鬼故事长大的。从小酷爱文学与写作,立志要当记者与作家,成为人生的一大梦想。

尽管当年连"一道杠"都没有混上的我,斗胆加执着,从写好作文学步,向媒体多投稿问路。高中语文老师刘学敏曾选择我的《博山公园游记》等作文,在课堂上作为范文解读,这对一个正在朝着理想迈进的学生来说何其重要。处女作《从弟弟的课文中想到的》,在我上高二时发表在《淄博日报》,曾在学校中引起了不小的反响,从此在写作的道路上一直笔耕不辍。前些年被母校首批授予"功勋校友",曾回访母校,应邀给学生作报告,同学们说受益匪浅,这是后话了。

当年虽然没有考上大学,但心中的梦想和追求却没有半途而废。1964

年9月到1965年9月上旬，在老家博山区城东村居委会和博城公社（当时为全国第一个城市人民公社，实际上是博城街道办事处）工作的一年中，我为博山区广播站撰写了大量稿件，还有作品发表在《淄博日报》上，在博山这个山城也算崭露头角。

1965年9月参加青海军垦后，更加激发了写作的热情。我用写作追逐梦想，展示前景，很快调到团部宣传股当了新闻干事，并被选派到《青海日报》学习半年，不久又调到师部宣传科当了新闻干事，28岁时被提拔为副团职宣传科科长。其间，到新华社青海分社学习数月，在新华社和《青海日报》都发表了一些文章和稿件。

机遇的大门永远向着有准备并努力着的人敞开着，最终我一跃"龙门"，调入新华社青海分社，成了一名新华社记者。

在青藏高原干新华社记者的岁月里，我以吃苦耐劳和在重大工程以及柴达木开发建设新闻报道中善于独立作战而见长。我每年深入边远地区采访长达七八个月，四进西藏、五上唐古拉、数十次到柴达木，常年活跃在青藏公路、格拉油路、青藏铁路、青海地质勘探、青海盐湖、柴达本盆地、冷湖油田等最艰苦的采访第一线。那些用满腔热情写出的颂扬高原建设和高原人的新闻作品，至今仍回荡在我的心中，常常被人提起，这是我留给青藏高原和柴达木赞美的歌。

青藏高原是地球神奇的第三极，柴达木是祖国的聚宝盆，这里也是新闻采访的富矿。

我相当的精力投入了三条"天路"——青藏公路、格拉油路、青藏铁路的采访，与人合写的独家长篇通讯《征服"世界屋脊"的又一曲壮丽凯歌——记纵贯青藏高原的格拉输油管线建设》，深受好评；《青藏铁路铺轨到格尔木》和《荒野中的新城格尔木》被称为红花配绿叶的报道，被评为1979年新华社对外报道十大好新闻之一；记述铁道兵英雄事迹的《把铁路修到"世界屋脊"——记青藏铁路的建设者》《察尔汗盐湖架彩虹》

《火车开进柴达木》等，都曾引起强烈的社会反响；而长达3万多字的长篇报告文学《将军之路》和1万余字的《将军与孤儿》，颂扬的是当年领导修建青藏公路的慕生忠将军可歌可泣的事迹，至今读来仍有一种震撼力。

我虽然离开青藏高原到青岛30年了，但是近3年，写高原、写柴达木的热情像火山一样爆发，这是不同寻常的阅历鼓动我向写作的新目标冲击，仿佛又回到了当年充满活力的采访现场。我除了发表过许多回忆文章外，还编撰了多部著作，2014年7月由中国文史出版社出版了《火车开进柴达木》一书，是青海省海西州政协编撰的24册《柴达木文史丛书》之一。2015年12月由西藏人民出版社出版了《天路 天路 天路》一书，是中宣部、国家新闻出版广电总局公布的"2015年主题出版重点出版物"。新近又编撰了二十六七万字的《柴达木人》一书，将择期出版。

柴达木是我人生的一块福地，圆了我当记者、当作家的梦想，我会为唱响柴达木，尽自己所能。

采访风险

记者工作是个苦差事，但苦中能享受有成就感的新闻快乐，这是我爱上新闻这一行并几十年如一日为之倾心倾力的原动力。

尽管我报道过的许许多多的人，出大名了；我报道过的许许多多的单位，大发展了；我报道过的许许多多的地区，大变样了……但我依然是我，一名痴心不改的新华社记者，长年累月在一线捕捉新闻，夜以继日地赶写新闻，直至退休前的最后一天仍坚持站好最后一班岗。

号称"世界屋脊"的青藏高原，祖国的聚宝盆柴达木，自然条件比较差，海拔高、缺氧、寒冷、干旱、风沙大。我每年总要去柴达木两三次，每次一转就是一两个月。这里气候变化大，茫茫戈壁绵延千里，夏天热得像蒸笼，冬天冷得像冰窟。每去采访一次，自然要经受一次艰苦生活的磨炼。

在这样艰苦的地方当记者，没有一点吃苦精神，没有一点献身精神，是很难干好工作的。我始终坚持一个信念："在青藏高原当记者也苦中有乐，一个记者，特别是年轻记者，要是能够在艰苦的高原地区脚踏实地干上几年，会大有益处。"

记得有一年冬天到青藏铁路采访，坐长途汽车晚上9点多才来到香日德，又累又饿巴不得吃顿可口的热饭热菜驱寒逐乏，但到饭店一看大失所望，只剩下凉馒头和不热的羊肉汤。端上桌的羊肉汤没多会儿就漂了一层白花花的羊油，饭厅里气温少说在零下。为了喝热汤，不住地加热水，饭吃得没滋没味。在那个年代，没有特殊照顾这一说，这样的采访遭遇在高原和盆地经常发生。

1976年11月，我和几位同事第二次进藏采访格拉输油管线建设。一天我们在海拔4700米的二道沟兵站住宿，由于砖砌的土炉子和火墙已失修，炉子怎么也点不着，满屋子是烟，我们只好作罢。室内零下十五六度，就"全副武装"，穿着棉衣、棉裤、皮大衣，戴着皮帽子，钻进冰冷的被窝里，一夜冻得透心凉。第二天一大早，我们又精神抖擞地开始了新一天的采访活动。

还有一次，我从大柴旦转战格尔木采访，搭了一辆解放牌货车。恰逢酷暑盛夏，戈壁滩上的气温少说也有40多摄氏度，坐在驾驶室里像蒸笼一般烤人。一进入南北宽三四十公里的察尔汗盐湖，就如在烤炉上烘烤一样难受。火红的太阳晒得驾驶室顶发烫，头都烤得晕晕乎乎。盐湖上带有盐分的热风吹到脸上生疼。一个多小时下来，脸晒成了关公脸，最后脱了一层皮，奇苦无比。

在高原和柴达木采访，有时甚至会冒生命的危险，这话绝非骇人听闻。

1982年8月，我与同事马集琦到柴达木可鲁克湖涉水采访养鱼专家应百才，就遭遇了一次极大的风险。

这位1966年毕业于北京大学生物系的研究生，原在中国牧业科学院工作，1970年被"下放"到柴达木，去了州畜牧局。后来他决心去可鲁克湖养鲤鱼，在高原7万多亩水面上大获成功，让柴达木人吃上了肥美的新鲜鲤鱼。

由于农场的渠道水深无法驱车前行，我们就步行十里路去采访，可是意想不到的情景发生了，走了六七里路，朝前眺望，我们傻眼了：四处一片汪洋，道路被淹没了。我们顿时没了主意。原来是雨水季节河水猛涨，溢出河堤淹没了农场的大片庄稼地，这给我们此次采访增加了意想不到的困难。人迹罕至的高原不同于内地，遇到这种情况就相当危险。

在水天之间，我们已遥遥望见了似乎漂浮在水上的鲤鱼养殖场。先试探了一下，水不算太深，就干脆挂着一根树棍从农田涉水朝养殖场走去。

淹没农田的河水是冰山融化的雪水，仍冰冷刺骨。开始蹚了几百米，水还比较浅，由脚脖子漫到腿肚子，可是越往里走越深，有的地方坑坑洼洼，深浅莫测。到了中间有的地方水深漫到腰部，最深处到了胸部，真让人胆战心惊。幸亏有木棍试探深浅，否则掉到深坑里就没命了。

我们深一脚，浅一脚，这只脚刚刚从稀泥里拔出来，那只脚又深深地陷进泥水中，有时挪一步都要费很大的劲。我们两人从头到脚全是泥水，在水中艰难跋涉了两个多小时，又饿又累，身上不住地直冒虚汗。

眼看要挪不动的时候，渔场的人发现了我们，并有两人蹚水把我们从深水中救了出来。

事后我们撰写了《养鱼专家应百才》的稿件，我还特意撰写发表了一篇《可鲁克湖涉水采访》文章，这次冒险一辈子难忘。

还有一次，茫崖镇风雪脱险，简直就是死里逃生。

1982年2月26日，我们一路采访已故功勋向导穆迈努斯·依沙·阿吉老人的事迹，他为柴达木探宝和开发建设做出了重要贡献。我们来到茫崖拜访老人的女儿柴达木罕，当晚返回花土沟住处时，却闯进了突如其来的暴风雪中。

当汽车驶出县城三四公里远时，我们丝毫没有思想准备，只见从左侧的山谷间，几乎擦地刮来暴风雪，似洪水翻滚，如飞瀑倾泻，眼前漆黑一片，气温少说也在零下20摄氏度，我们穿着皮大衣还冷得打战。如果汽车出了故障，或者跑出公路陷进沙坑，那是非常危险的。

天无绝人之路。老向导阿吉老人的儿子买买提明是陪我们一路采访的，他对这一带的地理环境就像父亲一样熟悉，他果断地向司机唐召明发出指令："千万不要下公路，直着往前开！""向左打！""往右靠！""加快速度！"司机唐召明紧抓方向盘，我和张万象两眼紧盯买买提明，心绷到嗓子眼。我们同舟共济，与暴风雪艰难地搏斗了一个多小时，果然像买买提明说的那样，汽车冲出5公里路程后，我们终于从暴风雪中突围出来，旷野又恢复了宁静。刚才发生的惊心动魄的一幕，真是不堪回首。

我和张万象（新华社副总编辑）、唐召明（新华社高级记者）事后多年重逢在北京时，还心有余悸地谈起茫崖风雪脱险那段奇特的经历，可以说我们三人是新闻界的患难之交。

记载历史

今天的新闻，就是明天的历史。记者是今天新闻的采访传播者，又是明天历史的记录者。

在柴达木的开发建设史上，有不少功臣名垂千秋，慕生忠将军就是一位杰出代表。他是青藏公路建设的倡导者、组织者、指挥者和参加者，又是青藏铁路建设的先驱，他病逝后又按其遗嘱将骨灰安葬到昆仑山口，永远陪伴他倾尽心血的青藏公路和青藏铁路。

1957年12月9日深夜，毛主席在中南海接见了慕生忠，详细询问了青藏公路和敦格公路的修建情况。主席高兴地称赞慕生忠说："你用辩证法解决了实际问题，你把哲学运用到工程上了。"

我与将军有一段比较深入的交往，早在1982年，曾与张万象到慕生忠在甘肃省兰州市木塔巷的家中采访，五六天后又到新疆乌鲁木齐采访了他的哈萨克族儿子沙特尔，还到格尔木、西安等地采访慕生忠的老部下，先后执笔写出了《将军之路》《将军与孤儿》《青藏铁路建设的先驱慕生忠》3篇报告文学。

鼎鼎大名的乌孜别克族阿吉老人，在柴达木早期开发史上占有特殊的地位，是盆地远征探宝最出色的向导。

1954年6月底，葛泰生带领一支8个人组成的小分队开始第一次远征，从阿拉尔出发经过红沟子到茫崖去，阿吉老人担任向导。

在第六天清晨继续上路时，一峰骆驼突然倒地，是渴坏了。为了保证不多的水留给人喝，人们放弃了这峰骆驼。看到主人走了，那骆驼拼着命从地上跳起来，追赶，倒下，再挣扎起来，又倒下去……

第七天一大早，小分队又趁着月光赶路了。骆驼凭着特有的嗅觉闻到远处的水草味，拼命奔跑起来，把人带到了目的地。

柴达木有史以来的第一次远征探宝，发现了10多处油砂、地蜡和储油构造，阿吉老人和年轻的地质队员为开发建设柴达木立了首功。

我撰写过《神奇的向导阿吉老人》，纪念他对柴达木探宝开发做出的丰功伟绩。

党和国家领导人十分关心柴达木的开发建设，历史忘不了他们。

1976年1月8日，是个令人难忘的悲痛的日子。我们敬爱的周总理积劳成疾，不幸逝世，震惊了全中国各族人民的心。

当时，记者正在青藏高原格尔木至拉萨输油管线建设工地采访，这一悲痛的消息迅速传到千里施工线上，近两万名人民解放军指战员、工人和工程技术人员无不失声痛哭。人们不仅仅为失去了一位深深崇敬的伟人而悲痛，还因为他们正在夜以继日建设的格尔木至拉萨输油管线是敬爱的周总理在患重病期间亲自批准建设的项目，就在工程施工进入关键和高潮的时候，周总理却永远离开了我们，指战员们怎能不悲上加悲呢？

记者饱含热泪写出了《管线指战员怀念周总理》的稿件，但是遇到了如何快速传稿到北京新华总社的难题，当时格尔木有文字传真设备的单位极少，也都是单位的内部专线传真，没有办法直接将稿件传到北京新华总社。如果发电报，长达1400字的稿件非常麻烦，再说电报也要两天左右才能收到，时效就耽误了。

我急中生智，干脆到邮电局要长途，用电话直接向总社传稿，但也顾虑1400字长的稿件，编辑能一字一字地记录吗？结果，记者的顾虑是没有必要的，当要通了总社国内编辑部的长途电话后，向编辑陈秀珍同志简略说明这篇稿件的内容，她非常痛快地说："这篇稿件很重要、很及时，现在正需要这种稿件，那就你念我记吧！"

于是，相隔数千里之遥的记者与编辑通过长途电话"热线"，传递着格拉输油管线近两万名指战员对敬爱的周总理无比深沉的缅怀。我可以感觉出来，我念稿子，老陈记录，都是满含热泪，双方的抽泣声随着稿子的起伏而起伏。读到感人之处，两人都失声痛哭起来，难以继续传送记录稿子，我面前摆着的张张稿纸，洒落了点点泪水，有些字都浸得模糊不清了。

就这样，稿件传了一个多小时才结束。当放下电话后，我又泪如泉涌。我这个人不太轻易掉泪，但这一次可真是动了感情，至今一想起这件事，眼睛还酸酸的。

1977年10月，千里格拉输油管线建成，广大指战员为周总理树立了一座丰碑。

敢于担当

新闻记者不是决策者，但他可以通过稿件向决策层和决策者提供重要决策参考信息。

新闻稿件虽然不能直接创作财富，但有些稿件所起到的作用是无法用金钱来衡量的。

这就要求记者，心中怀大局，干事有担当。

当年我通过内部稿件反映缓建青藏铁路第二期工程，历史证明是正确的。

三四十年前记者所采写的几十篇有关青藏铁路建设的报道，均属独家新闻，无形中成了记录这支英雄部队最后辉煌历程的光彩一页。我为能够奉献给英雄的铁道兵一曲永恒的赞歌而自豪。

就在青藏铁路第一期工程快要修到终点站格尔木之前的半年时间里，铁路要不要继续向西藏拉萨方向修，这个问题又尖锐地摆到了人们的面前，实际上这个问题从铁路动工的那一天起就时紧时松地进行着探索与研究。从西藏来说，要求继续修建青藏铁路的呼声大，他们急切地盼望改变全国唯独西藏不通铁路的历史。

而一些承担铁路建设的决策者和专家，也是有主张修的，有主张缓建的，他们的意见对中央决策至关重要。记者当时广泛地进行了采访，逐渐感到主张缓建的理由比较充分，比较切合实际。

他们认为，缓建青藏铁路格尔木至拉萨的二期工程，不是永远不建，如果不是单纯从政治意义上去考虑问题，建与缓的关键还是取决于当时条件成熟不成熟的问题，有三个缓建理由值得参考定夺。

一是进藏的运输状况大为改善，铁路缓一步建设更有利。因为，经过中央批准，长达1080公里的纵贯青藏高原的格尔木至拉萨输油管线已于1977年10月建成通油拉萨，从根本上解决了过去向西藏运送燃料油依赖汽车长途运输而汽车自身大量耗油的被动局面，满足了西藏的用油需求。再一个是中央决定将2000公里的青藏公路沙土路面改建为黑色路面正在加紧施工，全路改建好了，就会大大提高公路行车质量，扩大运输能力。一"油"一"路"的问题解决了，修建铁路就不十分迫切了。

主张铁路缓建的第二个理由是，从格尔木到拉萨的1100多公里铁路线，要通过600公里的冻土层。铁路如何安全通过漫长的长年冻土的永冻层并保持铁路的永久安全的技术问题还没有完全解决，采取边施工、边设计、边科研，必定后患无穷。因此攻克永冻层上铺路技术难关就成为工程最关键的问题，万不可草草上马。

第三个缓建铁路的理由是资金投入问题，当时国家经济实力并不强，青藏铁路工程造价高、投资大，不宜搞成"胡子工程"，采取集中财力、物力、人力打歼灭战为上策。

基于以上种种缘由，记者实事求是地采写了内部稿件，向中央反映了许多有关单位和人员要求缓建青藏铁路第二期工程的意见，中央不少领导在这份内参上签了字。

当2001年青藏铁路第二期工程决定开建时，国务院召开总理办公会审议青藏铁路建设方案时，朱镕基总理指出，经过20多年的改革开放，我国综合国力显著增强，已具有修建青藏铁路的经济实力。过去缓建青藏铁路格尔木至拉萨段是必要的，现在青藏铁路全线贯通也是必需的。

看到了这些报道，我心中释然。

（写于2016年12月1日）

电报发稿凝深情

　　1979年6月23日，青藏铁路胜利铺过我国最大的盐湖——察尔汗盐湖。盐湖上修建铁路困难重重，为攻克这些难题，科技人员进行了长期的研究、实验，付出了辛勤的劳动。担负施工任务的铁道兵在"天上无飞鸟，地上不长草"的茫茫盐湖上，睡帐篷，住盐屋，斗风沙，忍干渴，付出了巨大的辛劳。他们的事迹可歌可泣。

　　如果仅仅发一篇《青藏铁路跨过察尔汗盐湖》的消息稿，虽然基本上把情况交代清楚了，但美中不足的是，它难以记载几年来铁道兵指战员和科技工作者的奋斗精神，难以反映出盐湖上修筑铁路的壮丽画卷，因此我决定再撰写一篇《察尔汗盐湖架"彩虹"》的通讯稿，这样就能够与消息稿相互衬托，给读者更大的阅读视野，更多的新闻感受。

　　在整个青藏铁路第一期工程建设中，我采写报道青藏铁路的对内对外新闻稿30多篇，其中今日新闻就有十四五篇。因为当时都是到现场采访，要亲眼看见铁路修过察尔汗盐湖的实况，然后才动笔写稿，所以就要花费精力和时间。消息稿简练，不费多大力气就写好了。但是，通讯要讲究真实生动，情节感人，撰写就需要下一定的功夫。我几乎是通宵达旦写作修改不停，直到第二天接近中午时才拿出了2600余字的稿件，自我感觉比较精彩。

　　700字的消息和2600字的通讯写好了，又碰到了发稿难题，采取什么办法才能将稿件发回新华社青海分社呢？新华社新闻稿的发稿流程是，记者采写的新闻稿件首先发回分社，经过分社采编主任修订签发后方可发往总社，再经总社国内部有关编辑室编辑，最终经发稿负责人修订签发，才能向国内外发出新华社新闻通稿，供各新闻媒体采用。

问题在于，怎样尽快把3300字的消息和通讯发回青海分社。那时通讯不发达，格尔木有文字传真设备的单位极少，就是有也是单位自成体系的内部专线传真，一般不对外，根本无法将稿子发到青海分社。邮电局也没有传真业务，只能通过长途电话和发电报的形式将稿件传到青海分社。

新闻要讲时效，必须争分夺秒，最好是今日新闻今日发，这被称为今日新闻。虽然盐湖两篇稿子由于采访与写作经历了一个过程，由今日新闻变成昨日新闻，在当时也算时效性比较强的新闻了。

最后我选定到邮电局去发稿。

当年修建青藏铁路，是经毛主席、周总理批准的。我这次采写的盐湖铁路两篇稿件，决定到格尔木邮电局传稿，这次想采用电报的形式发稿。由于忙于写稿，赶到邮电局时才发觉6月24日这天是星期天，邮电局关门休息。由于急于将稿子发出，也顾不上人家休息，便使劲地敲门，只要有人出来，好好说明情况，还是可以解决发稿问题的。但是敲了很长时间，也没有听到里面有动静。急得我在门前团团转，不知如何是好。

我发现营业厅的后面有一个院落，猜测可能是邮电职工宿舍，又敲了一会儿门，里面有个女的发话，问我是干什么的，这下子终于找到邮电局的人了。我就隔门说明了来意，于是里面的人开了院门，她又细问了一下情况，答应帮助我发稿。我这时才察觉她可能正在家里吃中午饭，我说不好意思打扰你了，要不等你吃完饭再发稿吧。她说吃得差不多了，你这是急事，她从里面开门，我从前门进到营业厅。

邮电局营业厅有三四间房子，里面的陈设比较简单，中间有一条长长的柜台，顾客站在柜台外面办业务，工作人员坐在柜台里面的写字台前办公。这里开办的主要业务是邮寄信件、包裹，订阅投递报纸杂志，发电报，打长途电话等。

　　我要求用发电报的形式传送新闻稿，这位工作人员向我介绍说，如果发普通电报比较慢，今天发到西宁，西宁的邮电部门接收后，要译成文字，有一个过程，再说这么长的稿子译出来要很长时间，如果是工作时间内，投递员可以送达，要是到了下班时间，就要第二天投送，在过去普通电报一般都要两天才能送达。

　　我说这不行，新闻要抢时效，那就耽误大事了。

　　她告诉我，要快就只能发加急电报，能保证当天发当天送，但费用要多出很多。我们最后商定用加急电报发新闻稿。

　　人们都知道，在当时通信不发达的情况下，出差在外有特别急的公事或私事，打长途电话只能到邮电局打，或家里有电话的可以接长途。一般来说，打电报都是有急事，图的是一个快，由于费用高，就要言简意赅。我记得有人就曾因为一份电报改变了自己的命运。三十五六年前，新华社青海分社记者毛致存在社会上听人说，青海民族学院一位藏族学生有一年寒假回果洛州老家，遇到大雪封山，难以按期回校，于是打电报向学校请假，他的电报只有四个字："雪阻党周"，就把所有的情况说清楚了，实在绝妙。于是分社党组有意调此学生到新华社当记者，就派我和一同事到学校去外调考察，学校全面介绍了学生党周的情况，并对他的那份广为赞赏的电报给予好评。党周毕业后被新华社吸收为记者，他现在在新华社青海分社当社长已十多年了。

　　说到我这次到格尔木邮电局发新闻稿加急电报，就不是字越少越好，它是合计3300多字的两篇新闻，作为电报可谓"长篇巨著"了。邮电工作人员给我拿了厚厚的一摞电报纸，一张电报纸上能写数十个字，她给我讲了怎么填写稿件电文，应注意的事项。我在柜台外的一张桌子前坐好，便工工整整地填写起稿件电文。我填好一张，她就迅速译成数码电文，新闻稿中不少字不经常用，她有时就翻开密码本查找。

　　电报很快译完新闻开头两段：

　　6月23日，青藏铁路胜利地通过了我国最大的盐湖——察尔汗盐湖，铁道兵某部这天将钢轨铺到了盐湖南岸。

　　铁路通过盐湖，是青藏铁路科研的重点项目之一，也是青藏铁路第一期的重点工程。第一期工程从青海省会西宁市至格尔木，全长834.5公里。目前，已累计铺轨774.5公里，距第一期工程终点格尔木只有60公里了。

　　这位女同志有点兴奋起来，她说铁路快修到格尔木，真让人高兴，格尔木人盼望多年了，这一天终于来临了，我们非常感谢铁道兵，是他们又给柴达木人造福，给柴达木带来了新的繁荣。看来她边看边译，心情已被带入新闻境界中去了。

　　就这样，我抄稿子，她译电文，足足花费了两个多小时，直到准确无误为止。这时，我饥肠辘辘，原来为了赶写稿件和发新闻电报，中午饭就没有顾得上吃。干记者就是这样，为了捕捉新闻、赶写稿件，吃饭不及时，饥一顿饱一顿是常有的事。所以干记者要有吃苦耐劳的精神，不吃苦耐劳是成就不了好记者的。

　　电文全部译完并核对无误后，那位女同志又找来邮电局另一位发报员，将加急新闻电报顺利发出。

　　此时，我又给青海分社挂了个长途电话，说明新闻稿已用加急电报发出，收到后请及时编发总社。

　　西宁邮电部门收到电文后，立即投递新华社青海分社。

　　新华社青海分社收到电文后，很快用打字机打印出正式的新闻稿，由采编主任阅改签发后电传新华总社国内部工业编辑室，很快编发通稿，于当天向全国播发，第二天许多媒体转载，产生了很好的影响。

　　电报发稿凝深情，至今让我难忘。

　　（载青海人民出版社2019年9月出版的《火车开进柴达木》一书）

关于兴办军垦农垦"一园一馆"的建议

格尔木市委、市政府领导:

您好!

我们是1965年9月到1966年4月之间参加青海建设兵团八千山东知青的一员。五十四五年前,为巩固西北边防,维护民族地区的安定团结,支援老少边穷地区的经济建设等特殊需要,我们胸怀"响应号召、为国分忧、无私奉献、艰苦奋斗"的理想追求,告别第一故乡山东,千里迢迢来到第二故乡青海,奋战格尔木、马海、大格勒荒原大漠,少则干了十四五年,多则长达40余年,我们将最美好的青春年华奉献给了高原建设和军垦农垦事业。

除了山东八千知识青年外,还有全国八大军区部分复转军人、青海西宁等地支边青年、支边干部以及家属共1.6万人,义无反顾地从四面八方奔赴青海高原,在格尔木组建了中国人民解放军生产建设兵团农业建设第十二师,开始了军垦农垦创业历史。这是继慕生忠将军率领进藏部队和筑路员工成为格尔木第一代开拓创业者之后的格尔木第二代开拓创业者,留下了历史的足迹,尤其对格尔木的文化、体育、教育事业发展和培养人才等方面做出了不可磨灭的贡献。

我们回到山东第一故乡大都二三十年了,但始终难以忘怀青海第二故乡，特别是朝思暮想奋斗过多年的格尔木、马海、大格勒等地。在前些年军垦战友们纷纷组团回访格尔木、马海等地，有的战友连续回访多达10次，每次都感触良多，难以忘却。但是随着年龄增长，我们现在都已70岁以上了，再要回访青海就越来越难了。让我们欣慰的是，同奋斗、共患难结下永恒友谊的军垦战友们，通过年年有聚会，五年一大聚，有的连队的战友甚至月月、季季有小聚。每逢此时，战友们欢聚一堂，仿佛又回到了那个激情燃烧的岁月，又说又笑，又唱又跳，有拉不完的家常话，有说不尽的老故事，这成为军垦战友晚年幸福生活的一道亮丽的风景线。

今年4月24日，我们收到《青海格尔木光明路农垦文化广场景观设计演示文稿》《农垦博物馆陈列物品的初步规划》，得知格尔木市人民政府决定征地30亩，投资建设农垦文化广场和农垦展览馆，格尔木农垦集团还发出《倡议书》，军垦战友们既深深感动，又十分感谢。深深感动的是，格尔木的党政领导和人民没有忘记我们这些老军垦、老农垦，是对我们历史贡献的认可和褒奖；十分感谢的是，格尔木党政领导和格尔木农垦集团将要为我们乃至社会办一件功在当代、利在千秋的大好事。

为此，军垦战友们口口相传，奔走相告，在若干战友网页上开辟专项活动，并迅速组织了农垦"一园一馆"捐赠物品征集组委会，立即付诸行动，迅速见到成效。短短两个半月，战友们翻箱倒柜，将珍藏几十年的"传家宝"无偿捐赠，并纷纷寄送格尔木农垦集团。到目前，已征集电子版老照片数千张，军装老衣物、生活用品老物件、老照片原件、证件和奖状原件、书籍刊物报纸等物品达500余件，战友们仍在积极捐赠物品。

今年6月底，格尔木组团来山东威海参加经贸旅游洽谈会，我们应邀派出几位战友与会，格尔木市政府副市长、文广旅游局局长、格尔木农垦集团领导听取了我们关于兴建农垦"一园一馆"的有关建议。会后有关领导又来到青岛，召开座谈会，听取了更多战友的意见。他们对捐赠活动卓有成效赞不绝口。

　　同时也传递了一个新的信息，就是格尔木从整体布局出发，将集中力量办好已建成的格尔木博物馆，原先设计的"一园一馆"不再单独建设，纳入格尔木博物馆。从大局出发，整合资源，有利于形成优势。但问题是，此馆三层建筑共7000余平方米，第一层由一公司布展昆仑文化，二层集中展览修建青藏公路、格拉油路、青藏铁路以及军垦农垦的展品，三层则侧重各级领导的视察和关怀。这样的展览布局，二层展出内容就相当多，军垦农垦展览就受到场地限制，所占面积不会太大，军垦战友们捐赠的大量物品有相当一部分就无用武之地。

　　为了不忘初心，做到两全其美，我们盼望格尔木在万山之祖的昆仑文化、可歌可泣的天路文化、激情燃烧的农垦文化、得天独厚的盐湖文化上，下大气力做实做好，向世人展示一个壮美的格尔木。

　　第一个建议，在格尔木博物馆二层布展时，要给军垦农垦足够的展区，让战友们捐赠的有历史价值、人文价值展品进入博物馆，为博物馆添光增彩。

　　第二个建议，完善山东知青林建设，将原规划建设的农垦"一园一馆"纳入其中。山东知青林建成于2002年10月，是由当年军垦战友、全国劳模、瀚海集团董事长李和印和军垦战友、格尔木市人民法院院长石忠洲等联合一些战友出资数百万元，征地50亩，最终完成的，后交格尔木市园林局管理。山东知青林内建有大型雕塑，青海省委书记尹克升题写碑名，已成为格尔木一个地标场所。许多军垦战友重返格尔木，必到此处游览仰慕，流连忘返。

　　我们建议，不要完全放弃原农垦"一园一馆"建设计划，在山东知青林内开辟农垦"一园一馆"为好，辟建一处农垦文化公园，盖一座两层至少2000平方米的军垦农垦陈列馆，将军垦战友们大力捐赠的多数物件摆放其中，为格尔木增加一个人文景点，也是节约财力物力的一个好方案。

　　格尔木继建立"将军公园"之后再建农垦"一林一园一馆"，就更有历史沉淀和现实吸引力。

建议当否，请领导阅示。

2019年7月16日

以下是呈送建议的老军垦战士签名（略）

讴歌开拓者

慕生忠将军与两大雪域"天路"

60年前的1954年12月25日，在拉萨召开青藏公路和康藏公路（后称川藏公路）通车庆祝典礼大会，藏族同胞倾城出动，他们望着数百辆披红戴花的汽车，高兴得热泪挥洒。

英雄的筑路大军，战胜环境险恶，不怕流血牺牲，在世界屋脊上修通了青藏公路和川藏公路，天路越高原，雪域变通途，这是历史的壮举。

青藏公路和川藏公路两路精神，一直传颂至今。

在当年英雄的进藏队伍中，有一位部队的领导者，他就是慕生忠，1955年被授予少将军衔。他既是青藏公路建设第一人，也是青藏铁路建设的先驱，两条雪域"天路"，都镌刻上了他的英名。

青藏高原的交通发展，经历了骆驼、汽车、火车三个时代，并与慕生忠的名字和业绩紧密地联系在一起。在骆驼时代，慕生忠担任西藏运输总队政委，近两万峰骆驼迅速集中到千里风雪运输线上，为解决西藏缺粮燃眉之急，立下了汗马功劳。在汽车时代，慕生忠率领1200名干部工人，以彭总两次支持的1000个工兵、111辆汽车、230万元经费为支撑，人们手持铁锹、钢钎和大锤，仅用7个月零4天就修通了千里青藏公路，震惊中外。在火车时代，慕生忠曾任青藏铁路工程局党委书记、局长，他率领技术人员沿线实地考察4个月，提出建设初步意见，成为修建青藏铁路的先驱。

路在何方

1951年10月，进藏部队胜利进驻西藏后，面临粮食短缺，西藏旧政府少数反动分子扬言要饿死困死进藏部队，如何力挽狂澜，稳定局势，关系到进军西藏的成败。

川藏公路这条世界上最危险的大道正夜以继日地抢修，但最少需要三四年时间，时间不等人啊！

进藏部队立即开荒种田，但远水解不了近渴。

中央决策用骆驼往西藏运粮，大量骆驼死亡，粮食丢弃，难以为继。

慕生忠和部队的其他领导同志都为此而着急，焦虑，无论走路，吃饭，工作，甚至做梦，无时无刻不在苦思冥想：路！路！路！

置之死地而后生！

慕生忠在彭总的支持下，决心破天荒从青海抢修一条进入西藏的路。

他组织木工赶做了两台崭新的胶轮大车，每台车上备了3头健壮的高头大骡子，挑了4名精干的驭手，由格尔木转运站政委任启明带领，往黑河去探路。

大车探路小组出发前，慕生忠给他们下了一道死命令："马车拉到黑河，就向中央报告修路。你们拉不通，就别回来，我再派人去！"

不久，慕生忠在格尔木终于盼到了任启明从黑河发回来的电报："慕政委，我们按照你的命令，把马车赶到了黑河，一路顺利。"

多年来的焦急、烦恼，顿时烟消云散。慕生忠高兴地顺手抓过酒壶，一憋气灌了大半斤白酒，痛快啊，真痛快！

当任启明探路小组返回到长江源头的沱沱河时，又发回一份电报向慕生忠报告了沿途所见和对修路的看法："青藏高原远看是山，走近是川，河多水不深，山高坡很平。只需半年时间，用一两千人，就可以修一条简易公路。"

慕生忠手捧电报，他那颗激动的心，仿佛沿着一条金光大道，越过千山万水，飞向黑河，飞向拉萨！

慕生忠按捺不住内心的激动，大步流星地跨出帐篷，迫不及待地要向人们宣告，他要带领人们修青藏公路了！

1954年5月11日，这是一个寒冷的雪天。草原上纷纷扬扬飘着雪花，北风夹着逼人的寒气呼啸着。这天气，是在给慕生忠助兴，还是先来个下马威？这两种可能性大概都有吧。慕生忠顾不得这些，他突然把格尔木转运站的几十名干部全都喊出了帐篷。站在风雪中，慕生忠挥动拳头，发表了慷慨激昂的演说：

"同志们，我们要用勤劳的双手，在世界屋脊上修筑一条平坦的大道，在柴达木盆地建起一座美丽的花园！……"

这气吞山河的声音，压过了戈壁滩上呼号的狂风。这火辣辣的讲话，似乎有一种融化高原冰雪的威力。站在风雪中的人们，早就忘记了严寒，从心底里滚过一股热流。他们宣誓：一定要把公路修上世界屋脊！

慕生忠将军率领的筑路大军，开始只有一个工程师，没有现代化装备，全部家当是1200名由驼工转为筑路工的农民，还有3000多件笨重的铁锹、镐头、钢钎、大锤之类的工具，靠如此装备修建青藏公路，可谓天方夜谭。

他们顶着星星出工，踏着月光收工，每天工作10多个小时，而吃的却是咸菜、盐巴、干馒头。青藏公路，完全是筑路工人用汗水浇铸起来的。

公路开工不久，筑路工人夜以继日地奋战，很快修到了格尔木以南的崖及沟。

然而，突然有几十名工人的脚和腿出了毛病，肿得透明，皮肉发紫，人们疼得直喊叫，有的抱着腿在地上打滚。

恰巧，人们先前开垦出的27亩地长出新鲜萝卜，每人分上一两个，吃了之后马上感到腿不太疼了。后来，每人每天吃到五六个红萝卜，过了10多天，谁也没有吃药，肿消了，腿慢慢好了。慕生忠给这种红萝卜送了一个美名，叫"高原适应素"。

施工队伍拿下崖及沟工程，又迅速前进到雪水河两岸。

慕生忠泡在工地上，他边干活边指挥，工程卡着点干，分秒必争。在最后的一天里，架天涯桥的材料已从兰州运到格尔木，中午12点就要通过雪水河运往天涯桥工地，逼着雪水桥工程必须在中午12点以前完成。

从沟上到沟下，从北岸到南岸，六七百人摆开战场，有的平坡道，有的加固过水路面，有的清理弯道死角。只见镐落锹起，沙土飞扬。劳动号子此起彼伏，工人们挥汗如雨，工地上一派热火朝天的景象。

雪水河工程在上午9时30分全部完成了，比计划提前了两个半小时。拉运架设天涯桥材料的汽车从雪水河顺利通过，公路又向万山之祖昆仑山靠近了一大步。

昆仑情怀

为了加快工程推进，慕生忠又由集中兵力攻破一点，转为将兵力一线拉开，分段突击抢修，迅速接头合拢。5个工程队分布在170多公里的线路上，最远的摆到了昆仑山口南边。天涯桥的铺架，慕生忠把筑路大军的技术干部全部调到天涯桥工地，有邓郁清、何畏、张震寰等，他们之中只有邓郁清是工程师。几个人经过反复琢磨，制定出了在最窄处的两岸石崖上凿出一条石槽，再插上木桩子架桥，同时打掉石嘴子的施工方案。邓郁清工程师连续三天都没有睡过囫囵觉，白天黑夜都在现场指挥。慕生忠在架桥的最后一天，也盯在工地上没挪窝。当天涯桥架通时，多少天没有笑模样的慕生忠终于咧嘴笑了。

公路修上昆仑山，地势已经升高到4800米。慕生忠带上几个人，向着山口的最高处走去。快要上到山头的时候，人们都累得张口气喘，一屁股坐到地上不愿动了。慕生忠这个43岁的壮汉子，比小青年们劲头还足，他没有停下来，又坚实地跨出12大步，便登上了山顶。慕生忠把昆仑山称作"十二步山"，含有明显的藐视困难之意。

随同慕生忠一起登上昆仑山口高处的工作人员，急切地盼望将军今天登上昆仑能有佳作问世。谁料想将军的情绪有点不同往常，诗迟迟没有从他口中吟出，倒是蹦出了一句深沉的话："这块地方不错，站得高看得远，假如我死在青藏公路上，就把我埋在这里吧。"

其实，对于死，慕生忠早在20岁时就曾认真思考过。他说，人生的死大致有三种：老死、病死、战死。他不甘心白白老死、病死，情愿死在战斗的岗位上。

鏖战高山

公路一天天向前延伸，汽车紧跟在筑路队伍后边轰轰隆隆地前进。10月初，大队人马登上了巍峨的唐古拉。

唐古拉海拔5300米，青藏公路修建的成败，关键在此一举。

一场征服唐古拉的决战打响了。

秋天的唐古拉，已经寒气逼人，寒风劲吹像是从天上下刀子，大雪纷扬如万蝶飞舞，暴雨倾注似断线的珠子，冰雹大得像核桃，这些魔鬼轮番地向人们进攻，威胁着我们的筑路大军。

筑路英雄们，是铁打的筋骨，钢铸的人，天大的困难，也压不垮他们。

在冰天雪地之中，一座座营帐扎起来。山顶30公里，6个施工队分段作战，到处响彻雄壮的劳动号子，锹镐翻飞，铁锤叮当，炮声轰鸣。人们用镐头刨，钢钎撬，铁锤打，一点点地抠掉前进路上的坚石硬土。

谁的双手不是裂开了道道血口，哪一个的脸不是粗糙得像砂纸。是啊，筑路英雄就是凭着这种忘我献身精神，为西藏人民开辟通向幸福之路。

唐古拉的20天，慕生忠一天也没有离开工地，天天和工人一起劳动。他感到这20天，是他一生中最艰苦的一段生活，也是最有意义的一段经历。慕生忠和工人们一起排队抢着8磅重的大锤，一抢就是七八十下，工人们害怕累坏了他，抢着抢着，就把大锤从他手中抢走了。

10月20日，唐古拉山上的一段公路全部打通了。汽车轰鸣着翻过唐古拉山口。

工人们望着汽车从跟前驶过，一个个眼窝都湿润了。

慕生忠将军更是抑制不住感情的潮水，他当即向报务员口授，发出一份电报："中央：我们已经战胜了唐古拉！我们在海拔5700公尺以上修筑公路30公里（注：当时测量的唐古拉山口高度不精确，现在实际高度确认为海拔5300米）。这可能是现在世界上最高的一段公路……"

胜利的电波，带着高原筑路员工的豪情，飞向首都北京，飞向中南海，电报很快送到周总理手中。总理喜出望外，立即打电话给交通部，传播了青藏公路胜利修过唐古拉山的消息，并要求他们赶快派个慰问团上线。

交通部的人傻眼了，他们怎么也想不到青藏公路会修得这样神速。很快，交通部和青海省分别派出了慰问团，带上慰问品，沿着新修的青藏公路去追赶筑路大军。慰问团紧赶慢赶，一直到拉萨附近的冈底斯山石峡，才追上了队伍。

1954年12月15日，慕生忠乘坐吉普车进了拉萨。这辆汽车，是拉萨市民有史以来见到的第一辆汽车。慕生忠将军，也是有史以来乘车进拉萨的第一人。

整个拉萨轰动了。藏族人民盛赞两条公路是"金色的飘带""幸福的金桥""五彩放光的路"。

铁路梦想

"青藏铁路要修，要修到拉萨去！"这是中华民族几代人的梦想，也是新中国成立后几代中国领导集体持续关注和支持的一项宏大工程。

征服世界屋脊的这项伟大壮举，始终与中华民族的国运、民意、振兴息息相通。

孙中山是中国提出要建设通往西藏铁路的第一人。

1912年，孙中山辞去临时大总统后就任全国铁路督办，日后在《实业计划》中制订六大计划，主要目标是在10年到20年内，修建相当于纽约港那样具有世界水平的三大海港（北方大港、东方大港和南方大港）以及许多商埠，修建长达10万英里的五大铁路系统，把沿海、腹地和边疆的西藏、青海、新疆、蒙古地区连成一片，并修建全国公路网，来促进商业繁荣，开导和整修运河和各地内河航道。

但是，由于衰败的国力、连年的战乱，这一蓝图难以实现。

新中国的诞生为修建青藏铁路开辟了必由之路，让青藏铁路建设梦想成真，但却经历了漫长的曲折过程。

1951年5月，西藏和平解放。

1954年12月，川藏、青藏公路建成通车之际，毛主席曾告诉阿沛·阿旺晋美说："一个地方的交通发达不发达，关系着这个地方的政治、经济和文化的发展，现在公路是通车了，开始改变了西藏交通落后的状况，但这只是第一步，将来还要修铁路，让火车爬上世界屋脊。只有铁路通了，才能真正解决交通问题。"

毛主席对西藏交通形势的精辟分析，远见卓识，高屋建瓴。

毛主席无愧于青藏铁路建设从梦想走向现实的第一人。

重任在肩

在毛主席的关怀下，青藏铁路的规划修建在紧锣密鼓中进行。

慕生忠是一个有超前思想，干大事业的人。他在干一件大事的时候，总有另一件大事在运筹帷幄中。

先开辟了骆驼运粮之路，才逼着修建了青藏公路，后来才有可能修建青藏铁路，慕生忠为此都做出了历史性的重大贡献，树起了雪域天路一座座丰碑。

当他率领西藏运输总队的驼工牵着两万峰骆驼，杀出一条向西藏运送救命粮的血路时，他又在条件根本不具备的情况下，在不可思议的短时间内，修筑了举世闻名的青藏公路。从此80%左右的进藏物资，源源不断地通过青藏公路运进西藏，成为西藏经济发展的一条生命线。

当青藏公路建设如火如荼和公路通车拉萨后，慕生忠就反复琢磨，青藏沿线远看是山，近看是川，河多水不深，山高坡很平，修建公路没有多大难度，能修公路的地方，也一定就能修铁路。西藏要发展，必须修铁路。他把目光又盯向了青藏铁路。

毛主席关于修建青藏铁路的精辟论述，恰好说到慕生忠的心坎里。

1955年，根据毛主席关于西藏的交通以青藏公路为主的批示，邓小平主持会议，决定青藏公路提高等级，进行改建，以保障青藏公路发挥更大的作用。

天生我材必有用。

1955年12月，刚刚出任几个月兰州军区后勤部政委的慕生忠，又被任命为青藏公路交通运输管理局党委书记、局长，西藏自治区筹委会委员，柴达木工委常委，西藏工委工交部长，青藏铁路工程局党委书记、局长。

率队勘察

1955年冬，慕生忠兴致勃勃地来到兰州第一铁道勘察设计院，大有回娘家的感觉，特别的熟悉和亲切。因为，兰州第一铁道勘察设计院的前身是西北铁路干线工程局的设计处，1950年在修天兰铁路时，慕生忠曾担任西北干线工程局的政治部主任，说他是铁一院的老领导，一点也不为过。

他这次重访老单位，看望老同事，不是为叙旧情而来，而是登门求援来了。他要考察青藏铁路线路，光杆司令一个人怕是不行，再说修铁路不同于修公路，对沿线地形、地貌、地质等状况必须调查清楚，方能作出正确决策。他希望铁一院派出精干技术人员，陪他共同完成这一历史使命。

当年西北干线工程局局长、现铁一院领导王世泰将军，非常赞赏慕生忠的壮举，并全力满足了他的恳切要求，派出了以曹汝桢为首，王立杰、刘德基参加的三人考察技术小组，跟随慕生忠坐上吉普车，一同上了青藏高原，迈出了考察青藏铁路的重要一步。

到达格尔木后，慕生忠深情地向考察技术小组介绍了戈壁帐篷城的变化，并充满期待地对曹汝桢、王立杰、刘德基说："我们一定会用自己的双手，把格尔木建设成为大上海，格尔木的发展一定会有你们这些铁路人的伟大贡献。"

他们沿着青藏公路，途经湟源、香日德、格尔木，翻越昆仑山、可可西里山、唐古拉山、申克里公山、昆仑河、通天河、拉萨河等一系列著名的高山、大河，还经过高频率大强变的地震活动区、雷暴区、热融滑塌区、热溶湖塘、冰丘、冰滩等多种特殊地质地带，历时3个月。在进藏铁路可行性调查和收集第一手资料的实地考察中，慕生忠带着曹汝桢等人，披星戴月，风餐露宿，不放过任何需要考察的地方，很多地方都是汽车跟在后边，他们靠步行实地考察，这在高寒缺氧的青藏高原，需要何等的精神支撑。

白天，实地调查累得大家筋疲力尽，但是到了晚上，大家却没有睡意，都围坐在篝火边，听慕生忠将军讲过去的故事。慕生忠记性好，讲话朴实，富有亲和力和鼓动性，大家听得着了迷，高兴时哈哈大笑，悲伤时不住地抹泪。

他们历尽艰辛到了拉萨后，受到中央人民政府驻西藏代表、中共西藏工委书记张经武的亲切接见。张经武对曹汝桢等人说："你们来得好啊，西藏很需要铁路，你们一定争取把画在纸上的红线，变成雪域高原的钢铁大动脉。"

张经武的期望令人振奋。

而慕生忠和曹汝桢、王立杰、刘德基就是冲着这个目标来的，他们不仅完成了考察，而且已经胸有成竹。

曹汝桢等人回到兰州，向设计院正式写出踏勘报告，结论是：青藏高原可以修铁路。

1956年，铁道部正式承担修建进藏铁路的前期规划，开始进行青藏铁路勘测设计工作。至此，青藏铁路（西宁至拉萨）出现在国家铁路建设的议程之内。

1957年夏，铁一院对青藏铁路格尔木至拉萨段的勘测设计正式开始，由铁一院勘测设计的青藏线（西宁至格尔木段、格尔木至拉萨段）勘测计划节节推进，随后完成了全线踏勘报告，年底通过了选线方案。

1958年开始初测，当年9月，在兰州到西宁的兰青铁路开工仅4个月之后，青藏铁路西宁到格尔木海拔3700米的关角隧道悄然开工。格尔木到拉萨段的前期准备工作，也在紧锣密鼓地进行之中。

1958年，在毛泽东主席、周恩来总理和邓小平同志的关怀下，全长814公里的青藏铁路西宁至格尔木段开工建设，格尔木至拉萨段的《踏勘报告书》也编制完成。

可是，由于种种原因，在修通西宁至哈尔盖181公里一段铁路后，1961年3月，青藏铁路工程被迫下马。

戏单岁月

一次，在青岛文物地摊上，一份1959年的《铁道部青藏铁路工程局秦剧团答谢演出节目单》跃入了我的眼帘，令我非常惊奇，激动不已，我毫不犹豫地收入囊中。

仔细阅读研究后，让我了解了与青藏铁路建设有关的一段历史，而与慕生忠将军又是息息相关。

慕生忠是当年由兰州进军西藏的十八军独立支队政委，他率领的队伍中有一支文工队，其中秦腔分队由7人组成，有从一野政治部文工团调来的，有从西安市调来的。

由于人少，秦腔分队就执行着西藏工委宣传部提出的"不能演大戏，就演小戏；不能演小戏，就搞清唱；自己演不开，就和业余剧团一起演"的指示，克服了重重困难，没有服装借藏族官员的衣服代替，没有道具自己做，没有化妆品就用颜料甚至面粉替代。

得益于领导的大力支持和业余剧团及文工队其他分队的帮助，秦剧分队无论在进藏途中或到拉萨后，都演出了许多精彩的节目。其中有《柜中缘》《拾玉镯》等小戏，也有《三滴血》《将相和》等大型剧目。

铁道部青藏铁路工程局秦剧团答谢演出节目单

在那最艰苦的日子里，秦剧分队队员背着背包不避风雪，跋山涉水，每天步行八九十里路，到处为部队和藏族同胞演出。

1952年至1953年，西藏上层反动分子不卖给进藏部队粮食，扬言要把进藏部队和工作人员饿死在西藏。在那生死关头，秦腔分队一样积极响应党委"开荒生产，自力更生"的号召，白天开荒生产，晚间演出节目。就这样，秦腔这个古老的艺术花朵，在祖国的青藏高原扎下了根。

1953年8月，西藏工委文工队和西藏军区文工团合并，秦腔分队成了西藏军区文工团的一个分队，人员由原来的7人扩大到13人。

1954年8月，秦剧分队奉西藏工委和西藏军区指示赴西安学习，并招收了40名学员和10余名教职员，正式成立了西藏秦剧团。经过一年的训练，于1956年初重返西藏。剧团每年平均演出200场以上，巡回演出旅程每年达11000多公里。

1959年西藏秦剧团调到青藏铁路工程局，许多老演员又回到当年进军西藏的十八军独立支队政委慕生忠身边，他是青藏铁路工程局党委书记、局长。秦剧团已今非昔比，人员扩大到115人。他们自编自演的十场《血的控诉》大型剧目，引起强烈反响，深得好评。

全体演员都有一个信念，走向青藏铁路工程局秦剧团新的工作岗位后，要比以前更加努力地学习，积极工作，不断提高自己的政治、业务水平，以更大的工作成绩来报答党和人民对他们的关怀和期望，并将更好地长期地为战斗在青藏高原——把铁路修向世界屋脊上的英雄们服务！

我从收藏家的认知，到我对青藏铁路建设的参与及熟悉，我认为这份1959年的《铁道部青藏铁路工程局秦剧团答谢演出节目单》已有54年历史，具备一定的史料价值。

惨遭迫害

1959年，众人称赞的"英雄"慕生忠突然被打成了"罪人"，被撤销领导职务，送兰州军区处理。

此后，慕生忠除担任过八一农场第五副场长和甘肃省交通厅副厅长外，其余大部分时间是住"牛棚"和蜗居家中，基本上过着与世隔绝的生活。而他每天必做的一件事，就是面对墙壁凝神注视一张大地图，把地图上标注的青藏公路用红笔勾画得很粗很粗。

时间的车轮无情地转动着，一晃20年过去了。1979年，当慕生忠得到平反通知时，将军他已经是一位69岁的白发老人了。

当时慕生忠正住在兰州部队总医院里，在不到1个月的时间内他连续动了4次手术，身体极为虚弱。

一天，中共西藏自自治区副党委书记（当时自治区未设第一书记）热地来到医院看望慕生忠。

"我在西藏可没有做错事呀！"慕生忠声音微弱然而却是坚定地说出了

埋藏多年的心里话。

"您老人家何止是没有做什么错事，您是为西藏建设立了大功劳的呀！"热地紧紧地握住慕生忠的手。

20年，整整20年，慕生忠没有听到这么温暖贴心的话了，这位年近70的老人，竟禁不住老泪纵横。

组织上询问慕生忠有什么要求，他吃力地说："等我病好了，我要到青海去一趟，再看一看阔别20年的格尔木和青藏公路，今生就死也瞑目了。"

安息昆仑

三年之后的1982年夏季，慕生忠恢复了健康，去青海终于成行了。

曾经跟随慕生忠拉过骆驼、修过公路的老哥们，在格尔木的人已经不多了，他们听说老政委来到格尔木了，几十个人不约而同地奔到招待所。

慕生忠将军一个个认出了自己的老部下，这不是二中队的马珍队长？那不是同任启明一起赶马车到黑河探路的李德寿？……杨庆繁、张承绅、张震寰，这些当年生龙活虎的小青年，也被慕生忠叫出了名字。

老部下十分敬佩70多岁高龄的老将军还有一个好记性，还惦念着他们。

老战友故地重聚，最兴奋的莫过于回忆往事。多少年前的事情都翻腾出来了，说到困境之处，人们的感情深沉下来，讲到有趣的地方，又是一阵开心的大笑。

送给老政委点什么作纪念呢？老部下奉送上一副他们凑的对联，上面写道：

赤胆忠心，为党为国，为高原人民，在世界屋脊开辟青藏公路；
勇担风险，任劳任怨，任艰难困苦，于戈壁荒滩建造美的花园。

这48个大字，是对慕生忠将军公正的评价。"人民没有忘记我这个老头子，我感到心满意足了。"慕生忠手捧对联，落下了感慨的泪水。

今日格尔木，已比慕生忠将军在的时候发生了许许多多变化，盖起了一幢幢楼房，修建了一条条笔直的沥青马路，栽种了一片片林带，变成了"半城绿树半城楼"。慕生忠见到他当年领导人们栽种的几万株白杨树都长成了大树，心情格外激动。他热情地拥抱当年亲手栽下的几棵白杨树，还让人拍照留念。

将军满怀深情与思念，驱车跨过崖及沟、昆仑桥，来到了昆仑山下的纳赤台。雄伟壮丽的冰雪昆仑，在呼唤将军的名字！置身昆仑母亲的怀抱中，慕生忠又打开了感情的闸门，他对同行的女儿说："30多年前，我就选定昆仑山是我长眠的地方，将来我死后就把我埋到这里吧，我听惯了车轮声，对青藏公路感情最深，不然我会死不瞑目！"

此时此刻此语，让陪同的女儿泪水倾下。

1994年10月19日，慕生忠在兰州逝世，终年84岁，他的遗愿是把骨灰撒在昆仑山口。子女们遵照父亲的遗愿，一个多星期后捧着慕生忠将军的骨灰来到了格尔木。格尔木的党政军机关和群众，在将军楼前为慕生忠举行了隆重的公祭仪式。

慕生忠8个儿女亲自护送父亲的骨灰到昆仑山口安葬，女儿慕瑞峰流着泪说："在这里，无论是过汽车，还是过火车，父亲既能看见，也能听见，他安息了。"

听说慕生忠将军的骨灰撒在青藏公路和青藏铁路线上，沿途有的司机主动把车停下，鸣喇叭3分钟。他们都知道，青藏公路和青藏铁路都留下了慕生忠永不消失的足迹，激励人们不畏艰难向前前进，他在人们心目中高高地树立起一座丰碑！

（新华网山东频道2014年12月25日电）

齐天然其人其事

前几天，我的《举世闻名的万丈盐桥》一文在知青小院登载后，一位战友跟帖谈了他与齐天然在"文革"中的一段交往。当齐天然遭受大难时，战友挺身而出相救，并与他的家人结成了很深的友谊，我为战友的这种高尚行为所感动，他的确做了一件大恩大德的事。

齐天然，原国民党胡宗南部的一名少将师长，陕西定边人。历任第十四师排、连、营、团长等职。抗日战争时期曾任三十二军副军长兼八十四师师长高桂滋部特务营营长，参加中条山抗战。1945年任整编第十七师第八十四旅第二五三团团长。后升任少将师长。他文武兼备，早期与我党有过接触，曾任国民党延安城防司令，1949年率部在四川起义。

齐天然无悔于建设西藏的一位功臣。我清楚地记得，25年前的1982年，我跑遍西北采访当年修建青藏公路的功臣们时，曾与齐天然进行过长谈，他的音容笑貌至今令人难忘。我今天又赶写了齐天然的一段传奇故事，进一步揭示尘封数十年的齐天然其人其事。

时间退回到1954年下半年的青藏公路建设工地。一份从前沿工地发回的告急电报，迅速送到慕生忠手里。原来前沿工地连日阴雨绵绵，道路泥泞难行，给工地送面粉的7辆大卡车半路陷进泥坑里出不来，上千袋面粉无法运到工地，筑路工人眼看就要断粮了。

慕生忠是个火性子人，他立即乘坐那辆彭老总奖赏给他的吉普车匆匆赶往现场。他首先来到可可西里粮食转运站，催促站长齐天然马上组织起一支骡马队，去现场转送粮食。当一切安排妥当后，慕生忠这才深深地吸了一口气。

前天，慕生忠刚从北京求援回来，还没有来得及好好歇息，就被告急的电报催上了施工前线。这也好，他本来打算三两天内要沿线跑一趟，把从北京带回的喜讯告诉人们。

慕生忠已连续三次到北京向彭总求援了。彭总当之无愧是修建青藏公路的"总后台"，筑路军民流的是汗水，而彭总倾注的却是心血啊！现在，彭总又交给慕生忠修通敦格公路，扩大青藏公路影响的新任务。派谁去完成呢？现在慕生忠已经在打齐天然的主意。

于是，慕生忠请齐天然同车前往工地，他急于想抽个合适的机会向齐天然摊牌。

汽车沿着新修的公路奔驰，公路漫长得好似没有尽头。一路上，慕生忠和齐天然聊得好热乎，他们的话题仿佛比这新修的公路还要长。

齐天然莫不是慕生忠的老战友？老部下？确切地说，解放前不是，解放后是。1951年，他跟随西北支队进藏，不久到西藏工委驻西安办事处负责采购进藏物资，经他手采购了大量的医药、布匹、绸缎、机械等商品，对稳定和平解放不久的西藏局势做出了一定的贡献。1953年，他又调到西藏骆驼运输总队。他曾跑遍宁夏和内蒙古，购买了11400多峰骆驼，并担任了二大队队长，领导驼工抢运了成千上万袋粮食，为西藏胜利渡过非常时期立了功。1954年，慕生忠领导修建青藏公路，齐天然又被安排在条件艰苦的可可西里粮食转运站当站长，工作任劳任怨，干得十分出色，深受慕生忠信任。慕生忠欣赏齐天然不管干什么工作都千方百计干好的负责精神，齐天然敬佩慕生忠无论做什么事情誓死也要做成的高尚品德。

汽车载着他们登上可可西里地区的一座高山。这里给人们第一个深刻的印象是风异乎寻常的大，狂风

慕生忠和齐天然在修建青藏公路中交谈

一起，刮得飞沙走石，像是要把大地一层一层地掀掉似的。然而，这里也是一个景色优美的地方，满山的石头和土壤，似血，似火，与蓝天白云交相辉映，分外光彩夺目。慕生忠像是自言自语，又像是同齐天然商议说："山下风大，山上火红，就叫它风火山吧！"这座自古以来的无名山，从此名扬大西北，载入了国内外地图册。慕生忠给风火山起名后，又沉吟了一会儿，当场念出一首诗来："风火山上高峰，汽车轮儿漫滚，今日锹镢在手，开辟世界屋顶。"齐天然听罢，连声叫好。他立即掏出笔记本，把这首诗记了下来。到了一个工地，齐天然找到几块木板，拼成一块木牌子，他从大衣里揪出一团棉花，饱蘸墨汁，"唰唰唰"在木牌上方写下了"风火山"三个刚劲潇洒的大字，又把慕生忠即兴作的那首诗写在木牌下方。木牌插到公路边，谁看了不反反复复念几遍，人们都竖起大拇指赞道："有气魄！真提神！"

在北麓河畔，有人送来一包乌黑发亮的东西，报告慕生忠前边发现了煤。这自然是一个振奋人心的喜讯，自从青藏公路开工后，沿线缺少燃料就成为困扰人们的大问题。这下好了，有了燃料，就给筑路工程和人们生活增添了新的活力。慕生忠和齐天然乘车直驱煤矿，看到那乌黑乌黑的煤，慕生忠兴致勃勃地又顺口念出一首打油诗："内部遍是乌煤，外表湖山秀丽；今日满目荒凉，他日工业基地。"慕生忠与齐天然商议，这里也得起个名字，两人你一言我一语，说干脆把诗中的"乌"字和"丽"字提出来，将这个地方叫作"乌丽"。齐天然又照先前的办法，把"乌丽"地名和慕生忠作的诗，抄写在木牌上，插到招人注目的公路边。

晚上，他们返回可可西里站，劳累了一天的慕生忠和齐天然不约而同地说："喝杯酒解解乏吧。"他们煮了一锅野羊手抓肉，每人倒了大半瓷缸子烧酒，在跳动的烛光下，开怀畅饮。军人喜欢干脆痛快，他们一呷一大口，几口就把杯中酒喝下一半。酒过三巡，红晕上脸，正好到了兴头上，慕生忠开始向齐天然摊那张他考虑了几天的牌了。

慕生忠凑近齐天然，兴奋地对齐天然说："老齐，我这次到北京向彭总汇报修公路的事，如数要来了求援物资和人力，也要来了新的修路任务。彭总在地图上画了一道红线，他要我们在修通青藏公路的同时，也把敦煌到格尔木的公路修通。我在彭总面前，是立了军令状的。"

听了慕生忠亲口传达彭总的指示，齐天然兴致更浓，他不等慕生忠发话，独自端起酒杯，美美地喝下一大口，他大概是想用酒压一压过于激动的心情。这个在旧军队干过一二十年的军官，自从投奔革命后，就横下一条心，要多多立功报国。这不新的机会又来了。他想主动请战，又怕慕生忠另有打算，所以到了嘴边的话又咽了下去。

修建敦格公路，是具有远见卓识的一举，意义非凡。慕生忠和齐天然都深知这一点，他们心里各自有一本细账。要是从西宁到兰州拉粮，买1斤粮食1角8分钱，经青藏公路运到格尔木路程长达1000多公里；如果到敦煌买粮，就是1角3分1斤，买1斤便宜5分，通过敦格公路运进格尔木，路程可缩短400公里。至于通过敦格公路到玉门拉汽油，就比通过青藏公路到玉门拉汽油更加省路省钱了。一旦青藏公路与敦格公路在格尔木相会，两条公路就形成了"丫"字形，对扩大青藏公路运输极为有利。

杯中酒又一次端了起来，但是两人都没有马上要喝的意思。慕生忠说话了："齐天然同志，修建敦格公路的任务很重要，我想交给你去完成，不知你有没有这个胆量？"慕生忠说完话，两眼紧紧盯住齐天然的脸，像是马上要从齐天然的嘴里掏出答案。

此话正中齐天然下怀，他刚才就已经看出慕生忠醉翁之意不在酒。可是慕生忠的激将法也相当厉害，使齐天然兴奋的心情立时冲动起来。齐天然再也坐不住了，他猛地站了起来，大声说："你敢把任务交给我，我决不示弱！"他紧紧地盯住慕生忠的脸，想看看到底有什么反应。

慕生忠又一本正经地对齐天然说："现在我们正全力以赴抢修青藏公路，可腾不出多少人力物力给你，最多给你4个人和1辆十轮汽车，你到敦煌可再雇上几十名民工。没有人力物力，完成任务有信心吗？"

是啊，凭着这微不足道的人力物力，要修通600多公里的敦格公路，简直是不可思议的事。齐天然怎么回答这个问题呢？他对慕生忠说："就是刀山火海，我也要闯一闯，决不拖青藏公路的后腿，拼死拼活坚决完成彭总交给的修通敦格公路的光荣艰巨的任务！"

听了齐天然的话，慕生忠的脸上掠过一丝笑容，但他马上又严肃地说："老齐啊，任务就砸给你了，可是丑话必须说在前头，只能前进，不准后退，你要是在哪里修不通了，就给我死在哪里，我给你树碑立传，再派别人去干！"

不了解慕生忠个性的人，听了他的话也许会感到太不近人情了，简直令人难以接受。可是，与慕生忠同甘共苦几年的齐天然，却最清楚慕生忠的苦心，慕生忠对哪个人要求最严，这说明他对谁最信任。此时此刻，齐天然一拍胸膛说："我不把敦格公路修通，决不回来见你！"

两人都激动不已，高高举起盛酒的破旧瓷杯，"当"的一声碰在一起，说了声："为胜利干杯！"两人便一饮而尽。

不久，齐天然带上4个人、一部车，经西宁、兰州，绕道到达敦煌。他们又从当地雇了40多个民工，于11月初开始边探边修敦格公路了。

他们顺着阿尔金山北路向格尔木方向摸索前进。当进到阿克塞一条山沟时，沟里横七竖八躺着八九十块大石头，大的上吨重，小的也有三四百斤。沟比较窄，又无起重设备，这些拦路石可往哪里搬呀，人们发愁了。齐天然急得一个劲地搓手跺脚，他恨不得三拳两脚把大石头统统打到地底下。办法终于在逼得走投无路的时候想出来了，石头搬不走，就地挖坑埋石不是也可以解决大问题吗？沟里碎石头多，天寒地冻，挖起坑来特别费劲。他们每挖一锨，每刨一镢，都要使出很大的气力，谁的身上不是数九寒天腾腾冒热汗。一天下来，四五十个人只能挖20多个坑，这些坑哪里是挖出来的，简直是人们用手一点一点抠出来的。整整挖了4天，才把八九十块大石头全部埋到地里头，在乱石沟里修出了一段新路。

上了当金山，鹅毛大雪纷纷扬扬。山顶雪厚，有一块儿百米长的地段积雪能埋没车轮子，汽车再也开不动了。他们只好在雪地上架起帐篷，一边休息，一边研究对策。这么厚的雪，要是等着太阳融化掉它，没有三五天说啥也不行。可是，在这雪山顶上久待，非常危险。通讯员从河沟里提来水，让大家洗漱，人们洗罢后，把水往雪地上一泼，立时雪厚的地方变薄了，转眼又冻成了冰块。这无意中给了人们一个启示，如果把雪堆到中间，泼上水冻成冰，汽车不就好过了吗？于是有人堆雪，有人提水，硬是在雪地上开辟了一条长长的冰路，汽车终于开出了当金山。

到了大柴旦，一片无边无际的芦苇荡又挡住了人们前进的去路。他们没有带砍芦苇的刀和镰，就用铁锹铲芦苇，开辟道路。芦苇秆又粗又硬，铲起来吃力，铁锹都卷了刃，还震得人手虎口发麻，累得两臂酸软。他们就是凭着一把铁锹两只手，在芦苇荡中开辟出了一条十里长街。从此荒凉的大柴旦才陆续来了建设者，这里有一段时间成为柴达木工委和柴达木行署的所在地，是早期开发建设柴达木的大本营。

在察尔汗盐湖上修公路，那是前所未有的，32公里宽的大盐湖上，寸草不长，别说人走过去有困难，就是鸟儿也不容易飞过去。公路要是修过盐湖，慕生忠将军给齐天然立下的军令状就算大功告成了，如果修不过去的话，那就前功尽弃了。齐天然带领10多人的先遣队不畏险阻，闯进了大盐湖。他们被溶洞区挡住了去路，这里硬硬的盐盖下面，分布着无数上窄下宽的溶洞。溶洞是由于湖北部渗入地下淡水溶蚀岩盐而成的，形状就像一个个大头朝下的喇叭。用钢钎向下一插，探不到底，卤水至少有3米多深。要是汽车不小心栽进溶洞陷阱，有天大的本事也出不来。人们一筹莫展，盐湖上既无石头，又无沙土，拿什么东西填平这些溶洞？齐天然拿着一根撬棍，东敲敲，西戳戳，竟然掀起了一块30多厘米厚的硬盐盖，这使他顿开茅塞，就地取盐盖不是也可以填溶洞。绝路逢生，人们精神头又来了。他们选择了一段溶洞少的地带，背来了一块块大盐盖，垫起了一条盐盖路基，汽车安全地开过了一里多宽的溶洞区。人们高兴地喊叫："我们胜利了！"

这天晚上，他们露宿在盐湖南岸。为欢庆胜利的时刻，煮了一大锅牛肉，每人倒上一大碗酒，划拳猜令，举杯畅饮。人们还唱起了家乡小调，笑声、歌声、猜拳声交织在一起，久久回荡在空旷的盐湖上。

建成驰名中外的"万丈盐桥"，齐天然立了头功、大功。为什么称盐湖公路为"万丈盐桥"，这是因为公路建在坚硬的盐盖上，而在几十厘米至1米多厚的盐盖下面，是深达一二十米的结晶盐和晶间卤水，公路实际上就像一座桥浮在卤水上面，"万丈盐桥"就是由此而来。

我们为齐天然头拱地也要把敦格公路建成的英雄气概喝彩。

齐天然没有辜负慕生忠的期望，1954年12月22日上午，他带领40多人，只用14天的时间就把600多公里的敦格公路探通了，汽车开到了格尔木。他立即打电报给正在青藏公路前沿工地指挥修路的慕生忠，报告了敦格公路修通的喜讯，这时青藏公路已经快修到拉萨，慕生忠接到敦格公路修通的消息后，真是喜上加喜，立即回电齐天然表示祝贺："你们修通敦格公路，扩大了青藏公路的胜利，特予嘉奖。"

当时，劳累到极限的齐天然，一到达格尔木后就让人宰了牛，备了酒，准备在敦格公路和青藏公路的交汇口召开庆功大会。可是露天大锅里的牛肉还没有煮熟，他却倚靠在汽车轮子上。呼噜阵阵睡着了，人们看他睡得那么香甜，不忍心叫醒他，这不整整熟睡了一天一夜。当他自然醒来，以为自己安排的庆功活动已经结束了，不好意思而又遗憾地说：睡得真不是时候，连个话都没讲。

这时，民工和战士们喜笑颜开地告诉他："牛肉还没吃，青稞酒没打开，就等你醒来了，开庆功会呢！"

齐天然怔住了，看着这些与自己生死与共的战友，他流下了热泪……

这一天，他和人们一醉方休。

1955年5月，慕生忠作诗抒怀：

> 咸盐筑路成稀罕，咸盐架桥世无双；
> 盐桥横跨达布逊，桥身全长超万丈！

　　盐桥东西无边际，盐桥南北好风光；

　　南望昆仑北祁连，湖光山色引人恋！

　　风平浪静神气爽，平硬直宽比长安；

　　工程科学新发展，筑路史上创纪元！

　　最让人意想不到的是，毛主席对青藏公路和敦格公路的建设给予高度赞赏。

　　1957年12月9日，毛主席在中南海接见了慕生忠，详细询问了青藏公路和敦格公路的修建情况。

　　畅谈中，慕生忠谈到敦格公路有31公里建在察尔汗盐湖上，人称"万丈盐桥"，在开辟这段盐湖公路和后来重新整修盐湖公路时，有不少人持怀疑态度。

　　一个外国专家曾质问慕生忠，盐湖上怎么能修公路！

　　慕生忠反问他，你们国家有盐湖公路吗？

　　他回答说没有。

　　慕生忠毫不客气地说，你们既然没有，那就向我们学习吧！

　　也有人责怪慕生忠说，土壤中含盐量达到5%，修公路就要尽量避开，含盐达到10%就不能修路，可不能违背科学蛮干。

　　慕生忠又反问道，如果含盐量达到80%～90%能不能修路？含盐量100%呢？我看可以修路，量变到质变嘛！

　　毛主席听到这里，高兴地笑起来，称赞慕生忠说："你用辩证法解决了实际问题，你把哲学运用到工程上了。"午夜之后，主席还请慕生忠吃了顿味道鲜美的鸡丝面。

　　　　　　　　　　　　　　　　　　　　　　　　　　　　　（写于1983年6月）

柴达木人正气歌

柴达木——祖国的聚宝盆。24万多平方公里的土地下面，蕴藏着丰饶的矿产。

柴达木人——优秀的中华儿女。他们几代人经历了风风雨雨，仍然矢志不移，奋斗不息。让我们听一听柴达木人的正气歌吧。

"我的事业在盐湖上"

新近被任命为青海钾肥厂第二选矿厂副厂长的刘传福今年只有21岁，他从小在"天府之国"四川长大，在重庆大学读书的时候，他就从修建青藏铁路的舅舅那里听说了柴达木察尔汗盐湖的情况，大有希望的柴达木开发前景让这个化学矿开采专业的大学生听得入了迷，他兴奋地说："苦没啥关系，只要有干头就成。我非去察尔汗不可，我的事业就在盐湖上！"

盐湖上茫茫一片，寸草不长，连空气都带着点咸味，刘传福就在这里开始了工作。两年来他一直吃住在盐湖上，白天抓紧干活，晚上看书学习到深夜，还领头组成了质量管理小组，开展技术攻关活动。为了解决载重卡车在盐田运输中车轮下陷的问题，他提出了就地取盐的建议，组织大家突击施工，解决了困难，仅这一项改进就节约开支12万元。今年5月，他所在的质量管理小组被团中央授予"全国新长征突击队"的光荣称号。

"柴达木就是我们的家"

在柴达木西部，人们熟悉乌孜别克族老人阿吉一家，对这扎根建设柴达木的两代人满怀真诚的敬意。

30多年前，阿吉老人离开自己的富庶家乡新疆若羌县，带领地质队员走遍浩瀚的沙海，发现了一个个矿点，开辟了一条条道路，找到了一处处水源，人们赞颂这位老向导是"柴达木的活地图""第一号尖兵"。阿吉老人在临终前嘱咐亲人说："我死之后就葬在柴达木。你们没有特殊情况也不要离开盆地。柴达木就是我们的家……"

老伴和儿女没有辜负老人的嘱托，继续生活和工作在柴达木。小女儿柴达木罕从西北民族学院毕业后也回到盆地西部的茫崖镇工作。这里海拔3000多米，风沙不断，气候环境都比较差。但是，她记住了父亲的那句话"柴达木就是我们的家"，满怀深情地给自己的男朋友买买提伊明写去长信，说服他从故乡调到了茫崖，两个志同道合的青年人，终于在柴达木建立了自己幸福的家庭。

"苦地方更有大事可干"

1982年，吉林石油勘探指挥部党委书记、总指挥43岁的张德国奉调前往河南濮阳组织油田会战，路过北京时，康世恩同志对他说，你年纪还轻，干脆到柴达木油田去吧。事后，石油部的两位副部长向张德国传达了部党组改调他到柴达木油田工作的决定，征求他的意见。张德国还是那句老话："服从组织分配，苦地方更有大事可干。"两位副部长高兴地连声说："行了，行了，我们要的就是你这句话。"

张德国在玉门、四川、大庆、吉林的油田都流过汗水，这回是第五次大搬家，他把爱人和孩子带上，在戈壁荒原上安了家。

"有理想者常乐，有志气者事成"，张德国常用这句话自勉。为了改变多年来柴达木石油勘探开发徘徊不前的状况，他和油田其他负责同志一起提出了加快石油勘探和敦煌后方基地建设的意见。经过干部职工四年的努力，柴达木油田新探明石油储量1亿吨，相当于过去26年探明石油储量的总和。敦煌的后方基地建设也已初具规模。看到油田展示的新前景，职工们称赞张德国是"有战略眼光，又有实干精神的好干部"。

在开发和建设柴达木的艰辛而壮丽的事业中，一代又一代人得到了锻炼和考验，他们成为建设柴达木、建设大西北的一支主力军。柴达木也是人才和英雄的"聚宝盆"。

（新华社西宁1985年12月9日电）

群英荟萃战盐湖
——记开发察尔汗盐湖的科技工作者

位于柴达木盆地中南部的察尔汗盐湖，海拔2700多米。茫茫数千平方公里的盐滩上，寸草不生，空气中含氧量只相当于沿海地区的70%。可是，这里却像磁石一样吸引着来自东海之滨、南国水乡的上百名工程师和科学工作者。他们之中，大部分是四五十岁的中年知识分子，也有刚刚毕业的大学生。为建设我国最大的年产百万吨的钾肥厂，近两年来，他们北上祁连山，南登昆仑山，转战在千里盐湖上，用辛勤的汗水和聪明才智，在柴达木盆地的开发建设史上书写了光辉的新篇章。

记者在盐湖地区一间闷热的木板房里，访问了化工部长沙化工设计院的工程技术人员。这个设计院主动接受了青海钾肥厂一期、二期工程的设计任务。今年4月，察尔汗盐湖用凛冽的寒风和弥漫的风沙迎接来自湘江之畔的46名勘测设计人员。刚来时，他们都有高原反应，胸闷气喘，头痛恶心，夜里似睡非睡。但是，开发盐湖的强烈事业心鼓舞着他们顽强工作。他们冒着寒风到野外踏勘，一天要走几十里路。副院长兼副总工程师冯德宽，今年48岁。他不顾严重的高原反应和高血压病，日夜坚持工作。一次，他昏倒在工地上，同志们要送他到医院治疗，他说什么也不肯，只休息了一会儿又投入了工作。5月1日、2日，他和16名设计人员连续工作了两昼夜，绘制出60多张设计草图和表格，在现场定下了第一期工程中有关设施的设计方案。7月中旬，他又和设计人员一起进入察尔汗盐湖别勒滩区段，开始了二期工程设计的踏勘工作。

在察尔汗，从事地质勘查工作的化工部矿山规划设计院的科技工作者，付出了更为艰苦的劳动。青海钾肥厂一期工程要建设24平方公里的盐田。夏天，盐田上卤水泛起，汽车钻机开不进去。47岁的勘察队队长赵春明和大家一起抬着手摇钻机钻孔取样，五六百斤重的钻机，每隔一两个小时就要搬动一次。他们辛勤劳动的汗水，洒遍百里盐田。冬天，狂风呼啸，气温下降到零下二三十摄氏度，卤水溅到身上，衣服冻得梆梆硬，手脚都冻僵了。在赵春明的带领下，这支40多人的勘察队伍，一年里取得了几百个数据，为设计部门及时地提供了科学资料。

察尔汗盐湖蕴藏着我国最大的可溶性钾镁矿床。为了探明它的资源情况，许多科学工作者早在20世纪50年代就曾来到这里进行过查勘。如今，一座大型钾肥厂就要动工兴建了。消息传开，一些已经离开青海到内地工作的"老盐湖"又主动要求参战，重返柴达木。"老盐湖"李润民今年53岁，1956年从西安地质学校毕业，1958年，他和青海省地质一队的伙伴骑着牦牛进入柴达木盆地，从事对盐湖资源的地质普查工作。他经常风餐露宿，在盐湖上工作了十多年，把青春年华献给了察尔汗盐湖。后来，他年龄大了，身体不好，于1980年调到河北省一个研究所工作。可是，他的心仍留在千里盐湖。他在河北只待了4个月，又抱病来到察尔汗。两年多来，他和同志们一起，三上祁连山，四登昆仑山，在茫茫的戈壁滩上勘查汇入察尔汗盐湖的地表水系，研究抽卤后盐湖的动态变化规律。他还和其他几位工程师共同发现了一个数十平方公里的新盐湖。李润民激动地对记者说："开发盐湖资源，是我青年时期的理想，今天它就要变成现实了！"

是的，他们的理想正在变成现实。今日的察尔汗盐湖，到处是一派繁忙的建设景象。汽车在盐田公路上往来奔驰，挖掘机日夜轰鸣。第一条输卤管线已经建成，正昼夜不停地把含有氯化钾的卤水输送到一个个方形盐池里，晒成生产钾肥用的光卤石。白天，由于盐卤的气蒸和阳光的折射，把推土机、泵房、电线杆等放大数十倍，远远看去，犹如停泊在海港中的战舰一样威武雄壮；夜晚，百里盐田上灯光闪烁，和天上的点点繁星交相辉映。科技工作者和工人群众正在这亘古荒原上描画出一幅壮丽辉煌的四化建设新图景。

（新华社西宁1982年8月13日电）

青春献给察尔汗
——记察尔汗钾肥厂技术科长窦昌华

7月21日，察尔汗盐湖风清日丽。专程来这里视察的中央领导同志站在卤渠旁专心地听一位中年人介绍氯化钾生产工艺，他不时赞许地点点头。这位身材不高、面庞黑瘦的中年知识分子，就是在盐湖上艰苦奋斗21年的大学生窦昌华。

1961年8月，窦昌华从天津大学化工系毕业，他积极响应党的号召，主动要求到青海察尔汗钾肥厂工作。这个厂位于柴达木盆地的察尔汗盐湖上，这儿气候恶劣，条件十分艰苦。当时，厂里生产条件很差，工人们用铁锹、耙子进行土法生产，劳动强度大，氯化钾的回收率和产品质量都很低。

窦昌华到厂后，刻苦钻研技术，虚心向工人学习，决心用学到的知识改变这个厂的生产面貌。开始他们采用水力旋流分离法生产氯化钾，工人劳动强度减轻了，氯化钾的回收率提高了，钾肥中氯化钾的含量达到了70%左右。但窦昌华并不满足，继续刻苦钻研技术。1968年，当他得知中国科学院盐湖研究所正在搞用浮选法生产氯化钾的中间试验时，就主动去学习，并和有关技术人员一起，把这项科研成果应用到生产上，经过多次试验，终于获得成功。产品产量比过去提高两倍，成本降低了33%，钾肥中氯化钾含量一直稳定在90%左右，回收率由原来的30%提高到50%以上。去年，这个厂产品产量达到了25000多吨，比建厂时提高了50多倍。

1972年后，厂里过去建的沟槽盐田老化，光卤石矿供应紧张，眼看生产就要受到影响。窦昌华就主动承担了盐矿调查规划工作。他和几个同志冒着酷暑炎热，在盐田上连续工作了3个多月，查阅了有关资料，提出了把含钾高的卤水兑到老盐田里再生光卤石的设计方案。在老工人杨凤荣的精心管理下，这项试验获得了成功。现在工厂报废的100万平方米的沟槽盐田里又生产出了品位较高的光卤石矿。

　　窦昌华的工作，得到了工厂党委和上级有关部门的支持和热情关怀。工厂党委把他爱人的户口从农村迁来，安排了工作，他本人被提拔为生产技术科科长。1980年，国家科委和厂里又选派他到美国、约旦考察盐湖。

　　21年过去了。当年和窦昌华一起来青海工作的10名同学都先后调回内地工作，他却把自己风华正茂的岁月献给了条件艰苦的柴达木的盐湖。他说，我并不后悔，坚信自己走的路是正确的。20年来，我对盐湖产生了很深的感情，这里条件是艰苦，生活也很困难，但是开发建设盐湖的事业却给了我很大的乐趣。现在，这里正在建设年产百万吨的大钾肥厂，我想，会有更多的知识分子来同我们一道继续艰苦创业。

　　　　　　　　　　（新华社西宁1982年9月29日电，载9月30日《青海日报》）

以农为荣 以农为乐
——记兰州部队生产建设兵团某部的几个知识青年

在广阔的柴达木盆地，兰州部队生产建设兵团某部近万名知识青年，正生龙活虎地投入大办农业的战斗中去，沿着毛主席指引的同工农相结合的革命化、劳动化的道路阔步前进。

下面介绍的是他们当中的几个优秀代表。

刘维章和实验田

在兰州部队生产建设兵团某部，人们都在议论着刘维章和他的战友们推开沙柳包、改造板结地种实验田的动人事迹。

二十六团三连实验班班长刘维章和他的战友们，1971年在一块40多亩的原菜园地里夺得了小麦亩产760多斤的高产，受到了上级的表扬和同志们的称赞。

在制订1972年生产计划时，连里有的同志讲："实验班还是在这块菜地里干下去吧，保证步步夺高产，年年受表扬。"但是，刘维章却提出了推开沙柳包、改造板结地、扩大实验田的意见。又有同志说："实验班是门缝里面吹喇叭——名声在外，种上孬地，打不出粮食来，那就丢人了。"刘维章仍然坚持自己的意见，他跟大伙算了一笔账：实验田亩产就是超千斤，百把亩地也只能打十来万斤粮食，对国家就只有这么一点贡献；如果摸索到沙柳包和板结地夺高产的经验，推广开去，作用可大啦。连党支部经过研究，支持了刘维章的建议。

为什么刘维章会提出这个意见呢？还得从他到柴达木谈起。他是1966年随着父亲调动工作，从山东文登县来到这里的。那个时候，有的同志刚从美丽的黄海之滨来到茫茫的戈壁滩，常常会泛起一缕缕乡愁。而初中毕业后就立志把一生献给社会主义农业的刘维章，在汽车驰进柴达木盆地时，眼望着一望无际的白花花的盐碱地和起伏的沙丘，却心潮澎湃，豪情满怀。他想：把广袤的戈壁滩变成粮仓，正是时代落在我们青年肩上的革命重任啊！参加军垦以后他又深入学习雷锋同志的先进事迹，以革命先辈为榜样，不吃现成饭，专拣重担挑，越是艰险越向前。因此，他提出这个扩大实验田的计划绝不是偶然的。

1972年，经过刘维章和他的战友们的努力，扩大的实验田仍然获得高产，特别是新开的沙柳包地和改良的板结地，亩产超过400斤，实验班不仅每人一年生产粮食近万斤，更重要的是为部队改造戈壁滩提供了经验。

向沙柳包和板结地要粮，花费了刘维章和他的战友们多少心血和汗水啊！新垦荒地需要足够的肥料，刘维章就天不亮出去拾粪。有时，挖冰冻的粪肥，一镐下去，粪渣溅满身上、脸上，他也不觉得脏。浇水时，不管多冷，他卷起裤腿光着脚下水去，边平地边浇灌，手上和脚上开满了一道道口子，别人问他疼不疼，他总是笑一笑说："习惯就好了。"在刘维章的带动下，实验班的同志们心往实验田里想，劲往实验田里使，汗往实验田里流，简直一心扑在实验田里了。

刘维章还体会到，一定要把拼命干劲和科学态度结合起来，苦干加巧干，才能找出改造戈壁滩，实现稳产高产的规律。他经常蹲在地里仔细观察作物的生长情况，并一一记载下来。他和战友们一起，两年引进和培育了耐盐碱、抗倒伏的小麦品种20多个，努力探索盐碱地增产小麦的途径。他经常翻阅《农村科技参考资料》《小麦丰产研究论文集》等科技书籍和

《农业》等有关杂志，参考其他地方的经验，不断把自己的实践体会加以总结提高，实行科学种田。

1972年5月，这个脸膛黝黑、满手老茧的知识青年的愿望实现了——他光荣地加入了中国共产党。

贾玉珍的婚事

独立营一连二排副排长贾玉珍，是1966年从西宁市到这里的女知识青年。连里的同志们说她扎根戈壁滩，安心搞农业，爱这里的山山水水胜过爱黄水河畔的家乡。但是，贾玉珍前一个时期可不完全是这样的，她在婚姻问题上就经历过一番思想斗争。

这位青海姑娘1970年上半年回家探亲时，母亲看到女儿参加军垦4年来，思想大有进步，体格比过去健壮，心里煞是高兴，同时，母亲还有一桩心事：

"丫头，你已经20多岁了，现在有没有对象？"

"阿妈，还早哩，没考虑。"

"你在哪里找呢？在你们那里，还是在西宁？"

阿妈的话触动了贾玉珍的心事。在什么地方解决婚姻的念头，常常在这个青海姑娘的脑海里盘旋。

这个思想疙瘩的解开是在1970年10月她入党的前后。她以一名共产党员的标准严格要求自己，对自己在婚姻方面的想法进行剖析，认识到：以往到西宁找对象的念头，绝不是单纯的婚姻问题，其实，是抱着早晚离开这里的目的，缺乏在这里干一辈子的思想准备。回顾自己几年来，经风雨，见世面，思想上、政治上都有很大进步；同战友一块改造自然的胜利欢乐，也是过去从来没有过的啊！大办农业的道路走对了，走定了！她决心不做温室里柔弱的花草，而要像不畏风沙、不畏严寒的红柳一样，永远扎根在戈壁滩上。

她写信告诉阿妈：女儿的心在柴达木、在农业上，决定在这里解决婚姻问题，请母亲不要操心了。她的这些想法得到了母亲的支持。

贾玉珍解决个人思想问题的消息在全连传开后，不少女战友也都改变了"两眼向外"的态度，从有利于在这里安心搞农业的考虑出发来解决自己的婚姻问题了。

1971年，贾玉珍担任这个连三排九班班长，由于以农为荣、以农为乐的思想更加牢固了，她把充沛的精力用在工作上。她们班7个"女将"管理了200多亩地，以往渠道流经南北坡度大，浇水有困难，影响了增产。在连党支部的鼓励下，贾玉珍和她的战友们决心把南北渠道改为东西渠道。在排里同志们的大力支援下，姑娘们冒着零下20多摄氏度的严寒，刨开冻土，挖沙垫方，连续奋战了一个多月，终于新修大小渠道共十多里长，大大改善了灌溉状况。晚上放水，是个繁重而紧张的工作，但是姑娘们却个个坚守在岗位上，饿了啃口干馒头，手冻僵了呵口气再干，没有一个叫苦叫累的。这一年，她们这个班每人为国家生产粮食8000斤以上。在丰收的喜悦里，贾玉珍说："为国家多做贡献，是我们有志青年的幸福，而这种幸福要通过艰苦奋斗才能得到啊！"

"我们的好排长"

二十八团十三连二排有个叫高明清的知识青年，以往是连有名的后进战士，长期不安心搞农业，别人下坡劳动，他却到处闲逛。不少同志对高明清能否转变过来缺乏信心，说他是"出了窑的砖——定型啦"！因此，同志们都不愿意接近他。

今年年初，连党支部委员、二排排长柳耀南主动和高明清交朋友。一开始，高明清对排长的这个举动怀有戒备心理，不愿多谈话。以后，排长一次一次地同他促膝谈心，还从生活上关心他，使他慢慢地觉悟过来，深受感动地说："俺对国家有什么贡献？组织上还这样关心俺，俺一定去好逸恶劳的思想，为大办农业流它一身汗。"从此，高明清同志干劲很大，^年春耕期间没有缺一天工，受到了战友们的好评。

柳耀南也是一个知识青年。他是1966年从青岛高中毕业后来到这里的。7年来，他在军垦战线上，认真读马列的书，学习毛主席的《青年运动的方向》等著作，抓紧改造世界观。他在1971年担任排长以后，认识到，要教育战士热爱农业、热爱高原，首先自己要热爱农业、扎根高原；要发动大伙向戈壁开战，自己就得处处冲锋在前。他腰肌劳损，在1972年秋收期间，好几次昏倒在脱粒机旁，同志们劝他休息，他说："粮食不入仓，我怎能下火线？"他在浇水中，有时胃痛起来，放在塄坎上压住腹部歇一歇，爬起来又继续干。今年3月，冰水漫出渠道，冲开一道口子，眼看就要造成危害，柳耀南同志便奋不顾身地跳入冰水中，用自己的身子堵住口子，抢修好渠道，保证了灌溉。在他的带动下，这个排提前4天完成了浇水任务。

提起柳耀南，这个排的战士都说："他以身作则，帮助我们树立起以农为荣、以农为乐的思想，真不愧为我们的好排长。"

（载1973年6月7日《青海日报》二版头条）

盆地献宝藏

柴达木八大宝

　　过了关角沟，顿时眼前的景象迥然不同了：顶天立地的雪峰，莽莽苍苍的群山，纵横交错的深谷，都被一股脑儿甩到身边去了，而映入我们眼帘的是两条绵延的丘陵带托起的一马平川。那丘陵向左右伸展成"八字"形，多么像守卫柴达木东大门的卫士张开粗壮的双臂，笑容可掬地欢迎着远方的客人。

　　"柴达木到了！"

　　"啊，聚宝盆！"

　　车厢里的气氛一下子活跃起来，乘客们纷纷挤到车窗前，望着柴达木那空旷辽阔的大地。人们脸上的表情是各式各样的，有故地重游的自豪，有重返故乡的幸福……而我们的心则早已飞到了柴达木的大漠深处，高山之巅，湍湍激流间，静静湖泊中，遨游在绚丽多彩的"聚宝盆"里。

　　祖国的"聚宝盆"——柴达木，以粗犷而雄浑的自然美召唤着远方的客人和祖国的儿女，更以广阔的胸怀和惊人的磁石般强力吸引着千千万万开拓者。

　　柴达木盆地像一个横卧祖国大西北的巨大菱角，地势由西北向东南微倾，东西长而南北窄。海拔自3000米渐降至2600米左右。地貌呈同心环状分布，自边缘至中心，洪积砾石扇形地（戈壁）、冲积—洪积粉砂质平原、湖积—冲积粉砂黏土质平原、湖积淤泥盐土平原有规律地依次递变。地势低洼处盐湖与沼泽广布。河流主要分布于盆地东部，西部水网极为稀疏。盆地内湖泊水质多已咸化，共有大小盐湖20余个。

盆地西部边缘上蹲伏着雄狮般的阿尔金山，莽莽的昆仑和巍峨的祁连相对峙，形成盆地南北两道天然屏障。皑皑的雪峰与蓝天相接，银色的雪浪如大海的波涛，汹涌奔腾。盆地里漫漫的大漠无边无际，众多的湖泊似点点明珠，片片绿洲像大海中的宝岛……就在柴达木的高山、沙海和湖泊中，蕴藏着丰富的宝藏。然而，新中国成立前，满目疮痍的柴达木却像一个衣衫褴褛、步履蹒跚的老人，在痛苦中呻吟。新中国成立后，在党和人民政府的领导下，经过30年的勘探、开发、建设，古老的柴达木焕发了青春，逐渐显露了它的真实面目。

今天谈起柴达木，人们都异口同声地以"聚宝盆"相称。这个称呼反映了柴达木的真实情况，也表达了人们对祖国这片土地的挚爱的感情。我们清楚地记得离开西宁前访问青海省地质矿产局局长宋瑞祥的情景。这位年富力强的局长虽然到青海不久，却已经深深地爱上了柴达木。他到青海省上任不足十天，就一头扎进柴达木盆地实地调查了一个月，行程数千公里。辽阔的戈壁给他留下难忘的印象，"聚宝盆"的富有使他激动不已。谈起柴达木的宝藏，他如数家珍。

柴达木的宝藏种类繁多，储量丰富，遍布盆地的各个角落。盆地南缘被东昆仑多金属成矿带所怀抱，这个成矿带的东端与西秦岭成矿带连接；盆地西北缘被阿尔金山中段石棉成矿带所圈闭；盆地北缘由赛什腾至锡铁山铝、锌、硫、铬多金属成矿带组成。根据地质工作者对青海省34种矿产资源潜在价值的测算，柴达木盆地已探明的矿产储量的潜在价值占全省已探明的矿产储量潜在价值的84%，可见柴达木在青海省处于多么重要的地位。目前已知柴达木有7种矿产的储量居全国首位，它们是：钾盐、池盐、镁盐、锂、溴、碘、石棉。另外，还有硼、天然碱的储量占全国第二位。芒硝、石膏、铅锌、煤、铁、石油、天然气的储量也比较丰富。如果按照矿产的储量、品位、价值、供求等情况综合分析，柴达木这个巨大的"聚宝盆"里藏着八大宝，这就是：池盐、钾盐、硼、镁盐、锂、石棉、铅锌和石油。说柴达木是祖国的"聚宝盆"，那是当之无愧的。

柴达木首屈一指的矿藏资源，要数盐湖池盐。全盆地有近代盐湖25个，盐的总储量达570多亿吨，占全国已探明池盐总储量的57%。以

张荣大留影在察尔汗盐湖

盐为主的盐湖有盆地东部边缘的茶卡盐湖和柯柯盐湖。茶卡盐湖出产的茶盐，颗粒洁白透亮，味重而纯，氯化钠含量高，在国内市场上享有盛誉。我们知道，盐是人体不可缺少的成分，在一个人的细胞和组织液中大约含有300克盐，由于不断地消耗排泄，必须经常给予补充，补充不上，人体就会乏力、不适、血压下降，甚至虚肿。青藏高原上的农牧民历来把盐看得像粮食、茶叶一样重要。而柴达木盆地的池盐若供全国人民食用，至少可以用1万年。在海盐、岩盐、井盐、池盐几种盐中，池盐的生产成本是比较低的。数量巨大、成本低廉的池盐，是"聚宝盆"贡献给人们的一笔了不起的财富。

柴达木氯化钾固体矿和液体矿蕴藏量3.7亿吨，占全国已探明氯化钾总储量的97%，发展钾肥生产有得天独厚的有利条件。我国最大的盐湖察尔汗，面积5856平方公里，是钾镁盐为主的大型综合性矿床，仅钾盐的储量就近3亿吨。另外，地处柴达木西北部的一里坪、西台吉乃尔盐湖也富集钾盐。

硼是国家经济建设极其短缺而又急需的矿种，柴达木硼的保有量1500

多万吨，占全国探明硼的总储量一半以上。硼矿主要分布在盆地腹部大柴旦镇附近的伊克柴达木湖和巴嘎柴达木湖。

柴达木储藏镁盐30亿吨，以察尔汗盐湖和西台吉乃尔盐湖的储量最大。

柴达木已探明锂的储量有1700万吨，这是国家一项极其珍贵而巨大的物质财富，青海锂矿产地有9处。

含石棉矿带主要集中在青海与新疆接壤的茫崖。随着现代工业的迅速发展，人类对石棉的需求量越来越大。1880年时，全世界的石棉产量只有500吨左右，而到1980年，世界石棉产量已增长到520多万吨。茫崖石棉矿则很有可能成为世界上储量较大的石棉矿之一。

在大柴旦镇以南70多公里的敦格公路东边，是锡铁山铅锌矿区，蕴藏着丰富的铅锌，并伴生10多种元素。

在盆地西北部，已经探明跃进1号、冷湖等10多个油田，已查明的石油储量为1.5亿多吨。石油勘探还在进行中。

……

这八大宝的用途是非常广泛的。盐除了是人们生活中必不可少的食品之外，还是重要的化工原料，用它可以制取纯碱、烧碱、硫化碱和盐酸。氯化钾主要用来制造钾肥。硼在冶金、医药、玻璃、陶瓷、肥料、纺织、制革、油漆、颜料等工业部门都有重要的用途。硼在农业上还有奇妙的用处，使用硼肥可使粮食作物增产10%。硼肥对蔬菜也有明显的增产效果，特别是黄瓜施了硼肥，会长得又大又脆。目前，世界上硼的资源缺少，硼矿供不应求。氯化镁，主要用以制取各种镁的化合物以及金属镁，还可以制取冶金工业所需要的耐火材料镁砂、镁砖。锂，是一种最轻的金属，它又是一种方便氢源，在国防工业上用途很广。石棉隔热、保温、耐酸、绝缘性能好，目前世界上的石棉制品已经达到2000多种。铅主要用于冶金工业和印刷业。锌广泛用于制造各种合金，也是镀锌的原料。

现在柴达木矿藏的开发利用还处于初级阶段，现有的生产规模都比较小，工艺技术也比较落后，有的矿产还没有开发利用。柴达木现在年产"青盐"30万吨左右，年产氯化钾只有两三万吨，而硼砂的年产量仅三四千吨，石棉也徘徊在2万吨以下。石油已经具备了年产100万吨的生产能力，但目前的原油实际年产量不到20万吨。但是，国家已开始重视这一地区的开发建设，钾盐、铅锌、石棉的开发正加紧进行。在察尔汗盐湖上正筹建年产钾肥100万吨的青海钾肥厂，第一期工程设计能力为年产20万吨钾肥，预计在三四年内可建成投产。在锡铁山，正加紧筹建一个大型联合企业，每天可采选矿石3000吨，每年可冶炼铅锌金属7万吨。在盆地西部，新探明的尕斯库勒油田正在开发，一座较大规模的炼油厂正在筹建中。柴达木已进入开发建设的新阶段。

新局长的介绍把我们引向柴达木沸腾的建设第一线。眼前，钻塔高高耸立，高楼拔地而起，雪白的盐山与昆仑竞赛，黑色的油龙在沙海里翻滚……一曲开发柴达木的交响曲，仿佛在耳边响起。

在不久的将来，国家建设的重点将转移到大西北。青海是大西北一个举足轻重的省，而青海省的重点又在柴达木。八大宝是柴达木繁荣兴旺的资源条件。今后，随着国家经济建设的发展，柴达木一定会成为我国西北地区的盐化学工业、有色金属工业和建筑材料工业的重要基地，柴达木为祖国的四化建设做出巨大贡献的日子不会太远了。

（原载四川人民出版社1984年9月出版的《祖国的聚宝盆柴达木》一书）

盐的世界柴达木

号称"聚宝盆"的柴达木，遍地都是宝贝，而其中富有的地方当首推那些神奇而迷人的盐湖了，在众多盐湖之中，察尔汗盐湖最大，最富有。

去察尔汗盐湖要走敦（煌）格（尔木）公路，从格尔木向北行几十公里，或从大柴旦向南行几十公里，便可到达察尔汗盐湖。如果天气情况适当，还可以在盐湖上观赏到"海市蜃楼"美景，远远望去，前方云蒸霞蔚，水波荡漾，隐隐约约有一艘艘威武的战舰正驶向大海的深处。还有一座座壮观的堡垒，一辆辆巨型坦克正向堡垒进攻……

盐湖上出现海市蜃楼奇景，原因是盆地在群山环抱之中，夏天的蒸气不容易散发，通过阳光的折射作用，推土机、沙丘、电线杆、汽车这些东西，在人们的眼里放大了数倍，就变成了所看见的军舰、城堡、坦克。柴达木盐湖中的风光竟是这样奇特有趣。大自然——多么伟大而丰富的课堂，这里有探索不尽的奥秘，这里有学不完的知识。柴达木不就是一座令人神往的知识宝库吗！

察尔汗盐湖距格尔木市60公里，海拔2700多米，面积达5856平方公里，湖内汇集了500多亿吨以氯化物为主的近代盐类化学沉积矿，是我国最大的钾镁盐矿。盐湖上除了原来的一座小钾肥厂已生产多年外，一座大型现代化钾肥厂已经建成，为发展我国的盐化工工业做出了重要贡献。

柴达木是蒙古语"盐泽"的意思。柴达木到处是盐，走进盆地就像走进了盐的世界。24万平方公里的大地，从东到西，从南到北，到处都有盐。在盆地里旅行，多少次行进在盐铺的公路上，看到养路工把盐卤水泼到路上，养护那些盐筑的路。记得有一次访问柴达木盆地西部石油探区，石油局的一位刘工程师指着尕斯库勒湖畔那些白花花的盐水对我们说："我们是搞石油的，可是在柴达木找油差不多天天和盐做伴，就说这附近吧，钻机钻进去100米还没有钻透盐层。柴达木的盐实在太多了！"

柴达木，这个巨大的盐泽，是大自然的产儿。据地质学家们考察，在几亿年前，青藏高原还是一片汪洋。后来地壳发生变动，地块上升，古老的喜马拉雅海渐渐变成了一片雄伟的高原。大约在1.5亿年前，柴达木盆地初具规模。当时的盆地气候湿润，雨量充沛，植物繁茂，是一个绿色的王国。又过了一个漫长的时期，喜马拉雅山剧烈上升，隔断了从印度洋北上的湿润空气，柴达木盆地的气候开始由潮湿变为干旱。在长期的历史进程中，它经历过数次潮湿与干旱交替的气候演变。现在，盆地里许多地方几乎不下雨，年降水量，最多的东部大约150毫米，干旱的西部一般只有几十毫米，最少的地方只有20毫米。而盆地里的蒸发量却是降水量的20至140倍。这样年复一年的大量蒸发，湖泊中的水分也得不到更多的补充，导致湖内含盐比重逐渐提高，久而久之，形成了大大小小的盐湖。

现在的柴达木盆地里共有25个盐湖。这些盐湖，有的平明如镜，四周环绕着绿茵茵的草地和各色各样砾石镶成的花边；有的静卧于荒漠之中，湖边紧套着一圈银色的盐带，就像戴着美丽的项圈；有的镶嵌在巍峨的雪山之间，湖水清澈碧绿，像飘拂在山间的彩绸。由于盆地气候干燥，蒸发量大，大部分盐湖已经干涸，上面结成几十厘米到1米多厚的坚硬盐盖，下面是几米甚至是几十米深的结晶盐。盐盖上可以行驶汽车，建造房屋，铺筑铁路，起落飞机。

大自然像一位神奇的造物主，那些结晶盐形状奇异多姿，颜色五彩纷呈。有白色的，有蓝色的，有黄色的，还有粉红色的。察尔汗盐湖有一种"钟乳盐"，状若冰凌，酷似南国岩洞中的石钟乳；昆特依盐湖盛产的

察尔汗盐湖奇观　姚正武／摄

"玻璃盐"，如透明的水晶，可用它来雕刻各种精美的工艺品；在达布逊盐湖的北滩，由于微风吹荡，形成了许多珠状盐粒，一颗颗，一堆堆，宛若珍珠，因此获得"珍珠盐"的美称。走进这些盐湖，就像进入了深藏着奇珍异宝的水晶宫。

柴达木的盐究竟有多少？全国矿产资源储量委员会已经公布，各类盐总储量570多亿吨。有人估计，柴达木的盐如果供10亿中国人食用，至少可以吃1万年。用这些盐可以在月球和地球之间铺设一座高6米、宽12米的"盐桥"。柴达木的盐湖里，盐的种类繁多，有钠盐、钾盐、镁盐、硫酸盐、硼酸盐等，另外，湖中还含有锂、溴、碘、铷、铯等多种元素。如果说一个盐湖就是一个"聚宝盆"，也并不夸张。

盐湖对人民是慷慨的，在勤劳智慧的人民面前，它们会源源不断地奉献出自己的财富。盆地里开发最早的盐湖要算是茶卡盐湖了。它坐落在盆地东部边缘，北依完言通布山，南靠旺尕秀山，是一个狭长而美丽的盐湖，终年闪着晶亮的光彩。湖中蕴藏着4.5亿多吨氯化钠。那里最早的采盐技术十分落后，生产主要靠手工。先用小铁钻把盐层钻开，然后用一把长柄铁勺一勺勺地把盐捞出来，装进麻袋，用牦牛或骆驼驮运出去。新中国成立后，随着生产的日益发展，生产条件逐步改善，采、装、运都实现了机械化。现在的茶卡盐场，每年能生产盐20多万吨。经过盐工们的艰苦奋斗，古老盐湖焕发了青春，处处呈现出蒸蒸日上的新气象。生产季节，采盐机伸出长长的脖子，从湖中挖出原盐，装进矿车。奔驰在湖面上的一列列小火车，每天把洁白的池盐源源不断地送到湖岸。在湖岸，白花花的盐堆积如山，皮带输送机不停地运转着，把盐装进火车，送往外地。

茶卡盐湖面积有105平方公里，盐层的厚度平均为6～15米，含氯化钠达95%左右，从湖里采出后只需简单冲洗一下便可食用。经过200多年的开采，只不过在盐湖的西北部挖了一个角，而且已经采过的盐层5年后的卤水又结晶成盐，长出新的盐层，真是取之不尽，用之不竭啊！

提起盐湖的贡献，柴达木人不会忘记伊克柴达木湖，大家习惯称它为大柴旦湖。早在20世纪50年代，人们就开始在那里开发硼砂矿，曾经为国家做出过重要贡献。现在，与茶卡盐湖相距不远的柯柯盐湖，池盐的储量比茶卡还要大，在那里如果建设一个盐厂，年产池盐可达到100万吨。现在，海西州已经在那里办起了一个精盐厂。

柴达木，盐的世界。随着开发大西北，柴达木盐化工业的红火年代必将到来。

（新华网青岛2002年2月22日电）

揭开盐湖的奥秘

有人这样描述盐湖，没有淡水，没有绿色，也没有生命。

然而在科学工作者的眼里，盐湖却是那么富有、那么壮美！在那苦涩的盐水里，包藏着奇珍异宝，在那些没有绿色的大地上生长着常青的科学之树。几十年来，我国的科技工作者在柴达木和祖国广大地区的许许多多盐湖上辛勤耕耘，播下知识的种子，洒下数不清的汗水，收获了丰硕的果实。在那些没有生命的世界里，他们找到了自己的事业，点燃了熊熊的生命之火，享受了人生的乐趣。

古老的茶卡盐湖焕发了青春，沉睡的柯柯盐湖就要苏醒。在辽阔的藏北草原，在那些人迹罕至的荒野里隐藏了亿万年的盐湖，也一个个揭去了面纱，开始露出了笑脸……在柴达木腹地，看着那坦坦荡荡的"万丈盐桥"，宏伟雄壮的"钢铁长虹"，还有那充满朝气的"盐湖工厂"，人们都说，察尔汗盐湖变了。当人们赞叹盐湖巨变的时候，没有忘记科技工作者在盐湖上创造的业绩。我们在察尔汗钾肥厂和青藏铁路工地采访，都常常听人们谈起盐湖科技工作者艰苦卓绝的劳动和创造性的工作。

"为未来而工作是最幸福的。我们这一代人应该用汗水和心血来开路，让我们脚下的路通向未来。"青海盐湖研究所所长张彭熹的这番话道出了盐湖科研工作的共同心声。早在新中国成立初期，柴达木还在沉睡的时候，科学工作者就在盐湖上开始了面向未来的工作。

盐湖科学研究在我国是一项年轻的事业，也是一项大有希望的事业。

在我国历史上，早在西周时期就有关于开发盐湖的记载，直到解放前夕，盐湖的开发仍停留在手工劳动的落后状态。至于盐湖科学研究，基本上还是空白。1954年，地质工作者开始向柴达木进军，在普查盆地矿产资源时，盐湖也是他们的工作对象之一；1956年，西北地质局青海办事处成立了大柴旦盐湖地质队；1957年，中国科学院盐湖科学调查队宣告诞生，此后，对柴达木盐湖的综合考察研究开始了；1965年，中国科学院组建了青海盐湖研究所，担负起全国的盐湖科学研究任务。20世纪50年代以来，许多科技人员把青春和精力献给了盐湖事业，他们的足迹遍布青海、西藏、内蒙古、宁夏、新疆、四川、贵州等省区。经过多年的辛勤工作，青海盐湖研究所已经取得134项科研成果，其中重大成果10多项，目前已有20多项科研成果不同程度应用于生产，在国民经济中发挥了效益。他们的科研成果有5项获得全国科学大会奖，有8项获得中国科学院重大成果奖。盐湖科学技术工作者受到社会的尊敬。

伴随着我国盐湖科研事业的发展，一支盐湖科学技术队伍在逐步成长壮大。设在西宁市的青海盐湖研究所现在拥有专业科技人员约300名。这些科技人员大多经过野外工作的锻炼，其中100多人长年奋战在盐湖上，是一支能打硬仗的队伍。就是依靠这支队伍，通过长期的野外考察和室内研究，基本上摸清了我国盐湖资源的概况，初步揭开了我国盐湖的奥秘。

柴达木盆地是青海盐湖研究所的重点工作地区。可以说，柴达木盆地盐化工业的兴起，盐湖科技工作者是立了第一功的。他们系统研究了柴达木盐湖的主要资源——钾、硼、锂的分布、形成和演化规律。他们进行了多种途径分离提取钾、镁、硼、锂、溴、碘的实验研究，为工业生产提供了钾肥生产、硼矿和卤水提取硼、酸、卤水提锂、卤水提碘的新工艺。为了尽快把青藏铁路修上"世界屋脊"，盐湖科技工作者完成了察尔汗盐湖区路基基底稳定性预测研究的重要任务。他们的研究成果还为青海钾肥厂的兴建提供了科学依据。

盐湖是神奇的、富有的。但是，通往盐湖的路却是那么崎岖不平。许多

"老盐湖"都是自觉走上这条崎岖之路的。青海盐湖研究所所长张彭熹、副所长陈敬清、高级工程师曹兆汉，副研究员高仕扬、陈克造等，都与盐湖打了几十年的交道，和盐湖建立了深厚的感情。还有刘铸唐、符廷进、唐渊、郑喜玉等一大批科技人员，都把自己的命运和盐湖紧紧联系在了一起。

张彭熹在青年时代就选择了地质专业。1956年，从北京地质学院毕业时，他在毕业分配志愿表里填写的志愿，第一是柴达木，第二是柴达木，第三还是柴达木。从那时起到现在，27年间，他累计有14年的时间是在野外度过的。青海、西藏等10多个省区的200多个盐湖都留下了他的足迹。他发誓，要在盐湖地质的领域里当一名勇敢的探索者，把为祖国挖掘盐湖宝藏作为最神圣的任务，毕生为之奋斗。长期的野外工作损害了他的健康，低血压、肾炎、心脏病……多种疾病缠身，可是他始终像健康人一样，常常出现在野外环境最恶劣的考察现场，也常常把最艰苦最危险的任务抢到自己的手里。1978年，盐湖研究所组织队伍考察藏北高原的盐湖。作为心脏病患者，医生早就禁止他去西藏，但他坚决要求去，党委书记拗不过他，只好让步允许他去藏北工作一个月。他带队进入藏北无人区，连续工作了七八个月，和全队同志一起完成了全部考察任务才返回西宁。藏北草原海拔都在5000米左右，风雪无常，极度缺氧。考察队的同志在那里与大自然顽强地搏斗，出色地完成了考察任务，每个人的体重都下降了10多斤，却带回来一大批第一手资料，还发现了几处新矿点，为未来开发利用西藏的盐湖资源做了科学准备。

盐湖研究工作者就是这样排除艰难险阻，一步步把事业推向前进的。1959年首次考察柴达木盆地台吉乃尔至一里坪盐湖区的日日夜夜，人们至今还记忆犹新。那里海拔3000米，气候变化无常，昼夜温差达30摄氏度，方圆数百里杳无人烟，正如人们形容的那样，"天上无飞鸟，地上不长草"。考察队员首先遇到的困难就是缺水。汽车拉一次水往返需要3天时间。为了节约用水，只好实行定量供应，每人每天供应一公斤水。大家几个月不刷一次牙，不洗一次脸。有时一公斤水也难以保证。实在渴得难受时，就把汽车水箱里的水放出来喝几口。盐湖地区几乎每天下午都有七八级大风，暴风卷起漫天尘沙和盐粒，队员常常是吃带着沙土味和盐味的夹生饭。

当时，野外考察的装备很差，在一二百平方公里的盐湖上取样，没有橡皮舟，他们把木板绑上汽油桶当船用。不少同志光着脚板下水，脚被石盐晶体扎破，浸在高浓度的卤水中，伤口像刀割似的痛。衣服上溅满卤水，没有淡水冲洗，时间长了，一迈步，硬邦邦的裤子就折断了，长裤变成了短裤，有的人使用"橡皮膏粘补术"来补裤子，满身贴满白补丁。

1960年，我国遇到严重经济困难，盐湖科学研究工作者仍然顽强地坚持工作。当时，一批科学考察队员承担了盐湖水化学调查任务。他们用7个月的时间走遍柴达木盆地的大大小小的盐湖，编制出五十万分之一的盐湖水化学图。60年代的第一个"五一"节到了，全队20多名队员会师盆地西部的茫崖。他们从老鼠洞里挖出2斤黄豆，当地的养路工人送来一点花生米和一把黄花菜，还有一个大萝卜，就用这些东西，科学考察队员办起一顿难得的"美餐"。晚上，戈壁滩燃起欢腾跳跃的篝火，大家围坐在篝火旁，憧憬着柴达木美好的未来。当天安门广场五彩缤纷的礼花腾腾升起的时候，远离首都的戈壁滩上的狂欢也达到了高潮，队员们欢歌狂舞，欢快的歌声在空旷的荒野里传得很远很远。今天，一些"老盐湖"忆起当年的情景仍然无限神往。通往科学之宫的道路从来都是不平坦的。没有当年的艰苦奋斗，没有革命的乐观主义精神，要取得这么丰硕的成果，是不可想象的。

今天的柴达木沸腾了，盐湖迎来了春天。胡耀邦同志考察青海时指出，要把青海发展成盐化工的一个主要基地。这对盐湖科技工作者，是一道新的动员令，一声嘹亮的进军号。青海盐湖研究所已经确定了近几年的6个科研攻关项目。盐湖上的新进军开始了。

（写于1984年1月）

工厂屹立大盐湖

在青海钾肥厂筹建处，满头白发的总指挥兴致勃勃地介绍了察尔汗盐湖的奇珍异宝，描绘着这座即将兴建的钾肥厂的灿烂明天。

察尔汗盐湖距格尔木市60公里，海拔2700多米。它不仅面积大，宝藏也十分丰富：氯化钾储量约占全国总储量的73%；氯化钠储量有400多亿吨，氯化镁16亿多吨；还有贵重的锂、溴、碘等矿产，是我国最大的综合性钾镁盐矿床。

我国的土壤，特别是南方的土壤严重缺钾，农用化学肥料氮磷钾比重严重失调。我国钾肥生产比较落后，过去的察尔汗钾肥厂，每年只能生产钾肥2万多吨，远远不能满足需要。现在，一座大型的青海钾肥厂将在这里

藏格钾肥铁路专用线工程开工典礼

兴建，厂址就选定在察尔汗盐湖坚硬的盐壳上，工程分两期，第一期年产钾肥20万吨，第二期80万吨。全部建成后，将根本改变我国钾肥长期以来靠进口的被动局面。

谈到这里，总指挥给我们算了一笔经济效益账：

一是按现在不变价格计算，青海钾肥厂投产后，每年可创造3.7亿元的产值；二是南方水稻生产的实践证明，在施用有机肥料和氮肥的基础上，如果每亩再施8到16斤钾肥，产量可增加10%。年产100万吨钾肥，这对提高全国粮食产量该有多大的贡献啊！

我们来到盐湖上，平展展的盐盖上，一条巨蟒似的黑色管线，静静地平卧在盐壳上，这是一条刚刚竣工的3公里长的输卤管线，把卤渠中的饱和卤水大口地吸到肚里，再喷吐到一块块筑好池埝的盐田里。在灼热的阳光下，蒸发出水分，晒成珍珠一样晶莹的光卤石，这是生产钾肥的第一道工序。

盐湖上除了支起一排排帐篷，还修建了不少房屋。在盐盖上造房子也很奇特，首先铺上一层厚厚的砾石，砾石上铺油毛毡，然后再浇上沥青。这些工序完成之后，就可以砌砖盖瓦了。否则，地下盐卤泛潮腐蚀水泥砖瓦，建好的房子很快就会倒塌。

开发察尔汗盐湖的事业是伟大的，而开拓者的生活却是艰苦的。吃的水要从格尔木市靠汽车运进来。这里海拔虽然不算太高，但空气中含氧量却只相当于沿海地区的75%。冬季，寒风凛冽，砭人肌骨；夏天，到处弥漫着盐卤的蒸汽，人们仿佛被闷在大蒸笼中。可是，就是这样一块不毛之地，却像磁石一样吸引着来自东海之滨、南国水乡的上百名工程师和科技工作者。他们大都是四五十岁的中年知识分子，也有刚刚毕业的大学生。他们不畏严寒酷暑，北上祁连，南登昆仑，转战在千里盐湖之上，用辛勤的汗水和聪明的才智，在柴达木盆地的开发建设史上，又书写了光辉的新篇章。

在盐田的公路上，我们见到了一位两鬓染霜的老工程师，他叫李润民，刚从达布逊湖回来。他眼窝塌陷，面色黑红，两条腿看来很沉重，有点步履蹒跚。和他同行的人告诉我们，为了观察达布逊湖湖水变化规律，李工程师在那里住了十几天，人都累病了，还不肯回来。李工程师是个"老盐湖"了。1956年他从西安地质学校毕业，两年以后，他和青海省地质一队的伙伴骑着牦牛进入柴达木盆地，从事盐湖资源的地质普查。他风餐露宿。在盐湖上工作了十多年，把青春年华献给了察尔汗盐湖。后来，他年龄大了，身体不好，才于1980年调到河北省一个地质研究所工作。可是，他的一颗心还留在茫茫的千里盐湖之上。他在河北只待了4个月，听到青海钾肥厂筹建的消息，这位"老盐湖"又兴致勃勃地重返柴达木盆地。两年多来，他和同志们一起，三上祁连，四登昆仑，勘测汇入察尔汗盐湖的地表水系，研究盐湖抽卤后，盐湖的动态变化规律，还和其他几位工程师发现了一个面积为几十平方公里的新盐湖。

这位老工程师虽然显得疲惫不堪，可当我们和他谈起盐湖和开发盐湖的事业，他的精神陡增，从那深陷的眼窝里又喷射出兴奋的光芒。

"开发盐湖资源，是我青年时期立下的志愿，这理想，今天就要变成现实了！"说到理想，他显得格外激动，好像年轻了许多。

在柴达木盆地，我们接触过许许多多的人，有领导干部、技术专家、普通工人、新来的青年学生，每当话题转到盆地的开发和建设，他们心中都像燃着了一团火，这是一团希望的火，这团火引导他们走过了艰难曲折的道路。

我们访问了青海钾肥厂的前身——原海西州察尔汗钾肥厂。现在这个小厂已和大厂并在一起，定名为第一选矿厂。胡耀邦总书记1983年7月来这里视察，热情赞扬了职工们的艰苦奋斗精神和为国家做出的贡献。

这个小钾肥厂坐落在青藏铁路旁，距大厂不到6公里。一过铁路，迎面耸立着两座对称的银山，一座是结晶光卤石堆积如山，另一座是生产钾肥剩下的渣盐，阳光下闪射着点点银光。

"厂房在哪里？"

"到眼前才能看清，就夹在两座'山'之间。"

这是一座简陋的工厂，一台旋流分离器，将光卤石兑上清水搅拌分离，在浮选剂的作用下，将氯化钾聚集到一起，把其他盐分离出去，经过烘干，白色粉末状的氯化钾就生产出来了。

看去好像很简单，但在金木水火土都奇缺的浩瀚盐湖上，从一无所有到生产2万多吨氯化钾，创业者走过的是一条多么艰苦的路啊！

那是1958年7月，一辆卡车载着15名工人和4名干部来到这块地方。他们支起一座马脊梁帐篷，24个人全挤在一起。酷热的夏天，找不到一处荫凉的地方；严寒的冬天，却无处遮风避寒。他们在两个半月内，用土法生产钾肥590吨。后来，人多了，困难也更大了。有谁住过用盐块垒成的房子吗？钾肥厂的开拓者们住过。生活里水是最宝贵的。平时，从几十公里外拉回的淡水仅够食用，十天半月不洗脸是常事。哪里有什么青菜，一杯到90摄氏度就开的水，两个黏牙的馒头。这就是建设者的生活。

生活很艰苦，生产上的困难更大。工作场所几乎全在露天，工人们赤脚在卤渠中采挖光卤石，没有汽车就用麻袋、包袱布往厂里背。冬天寒气刺骨，盐末卤水溅落在身上，像针刺一样疼痛；夏天炽热，火辣的太阳，刺得人睁不开眼睛，强烈的紫外线照射，使人们一个个都晒成了"黑人"。1959年，这个小厂给国家上缴了100多万元利润和17万元税金。后来，厂里来了十几个大中专毕业生，在中国科学院青海盐湖研究所的帮助下，搞了一些机械，替下了工人手中的铁锨、耙子。

25年过去了，这个厂的工人、干部和知识分子用自己的智慧和汗水，破天荒地在盐湖上留下一个个光彩照人的纪录：

25年，国家给这个厂投资2500万元，他们为国家生产了25万多吨氯化钾、20万吨钾肥，给国家上缴利润8100多万元，税金1300万元。现在，这个厂700多人，全员劳动生产率达到2.7万多元。

开拓者的志向在于不断创造。为了解决盐田老化问题，1981年11月到1982年4月，职工和家属们冒着盐湖上零下20多摄氏度的严寒，苦干了一个冬天，开凿了一条长1050米的集卤渠和长3080米的输卤干渠、支渠，改造了老化沟槽盐田7万多平方米，使生产出现了新局面。1982年，这个厂的几位工程师自己设计，自造设备，又建起了一个年产4万吨氯化钾的新车间，一次试车成功。

钾肥厂还培养了一批有艰苦奋斗精神的人，一批有事业心、已经称得上是生产钾肥专家的技术人才。比如工程师于长岐，1958年从沈阳化工学校毕业后来到察尔汗，一干就是20多年，为了结束工厂的落后生产局面，氯化钾新车间的许多设备都是他和工人们一起动手制造的。电焊工寇玉友，也是1958年就来到察尔汗的"老盐湖"。他处处发挥共产党员的模范带头作用，经常爬到七八米的高处焊接机件，衣服烧得到处是窟窿，鞋子不知烧坏了多少双。新车间的大部分焊接任务是他带领两名女工完成的。

厂技术科科长窦冒华的经历更能说明问题。1961年他从天津大学毕业时，主动要求来察尔汗钾肥厂工作。开始，他和其他技术干部一起因陋就简制造设备，使氯化钾的收率和钾肥质量有了很大提高。浮法生产氯化钾，就是他从中国科学院青海盐湖研究所学来的。用这种方法生产氯化钾，产量比建厂初期提高了50多倍，氯化钾含量一直稳定在90%以上。

实昌华刚从国外考察盐湖回来，办公桌上摊开一本本资料。我们问他："20多年盐湖生涯，你有什么感想？"他很豪爽地回答："回顾过去，感到自豪；展望未来，充满希望。有人说，事业是'生命的盐'，没有它，生命将淡而无味。我的事业就在盐湖。当年和我同来青海的不少同志差不多都先后调回内地，可我并不想走，始终坚信自己选定的是一条正确的道路。"

选定的是一条人生正确的道路！到最艰苦的地方去，排除万难，用青春的活力和学到的科学知识为以后的开拓者铺就一条平坦的大道。这就是窦昌华和几千名在柴达木工作的知识分子所选择的道路。我们相信，将会有更多的知识分子走上这条艰苦而光明的大道。

（写于1983年11月）

我为红柳写内参

近几年，我国多次出现沙尘暴天气，尤其内蒙古、河北、辽宁西部、京津地区普遍出现了伴有扬沙或沙尘暴的5至7级、阵风8至10级的偏北大风。就连沿海城市青岛也受到了沙尘暴天气的波及，天空飘浮着灰蒙蒙的沙尘，可见沙尘暴在我国危害之广泛，之巨大。

面对沙尘暴的咄咄逼人，我不由得想起了20多年前在青海当记者时为了遏制戈壁红柳乱砍滥挖现象而仗义执言的一段往事。

我爱戈壁红柳，爱得真真切切，一往情深。这不仅仅是戈壁红柳的品德与风格感染了我，最主要的还是我与红柳之间有一段不解之缘。

历史不会忘记，早在1979年10月，我以新闻记者特有的职业感和责任感，为遭受严重破坏的柴达木红柳林带呐喊，把情况反映到中央，很快得到了根本性的治理，从此刹住了长达30年的乱砍滥挖红柳木的歪风。从这件事上我感受到，记者的作用不可忽视、小视，有时产生的效果是无法用金钱来计算的。

一晃十七八年过去了，我离开青海调到青岛工作也已10年，但一直难忘戈壁红柳，难忘那段为戈壁红柳呐喊的往事。1996年9月，我原在青海兵团工作的连队指导员卢虎来到青岛旅游，闲聊中谈到不久前他曾回过阔别多年的格尔木老连队驻地探望，柴达木的红柳已经没有人乱挖、敢挖了，沙区植被得到了保护，并开始复苏，我心中十分宽慰。对红柳的思念又把我带回到往事的回忆之中。

　　盛夏8月，柴达木骄阳似火，大地被烤得滚烫，连空气都沸腾了。平地上不时撩起一阵阵没精打采的风沙，飘来炙人的热浪。青藏公路两旁是荒凉的大戈壁，汽车跑了上百里，看不到一棵树，见不到一个村庄，也难得瞧见一点点绿色。

　　绿色，在这里多么宝贵！又多么罕见！如果你居住在青山绿水的农村，或者生活在风景秀丽的城市，对于绿色大概习以为常，不足为奇。可是，在这里，当你进入茫茫大漠时，才会真正体会到绿的意义与情深，哪里有绿色，哪里就有生命，就有春天。

　　汽车行至大格勒，突然，远处一片绿洲闯入我们的视野。顿时，大家精神振奋，睡意和疲劳也消失了。绿洲越来越近，只见沙包连绵起伏，望不到边际。在大大小小的沙包顶端，生长着一簇簇、一片片头顶小红花的红柳。

　　公元前6世纪新巴比伦王国国王尼布甲尼撒二世，为了博取波斯籍皇后的欢心，使她能随时眺望自己祖国的山河，曾下令营造"空中花园"。"空中花园"被称为世界七大奇观之一。大自然这位能工巧匠，却创造了天下奇观。柴达木浩瀚的沙海里密密麻麻的沙包顶上出现的绿洲，不就像一座凌驾在戈壁滩上的"空中花园"吗！

　　眼前奇特的景色令人心驰神往，我们把汽车停靠在路旁，一个个像顽童一样，爬上大沙包。居高临下，眼底出现一片红柳的海洋。酷热的盛夏，在荒凉单调的戈壁滩上，有机会观赏红柳林，可是难得的享受。

　　红柳，粗大的树干被埋在沙包里，露在外面的枝条是红褐色的。因为受干燥气候和土壤盐渍化的影响，红柳旱生特征极为明显，那绿色的叶片已经退化成鳞片状，伏贴在嫩枝上。这种鳞状叶片能使红柳对水分的需求大大减少，而抵御风沙的能力却大大增强。红柳枝条的顶端，开放着朵朵小红花。这小红花虽说没有秋菊的佳色、牡丹的艳丽、玫瑰的芬芳，却有一种特殊的美。鲜花，不论怎么美的鲜花，都经不起狂风暴雨。可是在这里，不管狂暴的风沙怎样肆虐，那头戴朵朵小红花的红柳，却毫不畏惧，依然傲立。人们喜爱红柳抗干旱、战风沙的坚强性格，称赞它是"斗风沙

戈壁红柳

的勇士"。人们也常常把那些在戈壁滩上艰苦奋斗的人，比作是"戈壁红柳"。

红柳有非凡的抗击风沙的能力。我们看到一棵棵、一丛丛红柳都高高地生长在沙包上面，这是它与狂风流沙拼搏周旋的结果。戈壁滩上常常遇到这种情况：一阵狂风卷来一堆流沙，把红柳埋进沙丘，如果是脆弱的植物就可能在流沙中丧生，而红柳却从不甘拜下风，它会倔强地钻出沙堆，继续生长；又一阵狂风掠过，沙丘长高一层，又一次埋住红柳，红柳会再次钻出沙丘……就这样，一次又一次流沙无法制服红柳，不管沙丘堆积多高，红柳总是藐视流沙，始终傲居丘顶。一株红柳，就能咬住一个沙丘，固住一堆流沙，有的一株红柳能控制几十立方米甚至上千立方米的流沙。这样，一片红柳就能锁住一条狂暴的沙龙。

每当春光洒满戈壁，红柳便吐出一片片嫩绿的叶子，茂密的枝叶又织成一张奇妙的网，严严实实地裹住沙丘；秋风吹过，红柳那密密麻麻的落叶又将流沙盖住。年复一年，沙丘越堆越大，红柳越长越高，树根深深地扎进沙土。有的深达十几米，形成大大小小、成群连片的沙柳包。这数不清的沙柳包，筑成了风沙难以摧毁的防线。

柴达木盆地的戈壁和沙漠面积有近2亿亩，其中覆盖红柳和戈壁草的固定和半固定沙漠面积3000万亩，天然沙生植被集中分布在3处。第一处是格尔木地带，从塔尔丁到大格勒，全长300公里，平均宽25公里；第二处是都兰地带，从大格勒到铁奎，全长260公里，平均宽20公里；第三处是乌兰地带，从茶卡到怀头他拉，全长220公里，平均宽20公里。在这总长720公里、平均宽20多公里的沙区植被区，生长着红柳、白刺、沙枣、梭梭、麻黄、红虱、优若藜和罗布麻，形成了一个巨大的月牙形沙区植被带，从盆地东南缘延伸到东部边缘直至东北部，构成一道天然的巨大屏障。

在风沙肆虐的柴达木盆地，红柳就显得更加可贵，它昂首挺胸迎击狂暴的风沙，与干旱进行韧性的战斗，从不示弱，从不退却，它是戈壁滩上的强者，是人类的亲密朋友。生活告诉人们，在干旱、多风沙的柴达木盆地，要治服风沙，不仅要大力植树造林，还必须十分重视保护天然的沙区植被，否则就会受到大自然的惩罚。

保护红柳，保护一切沙区植被不受破坏，同时积极地植树造林，扩大沙区植被覆盖面积，是开发柴达木盆地，改善当地干旱气候和荒凉环境，促进工农牧业稳步发展的一项基本建设。1956年，陈毅同志去西藏路过格尔木时，在露天举行的大会上，就对格尔木的开发者和建设者语重心长地说：在开荒造田的同时，千万不要破坏沙柳木和沙区植被，要好好地保护它们，它是造福子孙后代的大事。否则，就是一种慢性自杀！

可是，1979年之前我到柴达木采访时，却目睹了沙区植被遭受严重破坏的情景：一些单位和个人，只顾局部和暂时利益，不顾全局和长远利益，乱砍滥挖红柳木。每当冬季到来之前，人们赶着马车，开着汽车，到沙柳包集中的地带挖红柳。有的用炸药炸，有的用钢丝绳拖，被洗劫的沙柳包一片狼藉。在柴达木的机关、厂矿和事业单位，无论食堂和住家户，都以红柳木为主要燃料。许多人家的院墙都是用红柳木高高堆起的，十年八年烧不完。大片大片的红柳区遭到洗劫。从1954年盆地开始开发到1979年，柴达木的3000多万亩沙区植被覆盖区，有一半的面积遭到了不同程度的破坏。

我曾生活和工作过多年的青海军垦，各农业连队的四周被沙柳包包围着，这可应了"近水楼台先得月"的俗话，开始生活用柴都在周围打，而且专挑油性大好烧的红柳木，后来越打越远，最远的要出去几十公里，打一马车红柳需要一天时间，还得早出晚归。一个上万人的单位，一二十年对沙柳包的破坏难以说得清楚。对此，我们每一个人都应该向大自然忏悔。

大自然无情地惩罚了人们的破坏行为。在柴达木盆地，风沙之大是罕见的。8级以上的大风一年要刮70天，小风几乎天天都有，有人形容说：

"一年一场风，从春刮到冬。"乱砍滥挖红柳木更加激化了这种恶劣气候。一位地质队员告诉我，有一年在阿拉尔遇到大风，这场大风整整刮了24小时，真是刮得天昏地暗，许多帐篷放了"风筝"，人们无处藏身，水桶里和饭锅里全灌满了黄沙、牛粪，大家一天一夜没吃上一口饭，没喝上一口水。1979年5月，我曾经在格尔木目睹过一场罕见的大风，狂风卷起的黄沙铺天盖地，有的房顶被揭掉，树被折断，街上的行人来不及躲避，有的趴在地上，有的抱着电线杆子不敢动，有人甚至憋得喘不过气来发生窒息。大风过后，房屋的窗台上落下了三四厘米厚的沙土。

不能再对这种无休止地破坏柴达木戈壁红柳林的行为麻木不仁、熟视无睹了。1979年10月，我将柴达木沙区植被遭受严重破坏的情况通过内部报道反映到中央。国务院和中央军委许多领导作了重要批示，中央立即发出了关于制止在柴达木盆地乱砍滥挖红柳木的紧急通知，并将记者的稿件作为附件下发到青海、新疆、甘肃、宁夏等省、自治区。青海省人民政府也颁发布告，禁止非法进入林区打柴，公安、林业等部门组织人力立即赶赴林区现场，很快刹住了乱砍滥挖红柳木的歪风，海西州的各县都加强了对红柳林区的管理。

1980—1983年，我又曾几次去柴达木采访，看到珍贵的红柳林区已得到了可靠较好的保护，从心底里感到欣慰。汽车在戈壁公路上奔驰，路边不时有红柳闪过，那摇曳的柳条，仿佛在向我们招手致意。

我们愿戈壁滩上的"空中花园"永存，我们祝柴达木盆地常绿。

20年弹指一挥间。每当回忆起我与戈壁红柳这段不了情，心里总是油然而生一种自豪感。这并非沾沾自喜于做了一件了不起的大事，而是从这件事上真正体验到记者工作的重要性，一个有良知的记者，当他发现了事关全局的大问题，他能敢写，敢向上反映，最终使问题得到妥善解决，从而避免了用金钱无法弥补的巨大损失，他心里能不自豪吗？

（载1996年12月青岛出版社出版的《在新闻背后》）

戈壁耀明珠

建一座美丽城市

慕生忠，是举世闻名的青藏公路的创建者，也是戈壁大花园格尔木的开创者。

新中国成立之时，格尔木既无建筑，也无居民，在地图上只标明一个小黑点。

自1953年10月，慕生忠率领西藏运输总队依靠1200多名驼工和2.7万峰骆驼，打响了向西藏紧急运送粮食，保障进藏部队生存的悲壮战斗，运输大本营

开国少将慕生忠

就设在柴达木盆地的香日德，离格尔木有300公里远。

从青海到西藏的路线有三条可供选择：

第一条是当年文成公主进藏的唐蕃古道。

吐蕃，称为"大蕃"，即吐蕃王朝，是由古代藏族在青藏高原建立的一个比较强盛的政权，为西藏历史上第一个有明确史料记载的政权，松赞干布被公认为是吐蕃王朝的实际创建者，自公元618—842年延续200多年。

唐蕃古道，顾名思义，是我国古代历史上从大唐通往吐蕃的一条非常闻名的交通大道，也是唐代以来中原内地去往青海、西藏乃至尼泊尔、印度等国的必经之路，是唐朝文成公主远嫁吐蕃王松赞干布所走的进藏大

道。这条骡马驿道，也叫馒头岭（古）驿道，全长3000余公里，横跨今陕西、甘肃、青海、四川和西藏5个省区，始点为唐王朝的国都长安（今陕西西安），终点为吐蕃王朝的都城逻些（今西藏拉萨），其中一半多的路段在青海境内。这条古道出长安后，在陕西境内沿渭水北岸越过陕甘两省界山——陇山到达秦州（今甘肃天水），再在甘肃境内溯渭水继续西上，越过鸟鼠山到达临州（今甘肃临洮），从临洮向西北前行，经过河州（今甘肃临夏）渡过黄河进入青海境内。再经过龙支城（今青海民和柴沟北古城）境内西北行到鄯州（今青海乐都），到达西宁。然后从西宁经共和县、兴海县、贵南县、同德县、玛沁县、甘德县、达日县，进入今天四川境内，经阿日扎部落到（今色须）石渠县，再到玉树，进入今天西藏境内，经囊谦县、类乌齐县、丁青县、巴青县、索县（今柏海）到那曲市，再经过当雄县到达拉萨（逻些）。这条路实在又绕道又艰难。

第二条是1951年十八军独立支队进军西藏的路线，从西宁到香日德通汽车，再由香日德经黄河源、通天河、唐古拉山、聂荣宗、黑河至拉萨。这条线虽然路近、水草好，但沿途烂泥地多，骆驼运输难以逾越，也不适宜修筑公路。进藏部队穿越烂泥塘，简直是一场生死考验，很多牲畜过烂泥滩，陷到烂泥里活活憋死。而人穿越几处烂泥滩，步行越走越向下陷，人们只好平躺在泥地上往前滚，这样接触面大，不易下陷，但人人都滚成了泥猴。这条路也行不通。

第三条路线，是慕生忠在香日德大本营打听到，解放前有商贾马帮由香日德向西行，先到格尔木，然后再折向南行，翻越昆仑山、唐古拉山，经黑河（那曲）去拉萨。这条路线虽然较远，海拔比较高，但气候相对干燥，也没有太多难以逾越的险阻，用骆驼运输问题不大。

最终，慕生忠决定走第三条路线，他这种正确选择，为从青海打通到西藏一条天路做出了历史性贡献。

1953年9月，慕生忠带领大队人马，又一次行进在当年文成公主进藏的艰难道路上。当队伍来到青海湟源时，中央急电要慕生忠到北京，参加研究西藏局势的会议。临行前，慕生忠嘱咐总队的其他领导同志说："我们必须坚持一边运粮，一边修路。队伍到香日德安下家后，你们第三天就组织人修路，尽快修一条简易公路，只要能跑动汽车就行。能多修一公里，就多修一公里，能修到哪里，就修到哪里。汽车轮子总比骆驼的腿跑得快，这样可以缩短骆驼运输里程，减轻运粮困难，争取时间，争取主动。"

慕生忠到北京开会和联系其他事宜来去共40天，可是当他满怀修路的热望，牢记彭总的指教，兴致勃勃地赶回香日德大本营一看，一盆冷水劈头盖脸泼来。40天过去了，人们并没有按他走前苦口婆心所交代的办法去修路，而是照正规修路的标准，慢腾腾地仅仅修了500米一小段，最可气的还是往后修了500米。慕生忠气得脸色铁青，半晌没有说出话，他恨不得痛痛快快骂上几句解解气。大局为重，他还是强压住了心头的怒火，这对办事果敢的慕生忠来说简直是一种折磨。他反复琢磨，这样按部就班，磨磨蹭蹭，上千公里的青藏运输线，何年何月才能打通？现在形势逼人，哪有工夫迈着八字步干事情？必须打破常规，迅速开辟出一条新路子。

要求别人干，不如自己出头露面带头干。慕生忠回到香日德后的第三天，就亲自出马，带领20多人和开着两部汽车，用一部汽车拉上吃的冰块和食粮及锅碗瓢盆、烧柴，向格尔木进发了。

从香日德到格尔木，有300公里远，茫茫戈壁荒漠，百里见不到人烟。唐朝诗人柳中庸的《凉州曲》曾这样描写道："关山万里远征人，一望关山泪满巾。青海城头空有月，黄沙碛里本无春。"诗圣杜甫笔下的青海更是阴森恐怖，他写道："君不见青海头，古来白骨无人收。新鬼烦冤旧鬼哭，天阴雨湿声啾啾。"古代，青海广袤的原野确实是兵家征战之地，千百年来，那里埋下了多少无辜的尸骨，"青海"二字往往与荒凉、恐怖联在一起。

慕生忠率领的队伍浩浩荡荡开进柴达木，向荒凉的恐怖宣战了！这次他们决心探通香日德到格尔木的路，就是打响的第一炮。每天，当东方刚一放亮，慕生忠和同志们就冒着高原11月滴水成冰的寒冷天气上路了。他们一边探路，一边修路。汽车能开过去就开，开不过去就修。高的地方铲平，洼处用土沙填平。遇到水毁地段，掘土修补，见到黄沙淹没地段，挥锹打通。他们走走修修，修修走走，披星戴月，马不停蹄，仅用了4天时间，就奇迹般地穿越300公里浩瀚戈壁，来到了格尔木河畔。

几十米宽的河面，已经结了厚厚的一层冰，只是河心还留有一条缝。在太阳光照射下，河心里升腾出一股股蒸气，就像刚揭锅的蒸笼。

格尔木是蒙古语，又名高鲁木斯、郭里峁、噶尔穆，意为"河流密集的地方""水汇集的地方"。格尔木，地图上能找到它的名字，可是它却没有固定的地点。实际上，这里既无城镇，又无村落，连个固定的帐篷都见不到，只有一些被新疆军阀盛世才迫害而逃亡到这里的哈萨克牧民，在附近的阿尔顿曲克草场上放牧，行踪飘忽不定。

1934年，居住在新疆阿尔泰地区的哈萨克族群众因不堪忍受军阀盛世才的反动统治，奋起反抗，遭到残酷镇压，死伤惨重。他们纷纷逃离新疆，流落到甘肃、青海、新疆交界地带。在逃亡过程中，盛世才为了赶尽杀绝这些造反的哈萨克人，动用飞机从空中轰炸，派军队从地面追杀他们，逃离新疆的哈萨克族约4000户、3万人，伤亡很大。

1939年前后，一部分牧民死里逃生，背井离乡，携儿带女，骑着骆驼，赶着牛羊，越过千里戈壁，流落到柴达木盆地阿尔顿曲克（因地处昆仑山北麓，哈萨克语意为"金色的山峰"），远在他乡过上了游牧生活。

1949年9月5日，青海省大部分地区解放。1950年8月，中共青海省委派哈族代表哈里木等5人，深入海西联系哈萨克族，争取解放获得新生。后住在尕斯一带的哈萨克族派哈木、尼哈买提到省里接洽，青海省政府安排他们去北京参观学习，解放哈萨克族牧民提上议事日程。

不甘心失败灭亡的潜伏在哈萨克族中的国民党残余分子、反革命匪特，对人民解放军进行偷袭、伏击，妄想阻挡新中国解放事业的步伐。在这伙匪徒的挑拨、威胁下，哈族人被迫再次到处流浪，进入昆仑深山，过着穴居野处的非人生活。

1952年8月，甘肃、青海、新疆三省共同派出代表全面开展对哈萨克族群众的政治争取工作，青海派出的代表哈木、尼哈买提等来到阿尔顿曲克，即今格尔木市西郊。中共都兰县委决定由当时担任都兰县副县长的哈木、县政府副主席的尼哈买提在阿尔顿曲克代表政府行使权力，从此更大范围的格尔木宣告正式解放。

1953年9月11日，西北行政委员会民族访问团来阿尔顿曲克访问期间，正式宣布成立阿尔顿曲克哈萨克族自治区筹备委员会。

这期间，党和人民政府派人把流浪在青海各地的哈萨克人找了回来，从昆仑山中召回205户哈萨克族群众，安置在水丰草茂的阿尔顿曲克草原上。政府拨了60万元救济款，给牧民购买了8000多头牛羊、1万多公斤种子和数千件生产工具，从此哈萨克人才建立起了幸福的家园。在哈萨克族群众的心目中，只有共产党，才是救命恩人！

1953年10月，西藏运输总队政治委员慕生忠率领先遣人员利用短短4天时间，打通了香日德到格尔木300公里的公路，揭开了格尔木建设的序幕。

站在格尔木河边，望着峻峭的雪山，浩瀚的戈壁，大片的芦苇，无数起伏的沙丘，满目荒凉景象，大家七嘴八舌地议论起来：

"这是什么鬼地方？"

"格尔木在哪儿？"

"哪儿是格尔木？"

"……"

慕生忠望望大家，左手一撩皮大衣，右手一挥，斩钉截铁地说：

"同志们，我们的帐篷撑到哪儿，哪儿就是格尔木！我们不走了，我们要做第一代格尔木人！"

慕生忠这坚定自豪而富有鼓动性的语言，顿时使人们的情绪活跃起来，人们发生了共鸣，都响亮地附和道：

"我们不走了，我们要做第一代格尔木人！"

这激动人心的声音，久久地回荡在格尔木河畔。

人们簇拥到将军的身边，都想和他说几句话。将军微笑着拍了拍他跟前一个同志的肩膀说："解放中国你们没赶上，你们赶上了开发建设大西北的新时代，任重道远，条件艰苦。我希望大家能顶住，要看到未来，只要大家信得过我，我们就一起干。我到过不少地方，我看准了格尔木，虽然现在条件很差，就我们这几十个人，但我相信我们的队伍很快会壮大起来，我们的愿望一定能实现。"

人们把六顶帐篷扎在格尔木河畔的沙滩上，从此，这里才有了实实在在的格尔木，而它，最早也只不过是一个才有六顶帐篷的"帐篷小镇"。

就是在刚刚扎起的帐篷里，由慕生忠口授，电报员给上级领导机关发出了一份电报："今后向西藏运送物资的起点，不再是香日德，现已缩短300公里路程，而是格尔木了。"

打这以后，汽车能够直接把粮食运到格尔木，然后再由骆驼接力向西藏运输，格尔木就成了一个繁忙的中间转运站。

1954年7月15日，阿尔顿曲克自治区召开了首届人民代表大会，海西阿尔顿曲克哈萨克族自治区人民政府宣告成立。

经过一年半，到1956年3月1日，格尔木工作委员会成立，1959年10月23日经中央批准为县级领导机构。1960年11月17日国务院全体会议第105次会议批准撤销格尔木工委，设立格尔木市。1966年3月27日改设格尔木县，1980年6月14日又改设市，现在是副地级市。

慕生忠无愧于戈壁花园城市格尔木的创建者。

尽管慕生忠将军在格尔木工作和生活只有短短六年，但却实现了"要在世界屋脊上开辟一条平坦的大路，要在柴达木盆地建设起一座美丽的花园"两大理想和目标。"要在世界屋脊上开辟一条平坦的大路",指的是修建千里青藏公路;"要在柴达木盆地建设起一座美丽的花园",指的是建设戈壁花园城市格尔木。

著名作家李若冰在1957年8月写道:"在辽阔的戈壁滩上,在偏僻的青藏高原上,只有真正的英雄汉子,才能创造出举世闻名的青藏公路,才能创造出格尔木,创造出白杨和花朵。"

慕生忠并不只是埋头修路,他的目光看得高远。当初在他绘制的蓝图中,就是要把格尔木建成一个花园式的城市。因为,无论是巩固好格尔木作为进藏物资转运基地的地位,还是在青藏公路修通后进一步提升公路等级、养护好公路,都需要一支稳定的干部职工队伍,而要稳定这支队伍,就要让他们在一座宜居的高原新城里生活得幸福。

慕生忠在格尔木留下了许多历史的印记,时至今日依然令人念念不忘,广为传颂,成为佳话:

"将军树"——这是慕生忠将军来到格尔木亲手种下的第一棵白杨树。

笔者曾在格尔木青海军垦工作过八年半,调到新华社青海分社当记者12年,这20年半,柴达木既是我曾生活工作的地方,也是我长期采访的根据地,我对柴达木的广袤和富有太了解了,太刻骨铭心了。

盛夏8月,柴达木骄阳似火,大地被烤得滚烫,连空气都沸腾了。平地上不时撩起一阵阵没精打采的风沙,飘来炙人的热浪。青藏公路两旁是荒凉的大戈壁,汽车跑了上百里,

记者拥抱将军树

看不到一棵树，见不到一个村庄，也难得瞧见一点点绿色。

绿色在这里多么宝贵！又多么罕见！如果你居住在青山绿水的农村，或者生活在风景秀丽的城市，对于绿色大概习以为常，不足为奇。可是，在这里，当你进入茫茫大沙漠时，才会真正体会到"绿"的意义。哪里有绿色，哪里就有生命，就有春天。

慕生忠率领运粮和筑路队伍成为格尔木第一代居民时，举目四望，荒野茫茫，看不见一点绿色。他誓言要改变这里满目荒凉、风沙弥漫的景象，让大地披绿色，让春天来这里。他率先刨下第一个土坑，栽下第一棵白杨树，敲开了花园城市春天的大门。

这棵树被人们称为"将军树"，它是格尔木荒原上人工种下的第一棵树，也可以说是在24万平方公里的柴达木盆地人工种下的第一棵树。

1954年3月，慕生忠派汽车从数百公里外的湟源拉回14万株树苗，有杨树、柳树、杏树、桦树等。5月份，全部按规划栽种，后又陆续拉运来20多万株各类树苗栽种。慕生忠还请来一位善种花木的老人，在格尔木办了一个小果园，试种了苹果、葡萄。格尔木热闹起来了，荒凉和恐怖在生活的主人面前悄悄地退却了。

在创建格尔木美丽花园，慕生忠发起了一个"共产主义礼拜六"的活动。每个礼拜六，他以身作则，拿着锄头、笤帚，和干部群众一起开渠引水，种菜种树，打扫卫生，建设美丽的戈壁新城。1957年时，格尔木已经出现了义务劳动路、青年路、共产主义礼拜六路、敦噶路、二马路五条大街。"绿化这个城市，使它披上绿色的服装，永远青春年少"，是慕生忠心中美好的愿景。渐渐地，格尔木新城发展为"半城绿树半城楼"。

"将军楼"——这是格尔木第一座二层小楼，慕生忠曾在这里办公和生活，此后这里还先后接待过彭德怀、朱德、陈毅、习仲勋、杨成武、洪学智等将军。所以就得到了一个实至名归的名字——"将军楼"。

1956年，慕生忠将军带领人们开始打土坯，烧砖盖房子，古老的蛮荒

将军楼前留照

改天换地，建设了一幢楼房，成为戈壁新城格尔木第一个具有现代感的标志性建筑。当时先建了一排仿陕北窑洞式的5间平房，后来又在上面加盖了3间砖木结构的小房子，然后用一个明廊式的过道将这3间房子相连，这幢像窑像房又像楼的建筑就这样诞生了。小楼面积约200平方米，木制门窗比较小，楼梯建在外面，是格尔木开天辟地最早的楼房，为原青藏公路管理局办公地，慕生忠将军工作和生活的场所。

2007年，为深切缅怀和纪念50多年前慕生忠将军和他率领的筑路大军，纪念青藏公路、青藏铁路建设、军垦戍边及格尔木发展历史，继承和弘扬柴达木精神，同时为更好地提升格尔木市城市品位、改善城市生态环境、保护历史文物、增加城市文化内涵，格尔木市于2005年决定投资建设将军楼公园，并与2007年7月开工。

将军楼公园占地9.8公顷，其中水体6000平方米、绿化5.2万平方米，并建有地质博物馆和慕生忠将军纪念馆。通过园林设计、雕塑艺术等手法，所建天路纪念塔是公园主体雕塑，高度为39.16米，寓意为青藏公路和青藏铁路里程之和3916公里。园内还坐落着具有纪念意义的慕生忠将军雕塑、反映当年筑路大军艰苦开路的群雕"筑路忠魂"、反映军垦拓荒的雕塑"铸剑为犁"、反映昆仑文化的雕塑"巍巍昆仑"、反映民族团结的雕塑"和谐"等。这座将军楼公园已成为格尔木市集城市园林建设、历史文物保护、爱国主义教育基地为一体的城市新景观。2016年，格尔木将军楼公园被列为全国文物保护单位。

"望柳庄"——慕生忠领导盖的格尔木第一个招待所。

著名作家王宗仁撰写的《望柳庄》一文，对此作过精彩描写：

不少人都是通过我的笔知道了格尔木城的这个望柳庄。可是，有谁知道格尔木城起始于望柳庄，有谁知道望柳庄的第一棵柳树何时栽下，又有谁知道一位将军在飞雪的戈壁滩播种春天的故事。

还是在修路队伍离开西宁途经湟源县城时，慕生忠买了100棵杨柳树苗。他对随行人员说："我们要做第一代格尔木人。我们要在格尔木扎根安家。人和树一起扎根，这根才扎得牢靠！"100棵树苗，都栽在了刚刚撑起的帐篷周围。一共两大片，杨柳分栽。第二年，这些小苗落地生根。绿茵茵的叶芽把戈壁滩染得翠翠的，叫人看着眼馋。将军给两片树林分别命名为"望柳庄"和"成荫树"。

"耿藏农场"——慕生忠领导开发的格尔木第一个农场，是格尔木农场的前身。

1955年以前，虽然格尔木有些地方生长着一些戈壁草和沙堆簇拥的红柳，但大多数地方除了戈壁荒漠外，还有大片"白霜"涂抹的盐渍地，据检测，这里的土壤盐碱含量高达30%~43%，无法种植农作物。但是，有人居住的地方，少不了农业，这是人生存的基本条件。

自从慕生忠率领人们修通青藏公路，并大力建设戈壁美丽花园格尔木，这里预示将崛起一个未来的综合工业基地，急需要拓荒打好农业这一基础，工农业齐发展才是格尔开发建设的方向。先前慕生忠领导驼工们开荒出的27亩地，开格尔木农业之先河，不仅种出了能治腿病的红水萝卜，又不断开荒扩大土地面积，种出了更多的蔬菜和粮食。他所创办的"耿藏农场"，为格尔木农场创建提供了最可靠的依据和实践。

发展农业有两点必不可少，一是要有可耕种的土地，二是要有可浇灌土地的水源，格尔木具备这两个条件，发展农业不存在多大障碍。格尔木地区有足够的水源，盐碱地经过灌水压碱是可以拓荒种植农作物的。于是，1955年8月，格尔木农场宣告建立。这一年，拓荒者们开荒造田修水渠，当年开荒当年播种，因土壤中的盐碱性没有改良好，收成微薄，小麦平均亩产20.9斤，青稞平均亩产是19.7斤，连种子都没有收回来。

为了安抚人心，扭转逆境，柴达木工委提出了"安下心，扎下根，同盐碱做斗争"的号召。人们又重新振作情绪，大力平整土地，开展泡洗盐碱和排洗盐碱等试验，迅速扭转了被动局面，连年粮食生产节节上升，1956年全场粮食平均亩产109斤，1957年平均亩产达到165斤，比1956年提高了50%。1958年，小麦亩产达到246斤，青稞亩产为250斤。农场不仅生产青稞、小麦，而且还种植收获了番茄、辣椒、黄瓜等。1960年，格尔木农场从土地规模、耕种面积、劳动力数量及耕畜拥有量上，一举跃居全盆地之首位，成为引人注目的盐碱地上的一面旗帜。

从1954年到1966年，格尔木在开拓和创业进程中，首先开进了一支神将奇兵的先遣队，进而形成四个方面军，亘古荒原变成沸腾热土。

这支神将奇兵的先遣队，就是慕生忠将军领导的西藏运输总队，在西藏和平解放后急需粮食的十万火急形势下，2000多名驼工赶着2.7万峰骆驼，用一年多时间，行程上万里，把数百万斤粮食和物资运进西藏，付出了8000多峰骆驼死亡、几十名驼工伤亡的重大代价，气壮山河，可歌可泣；还是这支由驼工转为筑路工的1200人的先遣队，依然在慕生忠将军的率领下，在一无计划，二无资金，三无技术，四无机械等万般无奈的情况下，为了紧急开辟一条从青海到西藏的"天路"，他们凭借中央拨付的230万元，手中仅有的3000件锹、镢、镐，以及最后开凿羊八井石峡由彭总紧急调动和下拨的1000名工兵和100辆汽车，仅用7个月零4天就修通了青藏公路香日德至拉萨长1400公里最关键路段，慕生忠又同时指派齐天然带领40多人仅用14天，就打通了600多公里长的敦格公路，双双创造了世界筑路史的奇迹。

进而形成四个方面军指的是什么呢？一是西藏驻格尔木办事处，二是以汽车兵为主的部队，三是格尔木地方机构，四是青海军垦。

让我们首先说说西藏驻格尔木办事处"一方面军"吧。

随着青藏公路修通和格尔木正式建制，格尔木成了西藏的门户。自1955年8月，中共西藏工委派驻格尔木工作组起，先后经历了中共西藏工委驻格尔木办事处（后改为西藏筹委驻格尔木办事处）、西藏自治区人民委员会驻格尔木办事处、中国人民解放军西藏自治区委员会驻格尔木办事处军事管制委员会、西藏自治区驻格尔木办事处革命委员会、西藏自治区驻格尔木办事处、西藏自治区人民政府驻格尔木办事处七个阶段。

在格尔木市区西部的盐桥路两侧，西藏驻格尔木各单位密密麻麻地排开，共占地3.8平方公里。不仅有公路局、运输总公司及4个汽车队，汽车修配厂，还有职工子弟学校、粮食局、石油公司、物资公司、医院、招待所、邮电局等单位，甚至连法院、检察院、交警队都有，是西藏自治区设在区外的最大物资中转基地。一共在格尔木投资了4.5亿元。

本着"一切服从于西藏、一切服务于西藏"的工作宗旨，西格办几十年如一日强化服务意识，提升服务水平，增强服务效益，努力为西藏发展稳定服务。

不仅如此，慕生忠将军郑重提出要解决职工生存的基本问题。首先是"修建宿舍，消灭帐篷，使职工居住下来"；再者，"职工家属愿意来的，我们欢迎并且给予就业生产的机会"；他还提出，要"开办职工子弟小学，让孩子们有书读。这样才会使职工安心于高原工作和发挥他们的积极性。"最为传神的是将军对此作出的解释："我认为，要做好一个同志的工作，必须做好他老婆的工作；要做好他老婆的工作，又必须从他的孩子做起。"

话语是幽默的，心是紧贴着群众的。住房、就业、教育，不正是今天大力倡导要关注的民生问题吗？将军不愧是政治委员出身，要稳定队伍，他一下就抓住了问题的关键所在。

1955年下半年，在现西藏驻格尔木办事处汽车一队的家属区内，修建了第一批办公室、医院。盖房之前地基下挖了1.5米左右，上边用土坯垒墙，造成一种近似窑洞式的房子。彭总就这件事还对慕生忠风趣地说："你把陕北的文化带到青藏高原去了，以后我借你的窑洞住几天，可以吧？"

格尔木的第一代人，大都是筑路工人、汽车驾驶员和汽车修理工，他们对格尔木的开拓建设是有特殊贡献的。

笔者曾经访问过20世纪50年代创业初期来到格尔木的鲁寿昌和曹玉芬夫妻，他们的婚礼是在戈壁滩上举行的。

鲁寿昌原在天津市第一汽车修理厂工作，1955年他响应国家号召，报名支援大西北建设。他的女朋友对他说："你要是到大西北去，咱俩就散伙！"鲁寿昌是一个有志气而又倔强的小伙子，他回答："散伙就散伙，我坚决要求到大西北去，谁也拉不了后腿！"就这样，1955年8月，他毅然离开天津，来到"帐篷城市"格尔木，在青藏公路管理局保养厂工作。

第二年初，他回河北省献县老家探亲，与同乡的姑娘曹玉芬相爱了。鲁寿昌毫不掩饰地告诉曹玉芬："格尔木的条件可苦哩！住的是帐篷，吃的是干菜，风沙大，蚊子多，你愿意跟我去受苦吗？"曹玉芬深情地说："夫妻就是要同甘共苦，你就是走到天边，我也敢跟你去！"这对情投意合的夫妻，在格尔木举行了婚礼，他们的新房只是一顶仅有6平方米的单帐篷。新房布置得再简单不过了，除了一张用加仑桶支起来的木板双人床和一个盛衣服用的材料箱外，别无他物。当时全厂30多个人，凑了点钱，给他们买了两个热水瓶、两个小铁锅和两条床单。举行婚礼的那天晚上，人们聚在一起吃着水果糖，喝着茯茶水，说说笑笑，热热闹闹，像过节一样。青年人敲打起脸盆饭碗，尽情地跳，放声地唱。

1956年12月，鲁寿昌和曹玉芬的大女儿在格尔木出生了，她也是全厂头一个在格尔木出生的女孩。小两口给孩子起了个名字，叫"格兰"，他们愿女儿像一朵兰花，盛开在格尔木的土地上。

通常公路是沿着政治、经济、文化中心的城镇修筑的，但在青藏高原修公路就不存在这些条件。

慕生忠从实际出发，他明确提出，不仅公路为运输服务，而且要以生产为公路和运输服务。他认为发展生产有三个积极意义：

一是，我们要在高原上站稳脚跟，好好生存，就必须自己动手创造生存的条件，而只有生产，才是创造生存条件最现实的办法；

二是，只有生产，才能创造运输的物资，才能降低运输成本；

三是，只有生产，才能在永世无人的草原上建设起社会来，才能给职工家属解决就业问题，才能使职工安心长期在高原上工作。

慕生忠1957年10月26日《在中国共产党青海省第二届委员会第四次全体（扩大）会议上的发言》中，如数家珍地列举了他领导大家到1957年开设的大小十多家生产单位：

1. 办盐场，在达布逊湖上，有工人300余名，1957年已产盐2万吨。

2. 开煤矿，已开采的有乌丽、西大滩、野羊沟三处煤矿，正在开采的有雁石坪和藏北黑河东南的夏曲哈两处煤矿，已供应路局和西藏军区燃料用煤以及西藏地方的全部用煤。同时已在格尔木各机关供应全体职工及家属燃料用煤。

3. 开设班戈湖硼砂厂和纳赤台硼砂加工厂，现有工人1000人，其中有

900名工人在藏北班戈湖开采硼砂，已挖出1000余吨，每天可以提炼出纯硼砂10吨。计划明年发展到4000工人，挖硼砂3万吨，以支援国家建设。

4. 开采了唐古拉山铁矿和开设了纳赤台炼铁厂。炼铁的试验情况极为良好，将来即可大量开采和冶炼。

5. 在格尔木开设了砖瓦厂，今年已产砖900万块。另开设石灰厂两处，满足了格尔木的房建需要。

6. 在纳赤台开设了瓷器厂，并已试烧成各种瓷器，以供应路局日常使用的瓷器。

7. 在格尔木开设了皮革厂，现在有工人100余名，以收购西藏的皮张制成各种皮鞋、皮衣。计划逐步扩大到300多人，就可以供应路局全体职工皮鞋皮衣的需要和车辆需要的皮革。

8. 建成了格尔木、拉萨两个汽车大修厂，全线共有5个保养场。其中格尔木大修厂有工人700人（可容纳1000人），年可大修1200辆，拉萨大修厂年修400辆，可以解决路局全部车辆的大修和保养。

9. 已开设有西藏的更章和亚东两个木场以及正在开设藏北季鲁通木场，以供应西藏和格尔木建设所需木材。

10. 正拟在格尔木开办农场，今年主要是生产蔬菜，已收获40万斤。现有拖拉机15台，预计明年先开荒1万亩，以后逐年扩大，以便逐步做到粮食和蔬菜的自给。

11. 现有大小牧场6个，计牛1000头，羊3000只，骡马140匹，骆驼100峰，猪200头。计划在一两年内各种牲畜发展到1万头。

12. 现已开设的服务性企业有澡堂、理发店、食堂、缝纫组、豆腐坊，以满足职工的生活需要。

慕生忠说，这些生产单位都是由试验到试办、由小到大、由积累资金、积累经验、调练工人的过程逐步发展起来的。这些生产单位中管理人员都很少，如皮革厂只有2个管理人员，西大滩煤矿只有1个二级工人（不脱离生产）负责领导生产。从几年来发展生产的经验中证明，不要国家专门巨额投资是可以发展生产的。也不需要庞大的管理机构，只要少数的管理人员是可以搞好生产的。这样，不但可以减低成本，而且在管理上也很灵便。这些厂矿都以"昆仑"企业公司命名，生产成品的商标取名"玉虚峰"牌（昆仑的主峰叫玉虚峰），以示这些企业要和昆仑山峰一样地永远屹立于高原之上。

我们再来说说"二方面军"——以汽车兵为主的部队。

自从青藏公路修通后，格尔木驻有几个汽车团，不仅成为一个兵城，更成为一个繁忙的汽车城。

这里以汽车多闻名于世。当你漫步格尔木街头，你会强烈地感到这座新城汽车多的特点。在纵横交错的公路上，汽车满载着粮食、油料、机器、日用品以及建筑材料、化肥、农药等各种物资，穿梭般地疾驰而过，南来的，北往的，东去的，西进的，从早到晚，直至深夜，川流不息，热闹非常。

20世纪80年代有一个统计，在这座戈壁汽车城，一昼夜汽车通过量可达18000台次。只要留心一下就会发现，通过这里的汽车有各种牌号的，国产的解放牌、黄河牌、北京牌、东风牌，也有各式各样的进口汽车，来自美国的福特汽车，来自日本的丰田汽车，德国的奔驰汽车，还有法国的、意大利的重型载重汽车等。汽车五颜六色，有墨绿的、天蓝的、橘黄的、灰白的、鲜红的……

站在十字路口，你会感到像是在观赏一场世界性的汽车比赛。那些轻便的小汽车，像天空的流星一闪而过；那集体行动的解放军汽车队，浩浩荡荡，威武雄壮；那些满载物资的庞然大物——重型汽车开过，大地都在微微颤动。入夜，当戈壁滩之城亮起万点灯火的时候，你走进运输站或兵站，会看到一排排，一行行，到处都停满汽车。登上高大建筑物，则能看到更为壮观的景象：行驶在青藏公路和敦格公路上的汽车队亮起车灯，好似一串串夜明珠在戈壁里滚动，也像一条条火龙在昆仑脚下飞舞。汽车，汽车，到处都是汽车。难怪有人称格尔木是一座沸腾的"汽车城"了。

青藏公路正式通车后，承担着85%以上进藏物资和90%以上出藏物资运输任务，是西藏与祖国内地联系的重要通道，在西藏经济发展和社会稳定中发挥着重要作用，被誉为西藏最强大的"生命线"。

中央为强化青藏公路的作用，采取了一系列措施。中央领导也深入青藏线视察，给以厚爱。

1956年2月，中央军委正式命令青藏公路沿线建16个兵站，从西宁到格尔木800公里，由东往西，青藏公路边分别设了倒淌河、江西沟、茶卡、都兰、香日德、诺木洪6个兵站。从格尔木开始，青藏公路向南走去。由格尔木到拉萨大约1200公里，计有钠赤台、不冻泉、二道沟、五道梁、沱沱河、温泉、唐古拉、安多、当雄、羊八井10个兵站。由格尔木往北，还有大柴旦、敦煌2个兵站，位于格尔木至敦煌的公路旁边。并成立青藏公路运输总指挥部，归兰州军区后勤部建制领导。

同年3—4月，国务院副总理陈毅元帅率领中央代表团赴西藏期间，在格尔木视察汽车一团，并召开了格尔木4000人参加的大会。

解放军第二十二医院的前身是西北军区第二门诊部，于1954年7月由十九兵团留守处附属医院整编组建，1956年7月从西安迁到格尔木组建第二十二医院。当时扎下3顶帐篷为官兵解除病痛，被称为"帐篷医院"。现已发展为一所集卫勤、医疗、教学、科研于一体的综合性三级医院。医疗救治水平在青藏高原地区始终处于领先地位。

1957年12月，格尔木大站、拉萨大站组建。

1958年5月中旬，南京军区后勤部修理2营调防格尔木，扩编为解放军第3405工厂。

1958年7月，朱德副主席来到青海视察，在格尔木接见汽车76团排以上干部。

1958年10月，彭德怀来到4700多米的昆仑山口，视察大柴旦硼砂厂，还在格尔木将军楼住了两天与慕生忠畅谈。

1966年2月，汽车35团由陕西勉县调防格尔木。

1970年6月，汽车77团、汽车78团分别在格尔木组建。

1987年8月1日，"文明青藏公路运输线"命名表彰大会在格尔木召开。青藏两省区和沿线驻军的领导参加了大会。

1990年7月7日，中央军委发布命令，授予总后勤部青藏兵站部"青藏高原模范兵站部"荣誉称号。

1990年7月18日，中央军委主席为青藏兵站部题词："弘扬特别能吃苦，特别能忍耐，特别能战斗的革命精神。"

1955年2月，青藏公路管理局在格尔木成立，慕生忠兼任局长、党委书记。1958年9月青藏铁路开工前，国务院特意批准组建了青藏铁路工程局，慕生忠任党委书记、局长。

部队两次大规模进驻格尔木，是修建青藏铁路和格拉油路（格尔木至拉萨输油管线）两条天路，对青藏高原开发建设影响深远。

全长814公里的青藏铁路第一期工程西宁至格尔木段于1958年9月第一次上马，由地方铁路工程局承建西宁至海晏97公里一段和海拔3680米、全长4009米的关角隧道挖掘。1959年3月，铁道兵十师转入青海，这是铁道兵第一次踏上高原，担负起泉吉峡东至格尔木段178公里铁路的建设任务，挖掘泉吉峡隧道，在海拔5000多米的风火山建成了最早的冻土试验工程。

1959年庐山会议后，慕生忠受到错误批判，被撤销党内外一切职务。1960年6月，青藏铁路工程局被撤销。在修建青藏铁路第一期工程西宁至海晏一段97公里铁路4个月后的1961年3月，青藏铁路因三年经济困难全线被叫停，青藏铁路工程被迫第一次下马。

从1962年2月青藏铁路第一期工程西宁至格尔木段第二次上马，修建海晏至哈尔盖长84公里一段铁路，其中海晏至克土24公里的施工任务由铁道兵十师两个团承担，1962年2月部队二上高原，1963年12月铺轨到克土后，调至河北准备参加京原线施工。随后青藏铁路第二次下马。

青藏铁路第一期工程西宁至格尔木段于1974年1月第三次上马，哈尔盖至格尔木653公里恢复建设，全部由中国人民解放军铁道兵负责施工。1974年3月和1975年3月，铁道兵第十师和第七师共6.2万人，奉中央军委命令先后开进青海，开始了青藏铁路哈尔盖至格尔木段的建设。经过5年多奋战，青藏铁路第一期工程西宁至格尔木段终于在1979年9月铺通，1984年5月1日正式运营。到1983年底，铁道兵部队在风雪高原上连续奋战了10个年头，共完成路基土石方2315万立方米，桥梁8公里，隧道4.15公里，涵渠181公里，正线铺轨682公里，投资99342万元。

格尔木至拉萨输油管线这条天路，是周总理1972年5月30日批示修建的，按照周总理批示的日期定为"五三〇"工程。周总理在亲笔批示中说："拟先定第一期工程，请计委列入计划，今年勘查，明年施工，后年建成。"中央一些其他领导同志也先后对工程作了10多次重要批示。这是一条解决西藏石油供应的大动脉。

中国人民解放军总后勤部所属部队的近2万名指战员和工人、民工、工程技术人员，肩负着党和人民的重托，满怀对西藏百万人民的深情厚谊，从祖国四面八方齐汇青藏高原，"世界屋脊"沸腾起来了。

格拉输油管纵贯高原。1080公里的管线，有900多公里在海拔4000米以上，有500多公里敷设在多年冻土的永冻层上。这里一年有七八个月的结冰期，绝对最低气温达零下40多摄氏度。

我国第一条高海拔、长距离、可输多种成品油的输油管线，是继川藏、青藏公路之后，征服"世界屋脊"的又一曲嘹亮的凯歌，在世界管道建设史上也是罕见的壮举。英雄的建设者们凭着"高寒缺氧无所惧，欲与天公试比高"的大无畏英雄气概，千难万险无所阻拦，战胜了一个又一个难关，将管线一公里一公里敷设在"世界屋脊"上。

1976年11月16日，在拉萨举行了隆重的格尔木至拉萨输油管线工程胜利剪彩大会。党中央、国务院、中央军委在贺电中称："这是中国人民继青藏、川藏公路之后，在世界屋脊创造的又一个奇迹！"

让我们再来逛逛格尔木新城，看看格尔木三方面军的魅力吧。

笔者曾在格尔木青海军垦工作过八年半，在新华社青海分社干记者12年，始终把柴达木当作采访根据地，常来常往格尔木。

1983年5月至1885年5月，我脱产两年到北京考入中国新闻学院学习。1885年6月回到新华社青海分社，同年8月，与党周和王运才赴格尔木，沿青藏公路采访耗时12年的1937公里大规模黑色路面改建工程，新华社于1985年8月27日播发了我们采写的通讯《在青藏公路改建的日子里》。

其间，我对熟悉的戈壁新城旧地重游，情不自禁地惊叹道："格尔木又变样了！"慕生忠"要在柴达木盆地建设起一座美丽的花园"的誓言已基本实现。

我们漫步在新修建的昆仑大街上。这里原来是一条土路，那时人在路上走，晴天一身土，雨天两脚泥。现在，昆仑大街完全变了模样，土路已经改建成宽阔笔直的柏油马路，一直通到格尔木火车站。道路两旁，杨树随风摇曳。一二十幢楼房，拔地而起，多么壮观！

跟随人流，我们挤进了昆仑商场，这是格尔木市第一座综合性商业大楼。货架上的商品琳琅满目，有电视机、录音机、毛纺织品、各式服装、食品、山货、牛羊肉等。蒙古族、哈萨克族牧民和汉族群众，争相选购商品，商场内一派喧闹景象。

出了昆仑商场，向南走不多远，从一座院墙内飞出孩子们天真的欢笑声，这是一所新建的中学。再向前走，只见路东耸立着一座式样别致的拐角楼，淡黄、浅褐和乳白各种颜色的墙面交相辉映，显得精致素雅。这是落成不久的格尔木市招待所，过去，格尔木旅社和饭店少，条件又差，从内地来这里出差的人，最头疼的是吃住问题。新招待所的开业，给客人提供了比较舒适的食宿环境。

离招待所不远，是市委、市人民政府大院，在这里，我们拜访了市委书记。书记高兴地告诉我们，格尔木市已经建设起了100多万平方米房屋，种植了几十万株白杨树。全市现在有20多所中小学和6家医院。还办起了汽车修理、钾肥、砖瓦、水泥、皮革等30多家工厂。在城市近郊乱石滚滚的荒滩上，人们开垦了7万多亩土地，建设了国营农场，在海拔2800米的高寒地区种出了小麦、黄瓜、西红柿。一座装机容量为9000多千瓦的电站，把昆仑雪水变成电力，给格尔木带来光明。格尔木地区各单位还集资建起了电视塔、工人俱乐部和儿童活动中心。

走出市委大院，前方一阵阵火车汽笛的长鸣声，吸引了我们的注意。车站附近几幢崭新的大楼，面对宽阔的昆仑大街，给戈壁新城又增添了新的光彩。我们走进车站时，见到一列货车正驶入一条支线，进入西藏驻格尔木物资转运站。由格尔木开往西宁的一列客车就要启动了。随着火车通向昆仑，格尔木，这个联系青海、西藏、甘肃、新疆的交通枢纽，在开拓建设祖国西北、西南的事业中，发挥出越来越大的作用。

我于1986年2月调到新华社青岛支社工作，先后任支社副社长、社长、高级记者，2005年4月退休。

时隔21年，2006年8月27日至9月9日，应格尔木市邀请，我作为团长与80多位青海兵团战友重访格尔木。令我们没想到的是，火车刚一进站，就见到了迎接我们的队伍，留在格尔木的知青组成锣鼓、秧歌队，使格尔木火车站成了欢乐的海洋。我们被这热烈场面陶醉了，禁不住流淌激动的热泪。

格尔木市委、市人大、市政府、市政协在当天举行了欢迎晚会，让我们心暖如春。军垦战友、全国劳动模范、青海瀚海集团董事长李和印为我们这次格尔木之行提供了支持。

当我们走在街上，见到我们身穿"四十年重返格尔木"的衣服，人们都很热情，有些还主动跟我们打招呼，让我们心里很感动，大伙都觉得这

青海军垦战友和一团六连战友回访格尔木合照

次来得很值。

　　置身戈壁新城格尔木，变化实在太大了，当年慕生忠将军要建设美丽大花园已基本变成现实。格尔木无论城市基础设施建设还是城市规模，都完全超乎我们的想象。现在道路宽阔纵横，树种也多，绿树成荫，花香扑鼻，城市布局也很独特，已经变成了一个令人耳目一新的城市。

　　2006年9月1日晚，在原兵团战友申国良的陪同下，我们浏览了格尔木的夜景，观八一路的霓虹灯、穿柴达木路的灯火隧道、赏万家灯火。坐在夜市的繁华处，品羊肉串和烤羊排、喝咸茯茶，让人心旷神怡。

　　在格尔木仅仅三天却激情又在心中重燃。三天来，山东知青们不知流了多少泪水，见到了当年同吃一锅饭、同住一间房的好兄弟，看到了40年前不知留下了多少美好回忆的宿舍，当年吃饭的食堂、挥洒过汗水的麦田……总有说不完的话，总有诉不完的衷肠，总有听不完的故事……

　　趁这次重访格尔木的机会，战友们又乘坐刚开通不久的青藏铁路列车，作了一次难忘的旅行。

20世纪70年代末和80年代初，新华社青海分社派我深入青藏铁路第一期工程哈尔盖至格尔木段采访4年多，新华社采用各类稿件40多篇，有一多半是今日新闻，铁路修到哪里，我就报道到哪里，其中8篇被评为好稿。《青藏铁路铺轨到格尔木》《荒野中的新城格尔木》的对外稿，被称为红花配绿叶的佳作，并评为1979年新华社对外报道十大好新闻之一。《把铁路修到"世界屋脊"——记青藏铁路的建设者》《火车开进柴达木》两篇通讯，受到广泛好评。

这次重返青藏高原，我又撰写发表了万字《坐上天路列车进拉萨》，后来还出版了《火车开进柴达木》和《天路 天路 天路》两部专著，尽情抒发了我对魂牵梦萦的青藏铁路的深情厚谊。

第三次重访格尔木，是在2019年8月上旬，受格尔木市邀请，青海军垦29名战友参加了格尔木昆仑文化旅游节。

我对这次重访格尔木有一个新的深刻认识，格尔木坚持不懈地弘扬慕生忠开拓拼搏精神，在建设戈壁大花园的半个多世纪进程中，不仅重视城市硬件建设，更加重视城市软件建设，即挖掘和弘扬博大精深的昆仑文化、可歌可泣的天路文化、激情燃烧的农垦文化、得天独厚的盐湖文化，找准了城市发展的独特定位、优势和潜力，就像是一坛酿造的美酒，酒香不怕巷子深。

博大精深的昆仑文化，已成为格尔木的支柱文化。昆仑山是中华民族的象征，有"国山之母"的美称，自古以来编织出了许多美丽动人的神话传说，千百年来为国内外道教教徒及游客神往。格尔木市始终以高度的文化自信、文化自觉，紧紧依托昆仑山和昆仑文化的特殊渊源，挖掘昆仑文化内涵，宣传推介旅游资源，打造昆仑文化品牌，尤其连续多年举办昆仑山敬拜大典，吸引了世界各地游人来到昆仑山朝圣还愿、拜祖祈福，进一步提升了昆仑文化在海内外的影响力、知名度、认同感。

可歌可泣的天路文化，已成为格尔木红色传统文化的策源地和教育基地。在修建举世瞩目的青藏公路、格拉油路、青藏铁路三条天路过程中，格尔木一直处于指挥中心和施工基地地位。慕生忠将军以大无畏精神，用最少的兵力、最少的资金、最简单的工具，仅用7个月零4天，就修通了青藏公路香日德至拉萨1400公里最关键地段，用14天打通了敦煌至格尔木600多公里公路，创造了世界公路建设史上的奇迹。修建格拉油路（格尔木至拉萨输油管线）的两万多名部队指战员、工人、民工、工程技术人员，面对高海拔、严重缺氧、沿途环境差的种种不利条件，以"高寒缺氧无所惧，欲与天公试比高"的英雄气概，用5年时间牵着1080公里的油龙进拉萨，成为源源不断向西藏输油的大动脉。在历经半个多世纪、四上三下的青藏铁路建设中，铁道兵6万多名指战员在青藏铁路第一期工程西宁至格尔木800多公里铁路建设中，先后三上高原修铁路，留下了不朽的诗篇。在青藏铁路格尔木至拉萨段建设中，当年由铁道兵转为中铁总公司工程局的建设者，终于筑起了钢铁"天路"，结束了西藏不通铁路的历史，实现了中华民族几代人的铁路梦想。

激情燃烧的农垦文化，现在已引起格尔木各方面的高度重视，成为弘扬柴达木精神的一个组成部分。从1965年9月到1966年4月，山东8000名知识青年、西宁1000多名知识青年、全国八大军区部分复转军人、支边干部以及家属共1.6万人，在格尔木组建了中国人民解放军生产建设兵团农业建设第十二师，开始了军垦农垦创业历史。这是继慕生忠将军率领进藏部队和筑路员工成为格尔木第一代开拓创业者之后的格尔木第二代开拓创业者，留下了历史的足迹，尤其对格尔木的文化、体育、教育事业发展和培养人才等方面做出了不可磨灭的贡献。格尔木市为了激发正能量，决定建立军垦农垦"一园一馆"。山东和西宁两地老军垦战士积极行动起来，他们翻箱倒柜，将珍藏了几十年的"传家宝"找出来，无偿捐赠，现已捐赠各类物品600余件，其中有不少是珍贵稀缺的。目前，已将格尔木市博物馆二层划出一部分建军垦农垦展览馆，正在设计筹建中，2020年下半年就能开馆。

得天独厚的盐湖文化，在格尔木现已形成气候。中国最大的察尔汗盐湖方圆5856平方公里，氯化钠储量有400多亿吨，氯化镁16亿多吨；还有贵重的锂、溴、碘等矿产，是我国最大的综合性钾镁盐矿床。习近平总书记2016年8月视察盐湖时提出殷切希望："盐湖是青海最重要的资源，也是国家的战略性资源，要制定正确的资源战略，加强顶层设计，搞好开发利用。"察尔汗梦幻盐湖景区重点依托盐湖自然生态和工业文明，充分挖掘、整合、利用丰富的特色旅游资源，以打造国内盐湖旅游第一品牌、AAAAA级旅游景区及世界级高原盐湖旅游目的地为目标，景区以"打造大盐湖、发展大旅游、形成大产业"为目标，突显盐湖文化及其工业文明，打造柴达木循环经济示范区的展示窗口、生态文明建设区的示范平台及青藏线旅游开发的核心支点。形成"生态观光+工业文明+互动体验+赛事活动+科技文化"为主体的旅游产品，以打造青海旅游新的名片为工作主线，将察尔汗盐湖打造成集生态旅游、工业旅游、休闲娱乐于一体的国内外独具一格的高原盐湖风光特色景区，最终打造成为国家丝绸之路战略支点上黄金旅游目的地，助推青藏线国家精品旅游带形成。目前，景区试运行开放的景点为一期工程部分内容，主要包括盐湖博物馆、中心码头、盐田景观、百里水景线、淡水湿地、野生动物等核心景点，整体采用边运营边建设的滚动发展模式。

最后，我们再来介绍格尔木农垦集团，这是格尔木开发建设的四方面军。从慕生忠创建耿藏农场，到创建格尔木农场，再到大办军垦农垦，格尔木已成为青海省一个农业基地。现在格尔木农垦集团为保障当地副食品供应方面已撑起一片蓝天。格尔木农垦集团有限公司其前身是中国人民解放军生产建设兵团农业建设第十二师。历经50多年发展过程，军垦农垦三代人做出了重大贡献。格尔木农场蔬菜生产量占本地区蔬菜生产总量的

70%～80%，市场占有率达30%以上，对丰富居民"菜篮子"，提高本地区居民生活水平，支援国家重点工程青藏铁路的建设等的贡献是有目共睹的。同时，格

山东知青、青海军垦老战士代表在格尔木农垦集团参观交流

尔木农场的农业始终走在青海农垦和本地区的前列，农场依靠农业不仅解决了相当一部分离退休人员费用，而且维护了本地区的安定团结。同时，农场的农业对本市乃至海西地区的农业发展起到了示范带头作用。此外，格尔木市属农业的基础也是由格尔木农场奠定的。从1979年至今，格尔木农场给格尔木市共划出耕地24833亩，其中1979年让出大格勒耕地8312亩用于安置龙羊峡库区农民；1980年为支援阿尔顿曲克区群众发展农业生产，从河西分场划出耕地5357亩；1987年为安置乐都县调庄农民从河西分场划出耕地4148亩；1995年为安置大通县黑泉库区农民，从河东分场划出耕地7016亩。这不仅为格尔木市农业的发展创造了良好的条件，而且对异地扶贫、安置库区移民工作予以了大力支持，为维护全省的安定团结做出了积极的贡献。近年来，格尔木农场依据格尔木市城市规划，对所属的市区土地进行了开发建设。1997年投资900万元建成的青垦集贸市场，2000年又投资300多万元建成了中部市场，投资100多万元完善了北部市场，这些市场的建成，极大地繁荣了本地区的市场经济，同时也美化了城市环境，还解决了格尔木市部分下岗职工再就业问题。据不完全统计，格尔木农场所属的商贸、服务业每年上缴工商费及税金达1000余万元之多。格尔木农场的水利工程在承担自身灌溉任务的同时，承担了格尔木市新乐村、西村、中

村、宝库村4个村的农田灌溉和大部分城市绿化灌溉任务，还承担着格尔木市防洪任务，保证了格尔木市区的安全。近年来，又承担了近3万亩的防护林的灌溉任务。格尔木农场每年投入大量的人力、物力、财力对水利工程进行维修，保证了农田、林地、城市绿化的灌溉需要。

我们毫不夸张地说，当年慕生忠将军"要在柴达木盆地建设起一座美丽的花园"的誓言，在格尔木已经完全实现，格尔木的未来将会更加美好！

（写于2019年9月）

昆仑之恋

昆仑山，是中国第一神山，在中华民族文化史上有着"万山之祖"的显赫地位，古人称为中华"龙脉之祖"。

昆仑山西起帕米尔高原，山脉总长约2500公里，平均海拔5500～6000米，宽130～200公里，总面积达50多万平方公里，跨越青海、四川、新疆、西藏四省区，昆仑河源头的黑海海拔4300米，湖水清瀛，鸟禽成群结队，野生动物出没，一派自然王国景象。在昆仑河中穿过的野牛沟，有珍贵的野牛沟岩画，玉珠峰、玉虚峰常年银装素裹，山间云雾缭绕。位于昆仑河北岸的昆仑泉，是昆仑山中最大的不冻泉，泉水冷冽甘甜，水质透明，被誉为神泉圣水、琼浆玉液。泉池四周由花岗石砌成的多边形图案，中央一股清泉从池地蓦然喷涌而出，如一朵盛开的莲花，又似无声的碎玉撒入一泓清池，然后奔向滔滔的昆仑河。

我从心底敬慕昆仑，到亲临其境敬拜昆仑，没想到历经半个多世纪的沧桑岁月。

早在我上中学的时候，就从课文中读到了昆仑山，听到了有关昆仑山的许多传说，对我这个喜欢文学的少年来说，昆仑山便深深地留存在脑海中。

有幸的是，梦想中的昆仑山，我终于有一天走到了她的脚下，而且一待就是20年，这是何等刻骨铭心的世间情缘。

1965年9月16日，我与600名青海军垦战友，从故乡山东省淄博市博山区出发，踏上了奔赴青藏高原的征程，经过半个月的长途跋涉，于9月30日到达中国人民解放军生产建设兵团农业建设第十二师驻地格尔木，我们是青海军垦的先头部队。在格尔木举行了"十一"国庆节文艺联欢晚会后，10月2日起下到各连队，开始了长达十多年激情燃烧的岁月。

从此，我们就在昆仑山下生活、工作，天天都可以敬慕昆仑，好神圣啊！

我敬慕昆仑的情怀，是豪放的，是深重的，有诗为证。

1966年1月23日，也就是我参加青海军垦4个多月后，在日记中写下《我爱美丽的昆仑山》的诗篇，53年后再一次翻看品味，仍然迸发出一种震撼心灵的冲击力。

> 我爱美丽的昆仑山，
> 它崇高、伟大，
> 雄浑、壮观。
> 昆仑山终年白雪相伴，
> 它的身子从不颤一颤。
> 它抵挡着来自各方的寒冷，
> 给昆仑山下带来灿烂的春天。
>
> 我爱美丽的昆仑山，
> 它崇高、伟大，
> 雄浑、壮观。
> 昆仑山像一名坚强的卫士，
> 耸立在雪域高原。
> 它一直仰首朝着前方，
> 饱经风霜的脸永远不褪美丽的容颜。

我爱美丽的昆仑山，

它崇高、伟大，

雄浑、壮观。

它向大地输送洁白的雪汁，

浇灌着万顷辽阔的良田。

昆仑山的欢笑，

赢来了丰收的画卷。

我爱美丽的昆仑山，

它崇高、伟大，

雄浑、壮观。

我们是昆仑山的儿女，

激情沸腾写下了短短的诗篇。

万山之祖昆仑山啊，

请接受儿女虔诚的亲吻与颂赞。

　　1970年7月的一天，我跟随中国人民解放军生产建设兵团农业建设第十二师一团保卫股干事胡宝玉、畜牧连李连长，深入昆仑山秀沟滩草场执行任务，同时我还有一个采访"为革命甩一辈子羊鞭"的李振远的事迹的任务，这让我领略了昆仑山的壮丽美景，也经历了沿途一个又一个凶险。

　　我们骑马进山，李连长骑马技术好，他的坐骑性烈而强壮，因我头一次远程骑马进山，马虽强壮但温驯。

　　进山的路上，是几十公里的大戈壁，烈日当头，晒得戈壁滩滚烫，大漠沙砾地高低不平，幸好走前都给马上了新掌子，减少了行走的磨损和痛苦。

　　走进昆仑山里，气候明显与大戈壁两个天地，有时突然阴云密布下起大雨；赶了一段路天气又生变，鹅毛大雪纷纷扬扬，大地成了银色世界；

再走一程，冰雹降临，让人无处躲藏，只好把大衣蒙到头上，任凭冰雹轰炸。

路上吃饭，选个有水草的地方，让马地上打几个滚，解解疲乏，然后前腿拴上个绊子，在周围食草。

只见李连长将空铁皮罐头盒装上大米，到河边淘净加水，捡来一些干牛粪，架在火上煮稀饭，香味扑鼻，打开个罐头，吃着烙饼，那叫一个喷香。

夜晚睡觉，把3匹马安置在离我们不远的周围，形成一道防护墙，人在中间和着大衣而睡，四处寂静，凉意浓浓，在似睡非睡中度过了旷野上的夜晚。

一路上没有碰到野兽出没，但看到几个横在地上的野牛头骨，比家牛头骨大多了，想象得出来活牛可是个庞然大物，凶猛无比，这可能是打猎人遗弃的。

还真让我开了一次眼界，在第三天准备翻越一座垭口时，李连长惊呼："快看！前方有野牛！"我们顺着李连长指的方向，一二十里远处，果然看到3头野牛齐刷刷地站立着，头朝着我们久久不肯离去。此时千万不要骚扰它们，更不要开枪吓唬它们，它们要是急了，就会疯狂地发起攻击。惹不起还躲不起，我们迅速逃离了它们的视野。

昆仑山群山连绵，纵横交错，最难翻越的还是海拔6000米左右的山梁，山梁一侧有一处略低的豁口，被称为垭口，时常云雾缭绕，这可不是一般的云雾，是有毒的瘴气，此时翻越垭口会九死一生。

李连长是有经验的牧马人，他看准了一个没有瘴气的时机，带领我们艰难地翻越过垭口，马累得上气不接下气，我们也一屁股坐在地上半晌没有起来。

到了秀沟滩，绿草成茵，一望无际，好像大地铺上了一床大绿毯，空气清新，美不胜收。

我当时不习惯吃肉，这里除了羊肉就是羊肉，吃饭成了大问题。炊事员专门到河里抓了些鳇鱼，拔来野葱，做一道鱼菜，美味可口。

草原上有一条河，我们穿河到对岸，李连长提醒这是一条流沙河，过河要选宽一点的地方，水流得慢，泛起来的沙子少，会减少过河的危险性。

只见李连长已来到河边，他为我们过河做示范，勒住马缰绳，两腿夹紧马肚皮，用脚后跟不断拍打马肚子，马在河里拼命地起落，李连长身上落了不少水花。在李连长引导下，我们也闯险过了河。这一次昆仑之行，给我留下了难忘的记忆。

我在新华社青海分社干记者的时候，因为采访三条"天路"，来来往往经过昆仑山不下十次，还真没有停下来好好欣赏昆仑美景。

昆仑情未了，著书铭心志。54年前，为巩固西北边防，维护民族地区的安定团结，支援老少边穷地区的经济建设等特殊需要，从1965年9月到1966年4月，山东济南、青岛、烟台、潍坊、淄博、济宁、德州、枣庄8个城市8000名知青和1000多名青海西宁知青参加了中国人民解放军生产建设兵团农业建设第十二师师，还有全国八大军区部分复转军人、支边干部以及家属共计1.6万人。

磨炼是人生的一部书。八千山东知青为柴达木的开发建设奉献出了青春年华。他们无愧为强者，少者在柴达木十年八年，最多的40年左右，少数人至今还留在格尔木农垦集团，真是献了青春献子孙。后来他们又返回山东原籍再就业，成为铁哥们战友。正是因为历经艰难困苦，兵团战友非常珍惜两点：一是大苦不倒，知足常乐；二是患难之交，越交越亲。现在，兵团战友五年一大聚，一年一中聚，有的月月一小聚，成了晚年生活的一大乐事。

阔别青海后，战友们始终忘却不了令人魂牵梦萦的柴达木以及青藏高原，这里留下了他们的酸甜苦辣咸，倍加珍视在此环境中凝聚成的牢不可破的军垦战友情。每逢朋友相聚时，大家无论干何事业、无论处在何种环境，只以军垦战友相待，显得无拘无束无隔阂，这种情感甚至在他们的后辈中传承。这就是当今难得的军垦情缘一方净土。

为了纪念这段人生刻骨铭心的记忆，2015年7月举全师之力，编撰出版了《曾经昆仑——青海建设兵团50周年纪念文集文字集》（527页）、《曾经昆仑——青海建设兵团50周年纪念文集照片集》（407页）两本一套书。我是本书的编委之一，此书收录了我近13000字的《重返青藏高原让我三次挥泪》文章，全文倾注了我刻骨铭心的情感。

2017年6月，举一团之力编撰出版了《梦萦昆仑——青海建设兵团老一团战友文学集》（463页）、《梦萦昆仑——青海建设兵团老一团战友影照集》（275页）两本一套书。此书收录了我的6篇文章：《王世新：青海兵团唯一的烈士》《刘荣琴：一生献给青海高原》《姜志光：用生命书写西部大爱》《李振远：愿甩一辈子羊鞭》《徐光柱：我的好兄弟好战友》《坐上"天路"列车去拉萨》。

2018年4月，我突发奇想，师、团分别出了一套《曾经昆仑》《梦萦昆仑》纪念文集，我们一团六连是全师唯一烈士王世新的英雄连队，能不能出一套《魂牵昆仑》纪念文集，可以圆"昆仑三部曲"之梦。

我的提议立即得到连队战友的一呼百应，大家纷纷拿起多年放下的笔，用满腔的热情，用流淌的心声，用笔下有乾坤的文采，写出了一篇篇好文、美文。从2018年4月15日启动，到征稿、编撰、印刷，直至8月底新书出炉，仅仅用了4个半月，出品《魂牵昆仑（文集）——献给英雄的青海军垦一团六连》（516页）、《魂牵昆仑（影集）——献给英雄的青海军垦一团六连》（438页），可以说

张荣大主编的《魂牵昆仑》（文集）（影集）

是神速！2018年9月16日在博山举行庆祝活动，300多名战友参加，欢聚一堂。现在此书一本难求。

我的昆仑情结源远流长54年，在青海军垦工作的八年半，以昆仑山下的格尔木为家，调到新华社青海分社干记者的12年，以柴达木为采访根据地，尤其采写的三条"天路"——青藏公路、格拉油路、青藏铁路，曾在昆仑山采访或路过昆仑山不下十次，但都是以采访为重，匆匆而过，写了大量有影响的报道和文章，但对最美昆仑玉珠峰却没有驻足一饱眼福。

功夫不负诚心人，2019年8月我与28名青海军垦战友受格尔木市邀请，从山东济南、青岛重返第二故乡格尔木参加了昆仑文化旅游节，并于6日中午与来自本省和外省的200多位专家学者及众多游客参加了"2019·格尔木昆仑山敬拜大典"仪式，我作为贵宾出席，青海省海西州电视台还在现场采访了我。我深感，昆仑山是中华民族的象征，有"国山之母"的美称，自古以来编织出了许多美丽动人的神话传说，千百年来为国内外道教教徒及游客神往。青藏公路、青藏铁路均从玉珠峰下通过。近年来，格尔木市始终以高度的文化自信、文化自觉，紧紧依托昆仑山和昆仑文化的特殊渊源，挖掘昆仑文化内涵，宣传推介旅游资源，打造昆仑文化品牌，尤其连续多年举办昆仑山敬拜大典，吸引了世界各地游人来到昆仑山朝圣还愿、拜祖祈福，进一步提升了昆仑文化在海内外的影响力、知名度、认同感。

"2019·格尔木昆仑山敬拜大典"仪式现场

我们来到敬拜大典的现场玉珠峰的脚下西大滩，这里海拔4300多米，昆仑山东段最高峰玉珠峰近在咫尺，海拔6178米，山峰顶部常年被冰雪所覆盖，山间有多条冰川冰舌下探，那条一望无际的冰雪冰川带像一条洁白的哈达横空出世，叹为观止。亲临其境，受到了一次圣洁的洗礼。

敬拜大典现场，全场肃立，鸣礼炮36响，寓意中华传统吉祥万福，表达中华儿女对伟大昆仑山的崇高敬仰和无限尊崇。礼乐声中，身着古典礼服的男女礼仪队员高举旗幡，手提百果花篮，手捧哈达、宝瓶圣水、五谷以及青稞酒，依次走上祭台敬献，嘉宾高声诵读祝文，各民族演员献上祝福的歌舞。

格尔木市副市长李晓兵在敬拜大典上致辞时说，昆仑文化是青海的，更是中国的，同时也是世界的。举行昆仑山敬拜大典，旨在通过传统礼仪的形式，感受博大的昆仑文化、颂扬伟大的中华民族，这对于弘扬优秀传统文化、提振中华民族精神具有十分重要的现实意义，为实现中华民族伟大复兴的中国梦提供强大精神力量。

随后，现场全体人员向昆仑玉珠峰三鞠躬，排队敬献哈达，祈愿国泰民安、五谷丰登、生活幸福。

我手捧洁白的哈达，怀着崇敬的心情，一步一步缓缓地登上敬拜神坛最高层，凝视昆仑玉珠峰片刻，心中默默许愿，深深三鞠躬，献上洁白的哈达。我还将贡放的五谷挨样捏了一点，捧在手上。回家珍藏，会带来平安吉祥。我还从沙滩上捡了一块昆仑石，这可是难得的缘分。

我在青藏线采访的十多

青海省海西州电视台现场采访张荣大

年中，慕忠将军率领的"青藏公路筑路大军"，在昆仑山曾演绎过惊天地、泣鬼神一段生死恋的传奇，让我至今难以忘怀。

1950年10月16日，人民解放军开始向西藏进军。第二野战军第十八军一部，在青海骑兵支队和第十四军1个团的配合下，进行昌都战役，共歼5700余人。10月19日解放昌都，打开了进军西藏的大门，为和平解放西藏奠定了基础。

西藏地方政府中的少数反动分子得到外国反动势力的支持，他们视高山大川、交通闭塞为王牌，采取经济封锁，挑拨藏族同胞不卖给进藏部队任何东西，以幸灾乐祸的心情窥视着我进藏部队的一举一动，扬言要把解放军饿绝困死。

党中央英明地预见到西藏紧张复杂的局势，毛泽东同志发出指示："进军西藏，不吃地方""一面进军，一面修路"，在千里险峻的川藏线上，成千上万人风餐露宿，沐雨栉风，夜以继日地筑路。先遣部队进驻拉萨的第10天，就拿起镐头开荒种地。

中央极其关注西藏的局势，决定采取非常措施，不惜付出大的代价，用骆驼向西藏运粮，以解燃眉之急。

1953年8月，西藏骆驼运输总队宣布成立，大本营设在青海省香日德。慕生忠被任命为总队政治委员。

在短时间内，2万多峰骆驼，也就是说，当时全国将近1/10的骆驼，迅速集中到千里风雪运输线上，内蒙古、宁夏、甘肃的1000多名翻身农民，阔别了家乡父老，离开了妻子儿女，抛开了刚刚建立起来的幸福小日子，拉着骆驼上高原，在一个特殊的地理环境中，担负起了一种特殊的运输任务。

然而，"沙漠之舟"毕竟不适应高寒气候，不适应风雪青藏运输线的恶劣环境，这里缺少它们的生存条件。到1954年春，8000峰骆驼死在运粮路上，骆驼的总数损失了1/3。

正当骆驼大批死亡的消息从运输线上频频传来时，慕生忠时常停留在通往昆仑山口的一座山前冲刷地段发愣，心急火燎地踱来踱去，迫不及待地琢磨那条从青海通往西藏的"路"。他猛地折断一根红柳条，拿在手中使劲地摆弄着，用手指漫不经心地抠着树条的皮和肉。抠了一层又一层，忽然，一个念头迅速闪进脑海里：看红柳的年轮，不是能够计算出它的年龄吗？只要知道了红柳的年龄，就可以判断这一带已经多少年没有被洪水袭击了，能不能修路就可以下决心了。慕生忠折了几根红柳枝条不厌其烦地抠来剥去，最粗的竟然剥了60多层才见到心。慕生忠横下一条心，要从这里向西藏修路了。

在周总理和彭总的支持下，度过漫长寒冷的严冬，春天终于来到了世界屋脊。1954年5月11日，青藏公路在格尔木正式破土动工了。

天涯涧，达布增河和嘎果勒河汇合处，位于格尔木河上游，两水合并成一河后称为昆仑河。这里像大地裂开的一条窄而深的大缝，上方宽七八米，涧底非常狭窄，深达30多米。俯视沟底，令人头晕。站在河谷前会让人有一种错觉，那涛声仿佛是来自高空，在天际的深远处甚至更深远处放肆地喧嚣着，急流凶猛地撞击着岩石向前奔腾，一个浪头，一声闷雷。迎面有一个险要的石嘴子拦路，青藏公路要跨越昆仑山，必须在这里架起一座桥。别无选择！

青藏公路穿越十几道河流，天涯涧是唯一必须架桥的地方，其他河流上都是修的过水路面。天涯涧虽说仅仅七八米宽，可当时技术力量奇缺，建桥材料达不到标准，这桥架起来就难上难了。

慕生忠像催命一样来到工地，他把从兰州刚刚拉来的9根木料一起运到工地，紧急组织在天涯涧上架桥。

慕生忠把筑路大军的技术干部和有一技之长的工人紧急抽调到天涯桥工地，召开"诸葛亮会议"，有何畏、张震寰、郝嘉运等。几个人经过反复琢磨，制定出了在最窄处的两岸石崖上凿出一条石槽，再插上木桩子架桥，同时打掉石嘴子的施工方案。

开工3天后，曾经参加过修筑甘新、青新、青康、宁张等公路工程的工程师邓郁清才急三火四地转辗兰州、西宁，匆匆来到了昆仑山。慕生忠当即向邓郁清下了一道死命令："咱也不见外，3天之内必须架好天涯桥，我的汽车要过河！桥如果修不通，在前面打前站的工人就要饿肚子了，我就要拿你是问。"

邓郁清来工地前，慕生忠和战士们已经七拼八凑地描画出了一个修桥的草图。他来到修桥工地后，看到架桥的位置选得也比较合理，引道也修好了，尽管精度有点欠缺，基本轮廓还是出来了，邓郁清认为这些先前工作为架桥赢得了宝贵时间。

摆在人们面前架桥的最大的问题是，准备修桥用的那些松木，一共9根，每根长9米，而河的口岸也是9米，长度不够，真是"武大郎攀杠子——上下不够头"，这怎么能在河口岸上架桥呢？

架桥方案终于敲定了，在两岸斜坡的石壁上，各凿出一块与桥面同样宽的平台，再给每个平台上凿出5个石窝，栽起5根木桩做顶柱。这样，顶柱上端就离开岸边1.5米左右，两边相加是3米。原先9米宽的沟岸经过这一番刨制就缩短了3米，变成6米。然后，在立柱与岸坡之间的夹角里填满石头。9米长的松木就能宽宽绰绰地搭在上面了。这个做法符合直角三角形的勾股定理。桥，按慕生忠要求的时间3天修成了。

在过车试桥时，慕生忠力主重车过桥，而且把坐到驾驶室准备试车的邓郁清拉下车，自己坐到驾驶室里，对邓郁清说："没错，我们是要试桥，可是哪一个人叫你坐车了？我慕生忠下过这个命令吗？桥是你设计是你造的，你不指挥着车过桥难道让我这个外行指挥？快下来，到对岸看着桥，看着车，司机听你指挥。"

就这样，第一辆汽车安全地过了桥。慕生忠好像打了胜仗似的满面喜庆地从车上下来，他高高地举起手让第二辆汽车上桥。第三辆、第四辆……一直到10辆汽车全部都徐徐地安稳地从桥上走过去，慕生忠那只高高举过头顶的手才放了下来。

当第10辆汽车一驶过桥，大伙儿那个高兴劲像井喷一样冒了出来。慕生忠狂喊一声："拿家伙，庆贺！"于是，锅碗瓢盆全都成了发泄欢乐的乐器。你敲得狠我比你砸得还狂，平时从不张嘴唱歌的人这时竟然也没曲没调地扯开嗓子喊唱。慕生忠逐一地拥抱着每个人，嘴里重复着一句话："昆仑山里有桥了！青藏线上有走汽车的第一座桥了！"

邓郁清和慕生忠紧紧地搂抱在一起，大哭起来。

桥修起来了，叫什么名字呢？

慕生忠没有犹豫，脱口而出："就叫天涯桥吧！"只有亲身体验过这种"天之涯，地之角"处境的人，才会说出这样的名字。

那是青藏公路通车两年后，陈毅元帅率领中央代表团进藏路过天涯桥，把桥改为昆仑桥。

公路修上昆仑山，地势已经升高到4800米。慕生忠带上几个人，向昆仑山口的最高处走去。快要上到山头的时候，人们都累得张口气喘，一屁股坐到地上不愿动了。慕生忠这个43岁的壮汉子，比小青年们劲头还足，他没有停下来，又坚实地跨出12大步，便登上了山顶。慕生忠把昆仑山称作"十二步山"，含有明显的藐视困难之意。

昆仑山，是中华民族的骄傲。古往今来，有多少美妙的传说为昆仑山增添了神秘色彩，又有多少文人墨客著文吟诗为之放歌。相传王母娘娘曾在昆仑山里举办过盛大的蟠桃会，款待天下各路神仙；白娘子为救情人许仙，曾冒死闯入昆仑深处

天涯桥

盗取灵芝仙草。今日，慕生忠将军登上昆仑，既无游玩雅兴，又非寻私而来。他是聚集无私无畏的筑路英雄们，为西藏各族人民奋力在青藏高原的脊梁骨上开辟一条通向幸福的大道。

慕生忠站在山口高处，极目眺望起伏的昆仑群山。薄如蝉翼的柔柔云雾，深情地缠绕山山谷谷。银光闪烁的雪山，沐浴在金光璀璨的阳光下，分外妖娆。慕生忠贪婪地呼吸清新的空气，陶醉在大自然纯朴的美景中。

凡是熟悉慕生忠的人都知道，慕生忠只念过几年私塾，算不上有文化的人。但他触景生情激动起来时，就有出口成诗的本事。尽管他作诗称不上高雅之作，有的乍看平白如水，可这是将军宽广胸怀的袒露，炽热情感的迸发，革命乐观主义精神的表述。筑路工人喜欢慕生忠的诗，每作出一首，工人们就传诵开来，有的诗还配上曲子在工人中间传唱。筑路工人们说，慕生忠将军的诗，是我们筑路工人心中的歌。

随同慕生忠一起登上昆仑山口高处的工作人员，急切地盼望将军今天登上昆仑能有佳作问世。谁料想将军的情绪有点不同往常，诗迟迟没有从他口中吟出，倒是蹦出了一句深沉的话："这块地方不错，站得高看得远，假如我死在青藏公路上，就把我埋在这里吧。"

公路修上昆仑，本来是将军和筑路工人朝思暮想的事，今天希望变成现实，为什么不说些愉快的话助兴？同志们一时还难以理解慕生忠此时此刻的心情。

其实，对于死，慕生忠早在20岁时就曾认真思考过。他说，人生的死大致有三种：老死、病死、战死。他不甘心白白老死、病死，情愿死在战斗的岗位上。

慕生忠不仅这样想，而且这样做。1930年，他不堪受地主的残酷压迫与剥削，冒死投身革命，他立志跟着共产党打天下，铲除世间不平，与反动势力决一死战。自参加革命，他出生入死几十年，早把生死置之度外了。1932年底，慕生忠与几个同志一起在陕西吴堡拉起了一支革命队伍，在短短20多天内，他们提着脑袋，冒着随时杀头的危险，策动了国民党六支零星武装兵变，名声大震。当年在吴堡县一提起慕生忠的化名"老艾"，群众就会赞不绝口，敌人就会闻风丧胆。尤其是1935年，他这个游击队的司令员只带17个人，夜渡黄河，深入敌占区骚扰敌人，把阎锡山的6个团闹得神魂颠倒，惶惶如惊弓之鸟。慕生忠先后担任过县委书记、游击队司令员、红五团政委、陕北省委委员和宣传部部长，第一野战军民运部副部长，50年代他被授予少将军衔。这光荣的历史，是慕生忠出生入死、屡建奇功的写照。

要是人们真正洞察到慕生忠感情深处的奥秘，会完全理解他"昆仑山上选墓地"的苦心。在世界屋脊上修筑公路，是一件冒险的事业，高寒缺氧，环境恶劣，生活艰难，死神随时随地都盯着人们。一个生死关头拼过去，更大更多的生死关头还在前面。不抱定誓死必胜的信念，不置之死地而后生，公路怎能飞向昆仑，飞向拉萨？这就是慕生忠的大将之气、成事之本。

活着，"心"在青藏公路；死后，"魂"留青藏公路。

修路时，慕生忠曾在铁锹把上刻下"慕生忠之墓"。他说，如果我死在这条路上了，这就是我的墓碑。路修到哪里，就把我埋在哪里，头冲着拉萨的方向。

慕生忠晚年时曾向家人深情倾诉，他百年之后，能实现自己的夙愿，将他送到昆仑山上，让他与青藏公路相伴，听着滚滚的车轮声，幸福地长眠。

1982年8月13日，慕生忠将军穿着发白的旧军服故地重游朝思暮想的格尔木。满头银丝的将军在格尔木农场总场久久不肯离去，他向当地领导询问了水电站的情况，又到基层单位慰问，还与大家亲切合影。据当时与将军见过面的人回忆，将军平易近人。

慕生忠还寄希望于后来人，题字勉励。

1993年8月，83岁高龄的慕生忠将军再次来到他魂牵梦萦的格尔木，他走遍当年战斗过的每一个地方。在将军楼前，慕生忠将军没有说一句话，只是默默站了10分钟后就离开了。离开格尔木时，慕生忠将军留下了这样的话："这次可能是我一生中最后一次来青藏线了，如果有一天马克思要见我，我一定还会回到青藏线！"这也是老将军在格尔木留下的最后声音。

及至晚年的慕生忠将军，身体衰弱，腿脚不便，走路时拖着灌铅般的腿，而那暴凸的虬枝般的血管，就是跳进冰水筑路时留下的纪念。他站起来已经有些吃力了，但是，他顽强地支撑着腰肢，每天都会扶墙站在一幅地图前久久凝视。女儿说他总是拿着一支笔在上面比画着青藏公路。有一次他跟家人说："我找到了安睡的地方，等我死了以后，就把我埋葬在青藏公路沿线的昆仑山顶上，听着滚滚不断的车轮声，我才能幸福地长眠。"

1994年10月19日，慕生忠将军因病医治无效在兰州逝世，享年84岁。

10月28日，遵照老将军生前的遗愿，他的8位子女全程护送将军的骨灰，踏上了将军魂牵梦萦的青藏线。格尔木军民隆重地为将军举行公祭大会，缅怀他为修建青藏公路和开发建设格尔木做出的不朽功勋。

儿女们和有关人员又护送骨灰来到当年将军亲自督战的昆仑山口，了却将军生前选好昆仑山就是自己墓地的夙愿。

雪域高原充满神奇，茫茫昆仑博大胸怀。在离天最近的地方，天空蓝得那么清澈，既高又深远。云是一片一片，一缕一缕，时而如一条飞龙凌空而动，时而又变成各种鸟兽穿梭往来，不断变化出千奇百怪的造型。这蓝天白云，如梦似幻的仙境、充满神秘色彩的天堂。这里气候异常清爽，贪婪地吸上一大口甜丝丝的新鲜空气，就会把你的五脏六腑洗得干干净净。

海拔4767米的昆仑山口，一幅蓝天白云的水彩画美轮美奂，仿佛以极大的热情迎接慕生忠将军这位雪域高原赤子的归来。

将军的大名，在拉萨，在西宁，在香日德，在格尔木，在昆仑山，在唐古拉山，在藏北大草原，在2000公里青藏公路线上大大小小的食宿站和道班房，一直被人们广为传颂，受人拥戴。青藏高原的各族人民不会忘记您啊，领导修建震惊中外的青藏公路的慕生忠将军。

南来北往的上百辆汽车停了下来，人们自动地加入了祭奠将军的行列。

慕生忠的孩子们捧着将军的骨灰，来到了将军生前奋战过、死后要埋葬的地方昆仑山。天高地阔，浑然苍茫。没有风，也没有乌云。天空难道不会为他们的父亲离去而显出丝毫悲伤吗？慕青峰只感到天地之大，生命之渺小。

二儿子把将军的遗像郑重地安放好，大儿子慕青峰从车上拿出两瓶平时将军老人最喜欢喝的甘肃凉州皇台酒厂出产的皇台酒，慢慢打开瓶盖，面对雄伟肃然的昆仑山，双手恭恭敬敬地把酒瓶举在头顶，仰望天，心潮涌，口未开，泪先流：

"爸爸，您在世时，为了您的身体，每次您喝酒时，妈妈总是背着您在酒里掺矿泉水，请您原谅。爸爸，今天您回到昆仑山，回到青藏线，您就畅怀喝喝这醇香的家乡酒，一醉方休吧……"

醇酒洒在昆仑厚土，将军的骨灰撒向苍茫高天。

然而，当孩子们哭成个泪人时，将军骨灰撒向的那片高原大地，刚才还是万里晴空，猝然间竟然天昏地暗了，转眼间纷纷扬扬飘起了鹅毛大雪，遮天蔽日，雪越落越厚，大地变成了银色世界，将刚刚撒下的骨灰严严实实地覆盖了。崇山峻峰披上了银装，整个昆仑大地犹如顶天立地的挽幛，一片肃穆，一片悲情。这是苍天动容，为将军西行送一程。

慕生忠将军骨灰撒在昆仑山口，朝夕与魂牵梦萦的青藏公路和青藏铁路相伴

上百辆汽车喇叭齐鸣，旷野颤动了，昆仑颤动了，这是高原军民在向老将军呼唤致哀。

埋下将军骨灰的地方没有立碑，更无碑文，但是将军情有独钟而阅尽人间春色的昆仑山就是一座丰碑，将军长眠陪伴的千里的青藏公路就是为将军树立的丰碑。

这壮阔场面让人永世难忘。

将军骨灰安葬昆仑十几年后，青藏铁路全线开通，而将军洒下骨灰的地方正处在公路与铁路之间，将军长眠在这两条"天路"之中，终日听惯了火车和汽车的鸣笛声，一点都不会寂寞，快乐将永远伴随着将军。

（写于2019年8月）

阿尔顿曲克草原见闻

自从青藏铁路第一期工程铺轨到终点站格尔木后，这座戈壁新城更加充满了生机，记者来这里采访就更勤了。

8月，是格尔木阿尔顿曲克草原最绿最美的时节。肥嫩的牧草铺盖着大地，各色各样的小花缀满原野。在那绿色海洋的深处，羊群像白云般浮动，一顶顶毡房、一排排新屋星罗棋布，把辽阔的草原打扮得如画似锦。这里就是格尔木市阿尔顿曲克哈萨克族自治区。

阿尔顿曲克，是哈萨克语，译成汉语是"金峰"的意思。青海省是多民族聚居的省份，其中少数民族约占全省人口总数的37%，主要少数民族有藏族、蒙古族、回族、土族、撒拉族和哈萨克族。在这6个少数民族中，哈萨克族人数最少，仅有1400多人，他们居住在美丽富饶的阿尔顿曲克草原上，现已有120多人到机关和工厂当了干部和工人。汽车载着我们出了格尔木市向西奔去，过了10多分钟，便看见公路旁边的一个小四合院，门前挂着用哈、汉两种文字书写的牌子：格尔木市阿尔顿曲克哈萨克族自治区人民政府。

院内静悄悄的，没有人走动。我们敲了几个办公室的门，也没有听到动静。正当我们不知所措时，从妇联办公室走出一位女同志，她热情地向我们打招呼说："同志，请问你们找谁？"我们向她说明了来意，她抱歉地说："你们来得太不凑巧，我们有两个领导去海西州开会了，其他干部也都到基层去了，在家的阿里哈乃副区长不知上哪里去了，你们是不是改日再来？"

　　我们走出了区政府小院，看到前面不远的地方就有一片帐房。有人建议，我们不应该白跑一趟，干脆自己去访问一下哈萨克牧民家庭。于是，我们朝帐房走去。几位牧民正在忙碌着整理捆扎剪下的羊毛，一些妇女在用牛毛绳子编织新帐篷，孩子们欢乐地追逐玩耍。有一个牧民家庭像是刚刚买回新家具，几个人正往屋里搬沙发⋯⋯

　　我们几个汉族干部的突然出现，自然引起哈萨克族牧民的注意。从捆羊毛的人群中站出一个身体魁梧的中年人，朝我们走了过来。当他得知我们是来访的记者时，热情地伸过粗大的手，自我介绍说："我叫阿里哈乃，是哈区的副区长，欢迎你们来做客。"刚才我们还发愁找不到一个熟悉情况的干部，想不到在这里巧遇阿里哈乃副区长，大家都很高兴。阿里哈乃揭起门帘，把我们让进了一个大帐房。

　　阿里哈乃在西北民族学院预科班读过书，1981年担任了阿尔顿曲克哈萨克族自治区副区长，是一个熟悉情况而又性格爽快的人。大家盘腿坐在地毯上，一边品尝着香喷喷的奶茶，一边听阿里哈乃向我们介绍情况。他告诉我们，阿尔顿曲克草原是畜群的"冬窝子"，每到夏季，大部分羊群都赶到100多公里外的昆仑山秀沟草原去放牧，到9月底才下山。阿里哈乃说，自党的十一届三中全会之后，阿尔顿曲克草原喜事可多哪。牧业实行了大包干，畜群和草场都包给了家庭和个人，群众积极性越来越高，这几年牧民不愁吃，不愁穿，手头宽裕多了，一个牧民家庭一年至少收入2000多元，多的达6000多元。20世纪60年代，哈萨克牧民家家有了收音机、缝纫机、手表，现在人们的眼光高了，有一半的家庭新添置了录音机，还有的买了电视机。全区的学龄儿童都进了寄宿学校。牧民们劳动之余，可以到区办的文化游艺室去阅读图书杂志，打乒乓球。每逢佳节全区都举办赛马、拔河、摔跤、"叼羊皮"、"姑娘追"以及射击、弹唱歌舞等文娱体育活动，哈区牧民开始走向文明富裕的新生活。

　　阿里哈乃谈起家乡的变化，言语间洋溢着自豪的感情。是的，现在的哈萨克族牧民是幸福的、快乐的。我们记起了在阿尔顿曲克草原观赏过的一次节日牧民运动会的情景。运动会上最受欢迎的表演项目就是男女青年表达爱情的"姑娘追"。只见一对身着哈萨克节日盛装的姑娘和小伙子，骑马并肩而去，他们边走边热情地交谈，小伙子显得很殷勤，姑娘却那样稳重。大约走出1000米，突然看见小伙子掉转马头往回奔驰而来，姑娘也纵马折回。小伙子在前面拼命地跑，姑娘在后面拼命地追，追着追着，姑娘追上了小伙子。姑娘扬起手中的马鞭向小伙子抽去。只见马鞭高高扬起，落下却是轻轻的。从姑娘的马鞭扬起落下的轻重分析，这对情人谈情说爱进展顺利，如果姑娘不喜欢这个小伙子，她可以用鞭子抽打小伙子，而小伙子不得还手。看那姑娘扬鞭打小伙子只不过做个样子而已，便知道姑娘爱上了这个小伙子，她怎么舍得抽打自己心爱的人，怪不得人们说"姑娘追"是"鞭子下的爱情"，一个愿打，一个愿挨。当这对青年男女喜笑颜开地并排跑回会场时，笑声和掌声响彻了原野。

"姑娘追"由来已久。相传，从前有一个部落的首领，要为自己心爱而又漂亮的女儿选女婿，挑了多少个都不中姑娘的心意。姑娘希望嫁给一个最好的骑手，她要求父亲让她在赛马场上挑选自己心爱的人。于是，首领召集了全部落的年轻骑手。人们看到首领女儿骑了一头雪白的骏马，突然纵马飞驰而去，大约跑出2里路的样子，首领向骑手们说，谁要是追上他的女儿，就把女儿嫁给谁。小伙子们纷纷跳上马，争先恐后地去追赶首领的女儿。在姑娘眼看就要回到她父亲眼前时，有一个英俊的小伙子追上了姑娘。首领当众宣布，把女儿嫁给了这个勇敢的骑手。就这样，"姑娘追"成了哈萨克族青年表达爱情的特殊方式。现在，经过改进，它也是草原上一项受欢迎的体育活动。

草原上的青年人有自己的乐趣，那么，老年人生活又过得怎么样呢？阿里哈乃告诉我们一件新鲜事：现在哈区已经实行了牧民退休制度。女牧民55岁、男牧民60岁，就可以享受退休待遇。牧业大队为每个退休老人安排一间新盖的砖瓦平房，每月发给20元生活补助费，还分给奶牛和乘马，人老了也不愁生活没保障。现在，全区已有50多位老人享受了退休待遇。

阿里哈乃见我们对这件事很感兴趣，便带领我们到阿拉尔一队退休牧民居住点去，让我们亲眼看看老人们过的舒心日子。

绿茵茵的草地像漂亮的地毯。我们驱车缓缓行进在草原的便道上。望着远处层峦叠嶂的冰雪昆仑，我们不由得想起曾经听到的一段往事。

"听说旧社会反动派逼得哈区牧民走投无路，逃到昆仑山里过着野人般的生活……"

"是啊，那是不堪回首的年月！"阿里哈乃听了我们的话，脸色阴沉了，"阿尔顿曲克草原上的哈萨克牧民，老家在新疆的阿勒泰地区。1934年前后，奋起反抗反动军阀盛世才的残酷压迫，遭到了血腥镇压。一部分牧民死里逃生，背井离乡，携儿带女，骑着骆驼，赶着牛羊，越过千里戈壁，流落到柴达木盆地。可是，青海的反动军阀马步芳同样不容许逃亡的哈萨克人生活下去，他挑拨蒙古族牧民和哈萨克族牧民的关系，频繁地制造民族纠纷，还派出重兵围杀哈萨克人。万般无奈，有些哈萨克人逃进昆仑深山，住在洞穴里，身上披着兽皮，靠打猎和摘食草籽野果为生。有些哈萨克人又逃亡他乡。从1934年到1948年的10多年间，青海的哈萨克族人口就减少了90%。那时流传着这样一首辛酸的歌：'白杨树被砍倒了，白杨树的叶子枯萎了，哈萨克人踏遍了深山积雪，流浪的生活没有个头了。'新中国成立后，党和人民政府派人把流浪在青海各地的哈萨克人找了回来，安置在水丰草茂的阿尔顿曲克草原上。政府拨了60万元救济款，给牧民购买了8000多头牛羊、1万多公斤种子和数千件生产工具，从此哈萨克人才建立起了幸福的家园。在哈萨克族群众的心目中，只有共产党，才是救命恩人！"

充满血泪的回忆、发自内心的感情，深深地感染了我们。说话间，我们不知不觉地已经来到了阿拉尔一队退休牧民居住点。在一个高山台上，有一排排崭新的平房，屋前是几顶帐房。牧民们住进了新居，老帐房已经改作厨房或储藏室。屋两旁的牲口圈里喂养着马和奶牛，草原上游动着羊群。

我们来到加纳德力老汉家门前，热情的女主人玛力亚迎了出来。当玛力亚知道我们是来访的记者时，用不流利的汉语说："欢迎你们！"老人的室内清洁整齐，陈设讲究，有桌椅、木箱，还有橱柜，床上摞着一大叠被褥，墙上挂着崭新的壁毯，看来老两口的日子的确过得挺舒心。转瞬间，玛力亚已经在地毯上摆好酸奶子、奶酪、油炸果子、奶茶。阿里哈乃见我们客客气气，便开玩笑说："来到我们哈萨克人家做客，主人请你吃东西，你要是推辞，那可是不礼貌啊！"于是，我们便毫不客气地品尝起哈萨克族牧民家庭的美味。我们问玛力亚老人："平时能吃上这些好东西吗？是不是专为招待客人准备的？"老人听懂了我们的意思，爽朗地笑着说："现在生活好了，有两头奶牛。现在人老了，不愁没有好东西，就愁吃不下好东西了。"我们又打问加纳德力老人怎么没在家，玛力亚说："日子好了，人高兴了，他嫌在家里闷得慌，今天一大早就骑马到格尔木逛新城去了。"

听了玛力亚老人的话，我们都会心地笑了。

（1982年8月写于格尔木阿尔顿曲克）

风火山传奇

风火山，又称隆青吉布山，海拔5000多米，地处可可西里东南，是昆仑山南麓的一支，距离青海省格尔木市区380公里。风火山高寒缺氧，环境潮湿，山麓周围全是终年不化的永冻层。其主峰托托敦塞为冰斗冰川。在冰川的作用下，这里的许多石头形成奇形怪状的石碑林和石海。风火山山体呈红褐色，如熊熊烈火反复焚烧过一般，堪称地质一绝。

青藏公路、格拉油路、青藏铁路都横穿风火山地带。

风火山的名字，还是当年领导修建青藏公路的慕生忠将军起的，中间经历了一段艰难曲折的过程。

西藏虽然和平解放，但西藏地方政府中的少数反动分子，得到外国反动势力的支持，扬言要把解放军饿绝困死。

1953年8月，中央决定成立西藏骆驼运输总队，慕生忠被任命为总队政治委员。2000多名驼工赶着2.7万峰骆驼，在两年的时间里行程上万里路，把几百万斤粮食和其他物资运进西藏，对缓和西藏的紧张局势，稳定军心民心，做出了卓越的贡献。

然而，也付出了沉重代价，有8000峰骆驼死在运粮路上。一块山体红褐色的长长的大山峡谷，本来是骆驼队来往的理想走廊，后来成了骆驼的"墓地"。几百峰骆驼饥寒交加倒毙在峡谷中，横七竖八，惨不忍睹，粮食等物资弃之路旁，整个峡谷弥漫着难闻的臭气。这里原来是个无名地，后来慕生忠起名风火山。

　　慕生忠下狠心要修青藏公路，彭总从人力、物力、财力上大力支持，不但鼓励支持他尽快修通青藏公路，还给他下了修通敦煌到格尔木的公路的军令状。

　　于是，慕生忠来到可可西里粮食转运站，他与站长齐天然同车前往工地，急切地想抽个合适的机会向齐天然摊牌，让齐天然担任此大任。

　　汽车沿着新修的公路奔驰，公路漫长得好似没有尽头。一路上，慕生忠和齐天然聊得好热乎，他们的话题仿佛比这新修的公路还要长。

　　齐天然原是国民党胡宗南部的一名少将师长，解放战争后期率领部队起义。1951年，他跟随西北支队进藏，不久到西藏工委驻西安办事处负责采购进藏物资，经他手采购了大量的医药、布匹、绸缎、机械等商品，对稳定和平解放不久的西藏局势做出了一定的贡献。1953年，他又调到西藏骆驼运输总队，他曾跑遍宁夏和内蒙古，购买了11400多峰骆驼，并担任了二大队队长，领导驼工抢运了成千上万袋粮食，为西藏胜利渡过非常时期立了功。1954年，慕生忠领导修建青藏公路，齐天然又被安排在条件艰苦的可可西里粮食转运站当站长，工作任劳任怨，干得十分出色，深受慕生忠信任。慕生忠欣赏齐天然不管干什么工作都千方百计干好的负责精神，齐天然敬佩慕生忠无论做什么事情誓死也要做成的高尚品德。

　　汽车载着他们登上可可西里地区的一座高山，这里给人们第一个深刻的印象是风异乎寻常的大，狂风一起，刮得飞沙走石，像是要把大地一层一层地掀掉似的。然而，这里也是一个景色优美的地方，满山的石头和土壤，似血，似火，与蓝天白云交相辉映，分外光彩夺目。慕生忠像是自言自语，又像是同齐天然商议说："山下风大，山上火红，就叫它风火山吧！"

　　这座自古以来的无名山，从此名扬大西北，载入了国内外地图册。慕生忠给风火山起名后，他又沉吟了一会儿，当场念出一首诗来："风火山上高峰，汽车轮儿漫滚。今日锹镢在手，开辟世界屋顶。"齐天然听罢，连声叫好。他立即掏出笔记本，把这首诗记了下来。到了一个工地，齐天然找到几块木板，拼成一块木牌子，他从大衣里揪出一团棉花，饱蘸墨汁，"唰唰唰"地在木牌上方写下了"风火山"三个刚劲潇洒的大字，又把慕生忠即兴作的那首诗写在木牌下方。木牌插到公路边，谁看了不反反复复念几遍，人们都竖起大拇指赞道："有气魄！真提神！"

蒙生忠这次不虚此行，齐天然斩钉截铁地领下了这一任务，带领40多个人，只用了40天，就把600多公里的敦格公路探通了。这时青藏公路也再有几天就要修到拉萨了，慕生忠创造了修建青藏公路的奇迹，而齐天然神速般打通敦格公路同样是奇迹的创造者。

青藏铁路建设更是一场史无前例的持久战，而征服风火山也是一场硬仗。

在2001年6月开工到2006年7月1日建成通车的青藏铁路第二期工程格尔木至拉萨段，实现了1956公里的青藏铁路全线贯通。

1974年10月，青藏铁路第三次上马，修建哈尔盖到格尔木653.5公里铁路，中国人民解放军铁道兵10师47团1营、2营，奉命开赴关角山隧道，为关角山隧道复工建设打响了第一枪。1975年4月5日中午，距隧道出口100米的地方突然发生了大塌方，1500方土方和石头从洞顶倾泻下来，把正在施工的127名铁道兵干部、战士封堵在洞内。经过近20个小时的突击抢险，127名指战员全部安然无恙地脱险走出了塌方区。1977年6月16日关角山隧道完成主体工程施工，8月15日铺轨通过关角山隧道。从此青藏铁路长驱直入柴达木，挺进昆仑山下的格尔木。

但是，青藏铁路第三次上马修到格尔木后，又主要因为在冻土上修铁路的技术问题没有解决，第三次下马。而青藏铁路第四次上马已是20多年后的2001年。

2001年8月，当年修建关角隧道的铁道兵10师的指战员，后来集体转业成为中国铁道建设总公司第20工程局。

曾参加过青藏铁路关角山隧道建设的孙臣领，后来成为中铁二十一局一名干部，军人出身。2001年青藏铁路第四次上马，孙臣领再次奉命前往海拔5010米的风火山，参加青藏铁路风火山隧道的施工建设。

孙臣领谈起这段经历，更是难以忘却。

风火山隧道全长1338米，轨面标高4905米。位于青藏高原腹地、隧道地质构造主要为含土冰层、饱冰冻土、富冰冻土、裂隙冰和覆盖层不足20米的融冰断层。这里空气稀薄，含氧量也就是内地的一半多，自然条件极其恶劣。一日有四季，常年刮着五六级大风，雨雪冰雹说来就来，滚地雷能顺着山坡滚滚而下，瞬间烧焦地面，摧毁一切，被称为"生命禁区"。

当时在行走青藏公路的司机们中流传着一首顺口溜："过了不冻泉，死神在眼前；过了五道梁，哭爹又喊娘；到了风火山，三魂已归天；过了二道沟，尸骨无人收。"二道沟距离风火山也不过19公里多，风火山自然条件之恶劣，可见一斑。

为了防止这样的滚地雷，他们上场之初，在宿舍周围放置了挖掘机、装载机和各类可以引雷的机械、工具。随着临建工程的完成，正式在营区、工地、料场周边装置了高高的引雷针。就是这样，每到雷雨或雷雪天气，职工们一样慎之又慎。

严重缺氧是风火山最可怕之处。十之六七的人都在三五天之后相继离开了风火山。一些能够坚持下来的同志多是靠着止疼片和坚忍不拔的毅力。

在风火山上，睡觉也是一件非常困难和可怕的事情。每次睡觉之前，大家都互相提醒：喘不过气来的时候，就赶快翻个身。队里也派专人值夜班，每隔30分钟，挨着喊一下睡觉的职工，以防睡姿错误引起窒息死亡。后来有了制氧站，每个职工床头都配置了氧气瓶，夜里睡觉把氧气管插在鼻子里，就能很好地入睡了。

2001年10月18日，风火山隧道进口开工建设。第一炮响过之后，职工们都傻眼了，被炸下来的不是石头，也不是土质，是白花花的冰块，纤尘不染，没有一丝一毫的泥土。要在这样的山里打隧道，不知道以后的安全风险有多大。

风火山隧道地处风火山垭口北侧，覆盖层薄，冰冻层厚。最浅埋地段的覆盖层只有8米，最大埋深100米，冻层厚度超过150米。整个隧道都处于冻层以内。在隧道进口222米的地方，还要穿越一道融冰沟，那里的覆盖层最浅处仅8米。由于融冰沟的流水作用，隧道通过的地方基本上都是融冰带，开挖困难，风险极大，极易坍塌。局指挥部指挥长况成明、三处副处长刘含金，当时对此段施工极为担心，都亲自驻守施工现场。

为了安全顺利通过这段融冰区，时任风火山隧道队队长的任文祥和总工程师刘万奇，就轮班蹲守在掌子面，亲自测量围岩收敛值、围岩变化速率。并开动了特别为风火山隧道研制的SDTK-100型巨型空调和弥散式供养系统，使洞内气温保持在正负2摄氏度之间，严防融冰层的碎裂和挤压变化。

隧道掘进380多米后，遭遇了裂隙冰。所谓的裂隙冰，就是岩土之间的缝隙里，由于渗水而结成的冰带。在这样的地段施工，必须保持零度以下的气温，严防裂隙冰解冻。因为一旦裂隙冰融化，就会导致大塌方。但爆破时产生的高温很难在极短的时间内降下去，每次爆破之后总会出现一些掉块现象。为确保隧道施工安全，把安全风险降到最低点，指挥部和队里领导亲自到现场指挥，在爆破之前，就将洞外的巨型空调温度调至零下5摄氏度以下，先让掌子面暂时冻结，让洞内保持低气温。这样，爆破之后产生的高温就会迅速下降，直到洞内气温符合设计要求的施工条件为止，空调机才会重新调整到规范温度。

在风火山隧道掘进施工的365个日子里，记不清有多少个艰难困苦的时刻，记不清遭遇了多少次危险，好在因为始终有指挥部领导和队领导带班作业，每次都能化险为夷。因此，风火山隧道施工创造了没有发生一起安全事故、没有发生一起质量责任事故的奇迹。

2012年10月19日，风火山隧道全断面贯通了。职工们欢呼雀跃之后，互相拥抱着，久久不肯放开，他们一边为风火山隧道贯通而欢呼，一边尽情地挥洒泪水。他们庆祝隧道贯通的同时，用眼泪洗涤着一年来的酸甜苦辣。当天中午，国务院青藏办和青藏铁路建设指挥部，在风火山隧道出口举行了隆重的贯通庆典及表彰大会，有10名同志被授予"风火山勇士"称号。

（写于2019年7月）

二道沟的不眠之夜

1976年，也是在严寒的11月，格尔木至拉萨输油管线施工已进入高潮，我们二进西藏采访。

格拉输油管线纵贯青藏高原。1080公里的输油管线，有900多公里在海拔4000米以上，有500多公里敷设在多年冻土的永冻层上。这里一年有七八个月的结冰期，绝对最低气温达零下40多摄氏度。输油管要翻越昆仑山、可可西里山、唐古拉山、申克里公山、昆仑河、通天河、拉萨河等一系列著名的高山、大河，还要经过高频率多变的地震活动区、雷暴区、热融滑塌区、热溶湖塘、冰丘、冰滩等多种特殊地质地带。在这样复杂困难的地区修建现代化的能同时输送多种成品油的输油管线，不仅在国内是首创，在世界上也是罕见的。

输油管敷设在1米多深的地下，这就要挖一条1000多公里长的地沟。如果在内地平原地区，这算不上是什么难事，而在"世界屋脊"的青藏高原上就是寸步难行了。据测定，在海拔四五千米的地方，空气中的含氧量仅相当于海平面的60%～70%。由于地势高，严重缺氧，不仅人在这里会感到头昏、胸闷、吃饭不香、睡觉不宁，就连巨大的挖沟机也失去了威风，它也发生"高山反应"，功率下降了。担负管沟挖掘任务的西藏军区某团和由沿线农牧区藏族民兵组成的民工队伍，只好用人工强攻硬拼。天寒地冻，钢钎打下去只见火花四射。埋头苦干一天，一人才挖一方多土，以后他们用烧红的钢钎打眼，采用大爆破的方法，把工效提高到每人每天挖土7方。一根根1米多的钢钎打得只剩尺把长，一把把大铁锹磨成了小锅铲。指战员们说：愚公能移山，大庆人在那样艰苦的条件下建成了大油田，我们就能挖通"世界屋脊"。

在胜利完成了第二次进藏采访任务后，我们乘车原路返回青海，度过了"二道沟的不眠之夜"。

这是一个气温下降到零下30摄氏度的夜晚。这天我们想尽量赶过高海拔的唐古拉山地区，到海拔较低的雁石坪兵站食宿，多呼吸点氧气，结果紧赶慢赶倒是过了号称"阎王殿"的唐古拉山，但是直到晚10点多钟才来到二道沟兵站，再也无法摸黑赶路，我们都十分疲惫，尤其司机紧把方向盘已开车十三四个小时，再疲劳驾驶是要出事的，不得不留宿二道沟兵站。

兵站，是军队在后方交通线上设置的供应、转运机构，主要负责补给物资、接收伤病员、招待过往部队等。

1954年5月11日，慕生忠将军率领1200名由驼工转为筑路工的队伍开建青藏公路，仅仅用了7个月零4天完成了一项征服世界屋脊的伟大壮举。

根据当时的路况、车况，开车从西宁到拉萨需要15天左右，面临两个重要问题需要解决，一是配备多少台车，才能保证西南边防部队的所有物资供应；二是在公路旁设多少个兵站，才能保证运输部队的食宿问题。于是晚于青藏线诞生的解放军总后勤部青藏办事处、即现在的青藏兵站部逐步建立了运输和保障两大体系——配属4个汽车团，组建18个兵站、3个管辖兵站的大站、2个汽车修理厂、2个野战医院和1个通讯营。千里青藏线一直担负百分之七八十的进藏物资的运输任务，成为进藏交通的主动脉。

从西宁到格尔木800公里，由东往西，青藏公路边分别设了倒淌河、江西沟、茶卡、都兰、香日德、诺木洪6个兵站。从格尔木开始，青藏公路向南走去。由格尔木到拉萨大约1200公里，计有钠赤台、不冻泉、二道沟、五道梁、沱沱河、温泉、唐古拉、安多、当雄、羊八井10个兵站。由格尔木往北，还有大柴旦、敦煌2个兵站，位于格尔木至敦煌的公路旁边。

在青藏线流传着这样一句话："坐车愿过长桥，住店想吃面条。"这无非是说在漫长的青藏公路上乘车穿过长桥"沙沙"地平坦行驶；而颠簸了一天能吃上一碗热腾腾的面条，顿觉周身热乎乎的，疲劳能扫除一半。兵站的炊事员为我们煮了一大锅面条，炸了一大盘花生米，又打开了几瓶咸菜和肉罐头。我们几个小青年狼吞虎咽每人干了两大碗面条，我从小喜欢吃油炸花生米，三分之一盘花生米让我干掉了，真是痛快极了。

二道沟兵站海拔4700米。吃饱喝足后，我发现了一个问题，偌大的一个兵站就是我们几个过客吃饭，停车场也不见部队运输车停放，这与我们在沿途见到的兵站大不一样，那些兵站从早到晚都很繁忙，送走了车队，又迎来车队，总是忙个不停。

我便打问随行的"五三○"工程指挥部宣传部门的负责人，他为我解开了这个迷惑。由于二道沟兵站地处高海拔，这里条件恶劣，一般部队车队都不愿在这里留宿，能赶过这个兵站的尽量赶过，到海拔低的兵站食宿。最多是中午赶到这里，吃顿中午饭，稍加休息就抓紧赶路。失落的二道沟兵站，到1960年初被上级撤销，但一年半后又适应需要恢复二道沟兵站，照旧是过往部队车队中午在这里歇歇脚，吃顿午饭，称它为过路兵站就不觉为奇了，从实际需要来说还是必需的。

饭后，我们到兵站的办公室安排住宿，一进屋内灯火通明，热气扑面，大铁筒炉子烧得通红，温暖如春，好舒服，好解乏啊！能在高寒的地方睡个热乎觉，可是莫大的享受。

兵站的同志安排我们住下，我们抬来一筐煤块和引火柴，大家动手生炉子取暖。同事们各显身手，个个手上脸上粘着不少灰。可是二道沟高寒缺氧，生火比较困难，木柴点不着，烧起来火苗也不旺，又加上土炉子失修，折腾了两个多小时，也没有把炉子生着，屋里却灌满了烟，呛得人一个劲地掉眼泪，憋不住了只好跑到室外换换气。外面冷风刺骨寒，待不上几分钟，又不得不赶紧跑回房子里暖和暖和。我们干脆把房门打开，放掉烟雾，放得差不多了，我们才关上门窗，开始了抗冷大战。

二道沟这个寒冷的夜晚怎么度过啊，我们几个人议论说，干脆打扑克吧。可是没有甩完一把，大家就已头昏脑涨，冻得手脚不听使唤，牌也不大会出了。大家万般无奈，于是"全副武装"，穿着棉衣、毛皮靴，戴着皮帽、皮手套、口罩，钻进了冰冷的被窝里。尽管身上压了两床被子和一件皮大衣，仍觉得透心凉，一晚上也没有暖和过来，谁也没有睡着。第二天一大早，我们就起床了，连早饭也顾不得吃，起身赶路，开始了新一天的采访活动。

青藏铁路第二期工程格尔木至拉萨段修通后，火车穿过二道沟，但没有建车站，这可能是从实际需要出发的吧。

（写于2019年8月）

沱沱河桥之最

　　沱沱河，又称托托河、乌兰木伦河，蒙语意为"红河"。它坐落在青海省西南部，是长江源的西源，楚玛尔河为长江北源，当曲河为南源。三条"天路"——青藏公路、格拉油路、青藏铁路都穿越长江源头沱沱河。

　　发源于唐古拉山脉主峰格拉丹冬西南侧姜根迪如雪山冰川的沱沱河，有庞大的雪山群做后盾，其中海拔6000米以上的雪峰就有20座，永久雪线高达5800米，群峰上有40条现代冰川和许多冰斗。它的最上源有东西两支，东支发源于格拉丹东雪山群西南侧的姜根迪如雪山下的冰川，西支源于尕恰迪如岗雪山的西侧，两河受冰川融水补给，成为河流的最初水源。东西两支汇合后称纳欣曲，下行24公里与右岸的切美曲汇合后才称沱沱河。沱沱河出唐古拉山区后继续北流，截开祖尔肯乌拉山较低的山岗，流至囊极巴陇附近，在流到青藏公路的沱沱河沿时，它已是深3米，宽20～60米的大河了。每年冻结期长达7个月。沱沱河长275公里，流域面积1.76万平方公里。

　　当年慕生忠率领筑路员工修建青藏公路时，全线穿越10条河流，天涯涧是唯一必须架桥的地方，其他河流上都是修的过水路面。

　　在青藏公路修到沱沱河时，河里的过水路面被洪水冲毁了。总是身先士卒的慕生忠，既是修路的指挥员，又是修路的战斗员，他二话不说，第一个跳进冰冷的雪水河中捞石头抢修路面。大家一个劲地劝说他上岸，有的还硬要拉他从河里出来，说你站在岸上指挥就行了，他全然不顾。慕生忠始终站在河最深、水最急的地方带领大家一起抢修过水路面。不用命令，不用动员，人们被慕生忠的行动所感染、所鼓舞，纷纷跳进冰凉的雪水河中，形成了一面人墙。经过10个小时的奋战，过水路面又重新修好了，而慕生忠的双脚却被凉水刺激得红肿，鞋子都穿不到脚上。大家都心疼地说："今天慕政委受苦了。"慕生忠一摆手，笑着说："我虽然受点苦，可是价值大。今天200人干了500人的活。数学上1+1=2，可在哲学上1+1可能等于3，等于4，甚至更多。在最困难的时刻领导站在前头，一个人就可能顶几个人用。这就是生活中的辩证法。"听听，慕生忠的领导艺术和干大事业的气魄，谁能不心服口服。

历史上沱沱河公路大桥曾修过四次：青藏公路修通后不久，为适应运输的需要，舟桥工兵部队在过水路面上架过一座浮桥，后为保障国防运输需要撤了浮桥架了一座木桥，再后来为保证全民运输的发展需要，先后两次架设水泥钢筋大桥。

沱沱河桥是唐古拉山地区修建最早和最长的一座钢筋混凝土大型桥梁，桥位海拔4700多米，该桥于1958年由交通部公路总局第五工程局修建，为24孔11.36米、全长273.56米的钢筋混凝土排架桩T型梁装配式桥。双车道净宽7米、无人行道，有栏杆。设计荷载为汽-13，拖-60。全桥宛如长

万里长江源头第一桥——青藏公路沱沱河大桥

虹，垂挂于雪山峡谷之间，是名副其实的"长江源头第一桥"。

1972年5月30日，周总理批建的格尔木至拉萨输油管线，即"五三〇"工程，全长1080公里，用10万多根无缝钢管焊接而成，共有十多万个焊口，而每一个焊口都由密密麻麻的焊点组成。小到一个焊点，大到一个焊口，如果出现质量问题，轻者渗油，重者漏油，都会影响管线的输油安全，甚至会出现重大事故。

我在采访格尔木至拉萨输油管线时，对钢管焊接给予特别关注。

为了攻克高原焊接关，负责全线油管焊接的管线总队组织了专门攻关组，总结出了一套高原焊接的方法。高原焊接容易脆裂，主要是气候多变，气温过低，焊水凝固冷却过速。针对这一问题，他们设计了一种简便的焊接棚，既能保温，又能挡风沙雨雪，同时在焊接时，对钢管适当加温，使焊水逐步冷却。

为了解决焊流的问题，他们学习外地的经验，制成了一种拉流器，这样焊口内壁既光又平。高原电焊的难关突破了，油龙日新月异飞速向前挺进。

最艰苦的是1974年11月的沱沱河布管焊接。这是长江源头第一桥，河面宽，水流急。那里10月份就结冰。开始准备从河底穿过去，因河水湍急，拦河坝筑不起来，投下大石头，打上木桩，瞬间就被烈马般的河水冲得无影无踪，沙袋像小石子打漂，不堪一冲。天冷，人们冻得直打战，只好喝几口白酒取暖。

为了迅速将管道跨越沱沱河，原计划管道从水下埋设改为管道从桥的一侧挂过去。河水流得太急，无法在河中支起脚手架，万般无奈，战士们只好在水中排成人墙，人们用肩膀当支架。站在冰冷刺骨的雪水河中，战士们纹丝不动地肩扛着沉重的钢管，咬紧牙关坚挺着。焊一个接口需要半个小时，身体最结实的小伙子也撑不住，如果有人动了，钢管接口处就会移位，焊接口的精度就有误差了。

七连的张连长瘦得只有八九十斤重，左腿施工时受过伤，肌肉萎缩，比右腿细，走路一瘸一拐的。他带头跳进齐腰深的河里扛油管，还脱下防水衣让给战士穿。

副连长身患心脏病，推土机过河，一块大石头卡进履带的齿缝，陷入了泥坑不能自拔。他叫战士回去吃饭，自己却跳进零下十多度的冰河中，拆开履带，把石块取出来。上岸后，冻得牙齿咯咯直响。

最惊险的是沱沱河上的"猴子捞月""倒挂金钟"，电焊工将绳子拴在腰上，悬身倒挂，手持焊枪，把贴在桥身一侧的管道一个口一个口地精准焊接起来。电焊班的11个人喘着粗气，手脚倒挂，在风浪中催开菊花般的弧光。一个接头焊下来，四肢酸疼，眼冒金星，汗湿衣衫，累得浑身散了架。

焊接能手芦瑞义，边实践边总结如何适合高原特点的焊接技术，他创造性地夺得焊接数量多、质量好两个第一，指挥部党委为他记了功，推广了他的先进经验。

1976年5月30日下午，在纪念周总理批示修建"五三〇"工程四周年的那天，指挥部领导让他焊接了1080公里管道的最后一个焊口，使全线管道焊接画上了一个圆满的句号，这是多么高的信任和荣誉啊！

2004年6月20日零时，青藏铁路长江源特大桥由中铁一局铺架队铺通，这标志着青藏铁路已跨越长江源头沱沱河。

青藏铁路长江源特大桥，是为跨越长江源头沱沱河而设立的，是青藏铁路的重点工程。因为这一特大桥最接近长江源头，被誉为"长江源头第一桥"是理所当然的。此桥全长近1390米，共有42孔。桥址所在的沱沱河流域是青藏高原多年冻土区中心地带的大河融区，安全施工存在种种困难。

沱沱河处于常年冻土地带，在这种特殊地质地段修建铁路大桥，保证冰土层不被破凌，这对铁桥质量和环境保护都是头等大事。施工单位使用先进的旋挖钻机，又采取"快速开挖，快速施工"的办法进行施工。采用了钻孔扩底桩。下边含着扩底技术。设了保温层。另外一般的桥的墩身都不设破冰棱，唯独长江源这里设立了。每年春天河中冰层融化，形成巨大的冰排向下游流去，为了防止桥墩受损，施工单位还把桥墩的迎水面用1厘米厚的钢板包起来。由于桥址有多年冻土和大河融区两种地质状况，因此对施工的技术要求非常高。另外为了保护长江水质，他们特地在42个桥墩下设置了3级沉淀池，过滤泥沙。

站在长江第一桥，向西190公里就是长江的源头了。在长江源头施工，最令人关注的是环保问题。铁路建设者采取了各种有效措施，保护这里的环境不被污染：钻孔桩施工中产生的泥浆，都要进行二次沉淀处理，严禁将未沉淀的泥浆直接排入河中；沉淀池中净化后的水，用于路基施工和便道洒水；其他废料、废渣等废弃物也都要运到取土坑中，并加以平整。据环保部门的监测数据表明，青藏铁路开工以来，长江源头的水质没有发生变化。

沱沱河火车站，建在青海省格尔木市唐古拉山镇驻地沱沱河沿，海拔4547米，于2006年7月1日启用。该站为青藏铁路的有人驻守观景车站，附近景点有被称长江源头的沱沱河、被称为长江第一桥的青藏铁路沱沱河铁路桥、长江源头纪念碑、可可西里保护站。沱沱河火车站站房以沱沱河乃长江之源为主题，站房并排三组倾斜体，寓意雄伟的高山；弧形玻璃暖廊以水平方式展开，寓意曲折的河流。

（写于2019年8月）

温泉汽车爆胎人遭罪

青藏公路、格拉油路、青藏铁路三条"天路"，在温泉齐头并进。

在采访三条"天路"的日子里，温泉曾经给我留下难忘的考验和记忆。

我从1974年到1986年1月在新华社青海分社工作12年，曾四进西藏采访，这在我31年的新华社记者生涯中，是刻骨铭心并经常回忆的一段充满惊险与拼搏色彩的经历。

这四进西藏采访，都是新华总社组织的跨地区的重要采访活动，一是连续三次穿越青藏线采访报道青海格尔木至西藏拉萨全长1080公里的输油管线工程建设，二是采访报道青藏公路黑色路面改建工程。

虽然四进西藏采访时间最长的一次一个半月，最短的也不下20天，但前后跨越10年间。最早一次到西藏采访在1975年，最后一次在1985年。与其说四进西藏采访是对记者业务水平一次又一次的磨炼，倒不如说是对记者意志和身体的一次又一次考验，用心血去颂扬和记载那个难忘的时代。

有人说，不到大西北和青藏高原，就不会真正看到中国的辽阔与富饶，也不会真正体味到什么叫荒凉与艰难。对于一个新闻工作者来说，环境条件的优劣所产生的作用应当辩证地去看待，如果能在辽阔和艰难的大西北或青藏高原干上几年乃至更长一段时间，说不定能对自己的新闻事业的发展起到在别的地方所起不到的激奋作用，会受益匪浅，但为此必须付出一定的代价。

记得1975年11月，新华社青海分社和西藏分社各派一名文字记者和一名摄影记者，联合报道格尔木至拉萨输油管线建设工程，那时候我还是刚跨入"而立"之年的小青年，身体自我感觉良好，精力也比较充沛，有一股年轻人不畏艰难险阻、勇往直前的闯劲。

格尔木至拉萨输油管线全长1080公里，所经之地海拔在2800～5300米之间，其中有900公里地处4000米以上的高度。

据测定，海拔每升高1000米，空气中的含氧量就减少6%～7%。在海拔四五千米的地方，空气中的含氧量仅相当于海平面的65%～70%。由于地势高，严重缺氧，人在这里会感到头昏、胸闷、气短、乏力，吃饭不香，睡觉不宁。

我们在格拉输油管线采访时，经常出入于被人们称为"鬼门关"的五道梁和"阎王殿"的唐古拉山，奔波在长江源头沱沱河和藏北大草原上。高原气候对任何人不讲客气，我们几个人都程度不同地出现高山反应，有的感到头昏和心慌，全身有不可名状的不舒服，饭量减少，晚间经常失眠。年轻力壮的同志还能顶得住，而年龄大身体弱的同志就力不从心了。

"车出故障人遭罪"，这是我们在1975年11月第一次进藏采访时吃的苦头。那次我们乘坐的是管线部队派的一辆老式北京吉普车，当时青藏公路还没有改造成黑色路面，汽车在漫长的沙土路面上奔跑，给本来出现高山反应的我们又增加了不适。

部队和地方大量重型运输汽车昼夜不间断地往返于青藏线上，给沙土公路的养护造成极大困难，许多地段都成了搓板路，汽车跑在上面颠簸得厉害，人在车上像筛糠一般难受，汽车跑一公里不知要颠簸多少次，所以人们称为"万墩公里"。坐一天车，头昏脑涨不说，真感到骨头架都散了。每当停车下来歇一歇的时候，两条腿都不听使唤了。

在青藏线上跑车，最担心的是汽车出故障，沿线很少有修理厂，车修不好，人就遭老罪了。所以每当汽车跑青藏线时，司机在出发前都必须做一次彻底的检查，不让车带"病"跑青藏线。

尽管我们乘坐的车一路上没有出大毛病，但在快到温泉时连续扎了3次轮胎，可把大家给整苦了。高原严冬的旷野上，没有一点挡风的地方，在野外站上几分钟，就冻得鼻脸青紫，浑身发抖。当换上好轮胎后，就要抓紧时间把扎破的轮胎补好，以备再用，不然就会遇到更大的麻烦。

当司机冒着严寒，不断地搓手哈气，艰难地补好轮胎后，坐车人不能袖手旁观，得主动分担司机的工作，承担起轮胎充气的任务。在海拔四五千米的地方走动都吃力，要用气筒把轮胎打足气，可是个重体力劳动。

比我年轻几岁的几个身强力壮的小伙子抢过气筒先打，他们用力过猛，频率快了一点，没打上二三十下，就已累得气喘吁吁，憋得脸紫红。我从他们手中夺过气筒，就接着打气。由于我在高原生活时间长，有一定的经验，打气时悠着劲打，均匀地使劲，这样就不会因活动过快过猛导致心慌气短，我竟然连续打了200下，这真是叫我没想到，虽然累得也喘不上气了。

可是，当我们沿途采访那些常年累月工作和生活在施工现场的建设者们，他们所付出的劳动与心血甚至生命催人泪下，强烈地震撼着我们的心灵，我们采访中吃的那点苦真是不值得一提。

（写于2019年8月）

不惧唐古拉

凡是曾穿越青藏公路的，都听过五道梁是"鬼门关"、唐古拉山是"阎王殿"的说法。青藏公路唐古拉山口高5220米，藏语称唐古拉为"高原上的山"，又称"当拉山"，在蒙语中意为"雄鹰飞不过去的高山"。当然偶尔以旅游为主匆匆而过的人，有的说他们似乎没有什么难受的反应，这说明他们身体状况不错。但是有不少人会出现短暂的不舒服或严重不适，这证明你有不同程度的高原反应，只要不发生意外，尽快脱离这些地区就会化险为夷了。

我是到过唐古拉山采访或者途径穿越上十次的新华社记者，与唐古拉打交道多了，一些令人心惊肉跳的传闻还不时硬往耳朵里塞，听说有的新兵经过唐古拉山进藏，不知什么原因突然倒地而死；有的汽车司机开着车猛然昏迷过去，酿成了车毁人亡的悲剧……这一切都向人们提出警示：高原恶劣的气候与环境可不是闹着玩的，它给人的撞击是相当厉害的，尤其是内脏和心脑血管有问题的人就难以承受雪域高原和唐古拉山恶劣的气候与环境，轻的会加剧病情，重的有可能出现生命危险。

我最早一次到唐古拉是1975年8月采访青海省地质十五队，他们勘探采矿在唐古拉山吴漫通洞水晶矿，海拔高达6000余米，比青藏公路唐古拉山口还高出800米，这是人类生活的极限地区，地质队员能在这里勘探采矿简直令人不可思议。我曾3次进藏采访格尔木至拉萨输油管线，到此采访或跨越唐古拉山就是来回6次。还有两次是1985年8月中旬，为采访青藏公路黑色路面改建工程完工，我又两次穿越唐古拉山，再次在唐古拉山留下采访的足迹。至于2006年9月，我作为团长带领80多位青海军垦战友乘坐"天路"列车进拉萨，又两次途经唐古拉山，火车不停站，只能紧贴窗子欣赏久违的唐古拉，令人激动不已。

青藏高原以海拔高、缺氧、干旱、风沙大著称。1975年8月那次采访青海省地质十五队是最艰辛的一次。我在唐古拉吴漫通洞矿区住了3天，并将采访到的鲜活材料写入《一张不平凡的地质图——记青海省地质战士为祖国勘探宝藏的事迹》长篇通讯。那时我刚过30岁，算是年轻力壮，最主要还是有强烈的新闻事业心，虽然也胸闷、气短、吃饭不香、睡觉不宁，但不惧唐古拉，毕竟是短短几日，与地质十五队的勘探人员数年坚持在这种恶劣环境中工作相比，就不在话下了。

青海省地质十五队是1969年3月至5月间，由地质部第一矿产公司655队从海南岛抽调大部分人员来到青海地质局组建的。经青海省政府协调，将尚未启用的麻风病院交由他们作为办公生活用房，自此，他们自嘲为"疯子"。

他们在工作中也的确很疯狂，于当年的1969年7月至10月，在地质局及解放军青藏兵站部温泉兵站的大力支持下，勇敢地攀登号称"世界屋脊"的唐古拉山，深入唐古拉山吴漫通洞进行了踏勘，为国家寻找急需的水晶矿床。唐古拉山终年积雪，年平均气温只有零下4摄氏度多，最低的时候达零下40多摄氏度，昼夜温差一般在20～30度之间。而地质十五队工作的矿区在海拔6000米以上，这里气候更为恶劣，一年四季大雪纷飞，冰雹不断。按照洋框框，海拔5000米以上的工区要有高山帐篷，海拔6000米以上的要配备保温防电的鸭绒睡袋和尼龙衣服。某些人曾经断言过：人在海拔6000米左右的地区，最多只能停留一个星期。地质十五队的英雄们以坚韧不拔的革命精神，战风雪，斗严寒，硬是用普通的地质装备，在这"生物禁区"连续苦战了4年，根据国家需要高速度地拿下了一个特大型水晶矿床。

地质十五队无论男女老少，特别能吃苦，特别能战斗，特别能奉献，男人战天斗地，女人巾帼不让须眉，"三八女子钻机班""三八女子山地班"也风靡一时。在他们的共同努力下，以发现和探明吴曼通大型压电水晶矿为标志，为当时的军工生产解了燃眉之急。为此，毛主席亲自批发的中发（70）75号文表扬十五地质队"一不怕苦、二不怕死"的革命精神。1971年，周总理在接见全国地质系统"抓革命促生产会议"时，再次表扬了地质十五队"不畏艰险，不怕牺牲"的献身精神，被国家命名为"地质尖兵"，成为全国地质战线上的一面红旗。

1975年初，这个地质队在唐古拉山又展开了一场新的战斗。当年8月，我作为新华社青海分社记者到唐古拉采访地质十五队，广泛进行了采访，尤其敬佩女勘探工作人员，她们在这场特殊的战斗中，付出了更多的艰辛。青年女工沈端华、张桂英、李秀兰、任夏萍、张雪宁、孙希军担任了战斗在唐古拉山区的第一批女槽探工。队上原先分配给她们800方的土石方任务，后来考虑任务太重，打算给她们减掉200方，这些女同志坚决不同意，她们说："加任务可以，减任务不行！"施工中，困难一个接着一个，有时狂风大作，飞雪漫天；有时乌云密布，冰雹袭人。这些困难并没有把她们吓倒。困难越大，她们的干劲越足。抡锤扶钎震裂了虎口，手磨起了血泡，她们还是坚持战斗。经过艰苦的努力，她们终于提前完成了施工任务，赢得了全队的赞扬。

我当年三次采访格拉输油管线，留下了很多唐古拉山的记忆。

1972年5月30日凌晨，在周总理尿常规化验并被确诊为膀胱癌第11天后，周总理审阅了《关于敷设兰州至拉萨输油管线的报告》，这是解放军总后勤部呈送给国务院、中央军委的。周总理郑重地作了如下批示："拟先定第一期工程，请计委列入计划，今年勘察，明年施工，后年完成。"

周总理批建的"五三〇"工程，指的是从青海格尔木至西藏自治区拉萨修建一条1080公里的长距离成品油输送管线，这是党中央为解决西藏的燃料紧缺问题，减少长途运输环节，加速西藏经济发展而作出的伟大决策。也是继青藏公路、川藏公路之后，又一项征服世界屋脊的伟大工程。

　　格拉输油管线，有900多公里海拔在4000米以上，穿越500多公里冻土地带，沿途要经过昆仑山、可可西里山、唐古拉山、申克里公山、昆仑山、通天河，还有高频率大强变的地震活动区、雷暴区、热融滑塌区、热溶湖塘、冰丘、冰滩等多种特殊地质地带，环境恶劣，情况复杂，艰难程度难以想象。

　　后来格尔木至拉萨输油管线由地面改为地下，施工难度、工期和投资就加大了，质量要求更高了，这关系到工程的百年大计。工期预计4年，投资10亿元，近两万名解放军指战员和地方工程技术人员参战。输油管由内径15.9厘米的德、日进口的无缝钢管焊接而成，外加防腐层，埋于1米多深的地下。中间修建若干个加压泵站，用高压输送油。这一工程技术难度高，所经之地环境差，过去没有这方面的经验，全靠工程人员自己去摸索。

　　管沟挖到唐古拉山口，这里海拔高达5200米，是全线最高的地段。强烈的高山风还要和人们作对，刚挖好的管沟，不一会儿就被风沙填平了。但战士们毫不动摇，迎难而上，风沙刮得越凶，他们挖得越猛。

　　一五四团八连在这里一连奋战了3个冬春。有的战士干着干着就在工地昏倒了，有的甚至献出了自己年轻的生命。他们在日记和写给党组织的决心书中写道："身体是革命的本钱，这个本钱就要舍得花在革命上。""一个人的生命是有限的，但生命的价值是不能以年龄来计算的，而是以对革命贡献的大小来衡量的。"

　　正是这种崇高的革命精神，鼓舞着他们奋不顾身地顽强战斗，挖山不止，使管沟越过了座座高山，穿过了条条大河。

　　巍巍的唐古拉山脉，孕育着雪域高原的古老与神奇，有一条清澈的河流在其北麓蜿蜒曲折、默默地流淌千百年，它流经雁石坪，是长江源流之一，这就是布曲河。平均海拔在5000米以上，周边自然条件十分恶劣。

　　1975年秋，当管线工程推进至唐古拉山顶时，雪水汹涌的布曲河挡住了施工队伍前进的步伐。

按照设计要求，格拉输油管线必须从布曲河河底穿行而过。这就首先要在主河道上筑起一条拦河坝，逼迫河水暂时改道，利用夜间水量减少的机会，以迅雷不及掩耳之势，在河床上强挖出一条过河管沟，并不失时机将管道埋进河底。

所开挖的管沟比岸边平地还要深。担负这一艰巨任务的施工部队，既要负责截流、挖沟，还要负责焊接、试压、防腐和捆绑，必须环环相扣，一气呵成。

经过几个昼夜的奋战，处理管线进展顺利，筑坝拦洪成功。但由于坝底河床渗水较多，开挖管沟遇到了麻烦。虽经指战员们轮番突击，但一次次挖好的管沟，又一次次被泥石填满。此时拦洪坝也险情横生，随时有垮塌的危险，有两名护坝的战士险些被水冲走。

当时正值深夜，冰雪融化量减少，河水流量相比白天小了一些。如果不在 8 小时内完成管道穿河工程，第二天太阳一出，温度上升，冰雪融化加速，河流流量加大，就有可能冲垮拦洪坝，造成工程前功尽弃。

在紧急关头，挖沟部队要求修改设计方案，而设计人员则坚持按设计要求施工。工程指挥部前指负责人将设计人员和施工部队负责人召集在一起商讨对策，双方各执己见，宝贵时间在一点点流失。

当断不断，必受其乱。工程指挥部前指综合双方意见，果断提出浅挖深埋，用石笼在管线上和周围加固的办法。管沟开挖部队同意，但设计人员不敢负责，并说谁决定由谁签字。工程指挥部前指当即决定实施浅挖深埋，加三道石笼固定方案，并在修改施工图上签字附言。

为了争取时间，施工部队在确保油管安全的前提下，采取了管沟一次爆破，轮番突击清理的办法，设计人员认真丈量深度，在天亮前后将输油管稳妥地放入沟中。

为防止洪水将管道冲出，通信工程大队支援铜包钢线，编织石笼纵横加固管道。当这一切都完成并验收合格后，部队才撤离休息。

事后，前指将这一根据实际情况进行的设计改动，向工程指挥部作了报告，得到了指挥部的肯定。有的设计人员为这一改动向总后勤部作了反映，总后勤部验收组还对这一改动进行了专题验收。经20多年的输油运行，证明这项改动是妥当的。

据钻探结果，唐古拉地区从草皮植被一米以下至百米，大都是多年冻土层。在这种特殊地质结构的地层破土施工，不采取特殊措施万万不行。主要原因是，当挖到一米以下，遇到一定的温度，特别是太阳照射，冻土就会发生热溶滑塌。

格拉输油管线施工部队在唐古拉山地区施工就曾有过深刻的教训，他们曾挖了一段管沟，因为钢管焊接后试压未能跟上，当年没有回填管沟。第二年再次来到此段施工时，只见上年开挖的管沟已面目全非，竟然变成了一条小河，附近的电线杆也浸泡塌倒了，这就是冻土地带管沟遭风吹日晒，冻土融水坍塌造成的。他们只好将原来挖的管沟用草皮填埋，又重新开挖了新沟。

冻害是格拉输油管线所处特殊地质气候条件下产生的另一种灾害。这条管线曾于1978年3月至6月在唐古拉山地段发生冰堵，由于油品中的水汽在经过高寒地区时，就会结成冰粒，继而使管道出现冰堵，全线瘫痪。冰堵又藏在地下管道内壁里面，找到它真是难上加难。

格拉输油管线还于1982年11月至1983年4月，在16号泵站到19号泵站之间的唐古拉山和头二九山两个翻越点区段，发生严重冰堵事故。

该段海拔达4700米以上，气候严寒、冬季最低气温达-40℃，地面冻结期长达8~9个月，属长年冻土地带。

那年冬天，唐古拉山下了一米多厚的雪，天气转晴后，连刮一周大风，由于大雪封山等原因，这次冰堵排除时间长达150多天。

格拉输油管线出现严重冰堵，造成全线瘫痪，西藏油料连连告急，惊动了国务院。

某团团长包楚忠、总工程师赵省之、参谋长郭文，立即带领150名官兵，奔赴事故现场。在高寒缺氧、冰天雪地的世界屋脊，顶风冒雪，风餐露宿，连续奋战150天，硬是靠着钢钎大锤，将冻土一寸寸掘开，挖出几千立方，割断管道几十处，清除了大量冰堵，疏通了全程管线。每个人穿破了6双大头鞋，磨破了70多双手套，一多半人得了雪盲，有的落下了终身残疾。

这场罕见的冰堵事件，激发了屈景辉的科学斗志。他毕业于西安交大信息与控制工程系，深感攻破冰堵难题义不容辞，重任在肩，于是萌发了发明一种管道探测仪的强烈愿望，发誓要战胜冰堵，不达目的，誓不罢休。

科学攻关靠的是科学实干。为了设计研制冰堵探测仪，屈景辉废寝忘食，通过各种渠道，查阅了近百万字的国内外资料。他利用回西安休假一个月的机会，在陕西省科研情报所的资料库就待了24天。这哪里是休假，这比工作还投入。家里人埋怨，他全然不顾。

就是靠这种持之以恒、忘我付出的精神，屈景辉连续攻关5年，所有的业余时间和节假日几乎全搭进科研中。经历了无数次的失败、夜间失眠和迟迟见不到成果的折磨之后，屈景辉终于在1987年8月，运用管道压力流动噪声发射的原理，成功设计并制造出了世界上第一台"冰堵探测仪"，攻克了这个世界性的难题。

冰堵探测仪问世，结束了战士们寻找冰堵的原始方法，使冰堵点探测从过去的粗略估计精确到了正负15米之内，排堵效率提高了数百倍。

在1992年北京国际发明展览会上，这台屈氏冰堵探测仪力克千余对手，获得国际发明金奖，《地下输油管堵点探测法及仪器》还获得了国家科技进步一等奖。

2006年9月，我作为团长带领80多位青海军垦战友乘坐"天路"列车进拉萨，领略了沿途壮观美景，也耳闻青藏铁路建设者在唐古拉山越岭段全面攻坚的事迹，让人感慨不已。

唐古拉山越岭地段的施工非常艰难，这里海拔最高、环境最艰苦、地质条件最复杂、环保工程最艰巨，尤其在冻土地区修建铁路是青藏铁路建设三大难题之一。中铁十七局（是当年修建青藏铁路第一期工程西宁至格尔木段的铁道兵七师），施工地段分布着1000多米的高含冰量冻土，夏季融化，冬天回冻，冰层坚如磐石。这个局采用大挖方爆破施工的方法，深挖冰层达16米，下铺保温板，再换填粗颗粒沙石料，使铁路路基顺利通过。他们还在冻土路基上方搭建遮阳棚，保护冻土路基的稳定性，成功解决了冻土这一世界性技术难题。

唐古拉山地区高寒、缺氧、气压低、紫外线强烈，恶劣的气候条件给参建人员的身体健康和劳动能力带来较大影响。中铁十七局参建员工平均高原病发病率高达9%以上。为了确保职工生命安全，这个局进一步强化卫生保障工作，建立了三级医疗机构，配备了制氧站、高压氧舱、救护车等多种大型医疗设备，免费供应高原保健药品，强制职工每天吸氧不少于7小时，并实行医生夜间值班巡视制度，严格落实工前、工中、工后的体检制度和替换制度。

中铁十七局青藏铁路工程指挥部指挥长徐东说："无论环境如何恶劣、工程多么艰巨，我们有信心依靠科技、以人为本地赢得唐古拉山攻坚战的最后胜利，确保铺架如期顺利通过唐古拉山。"

"雄鹰飞不过去的高山"唐古拉，"天路雄鹰"却展翅飞越，他们是青藏公路、格拉油路、青藏铁路三条"天路"的建设者，他们是可歌可泣的英雄，不仅战胜了唐古拉，也征服了世界屋脊，创造了人间一个又一个奇迹，被世世代代传颂。

（写于2019年8月）

昆仑情缘狂

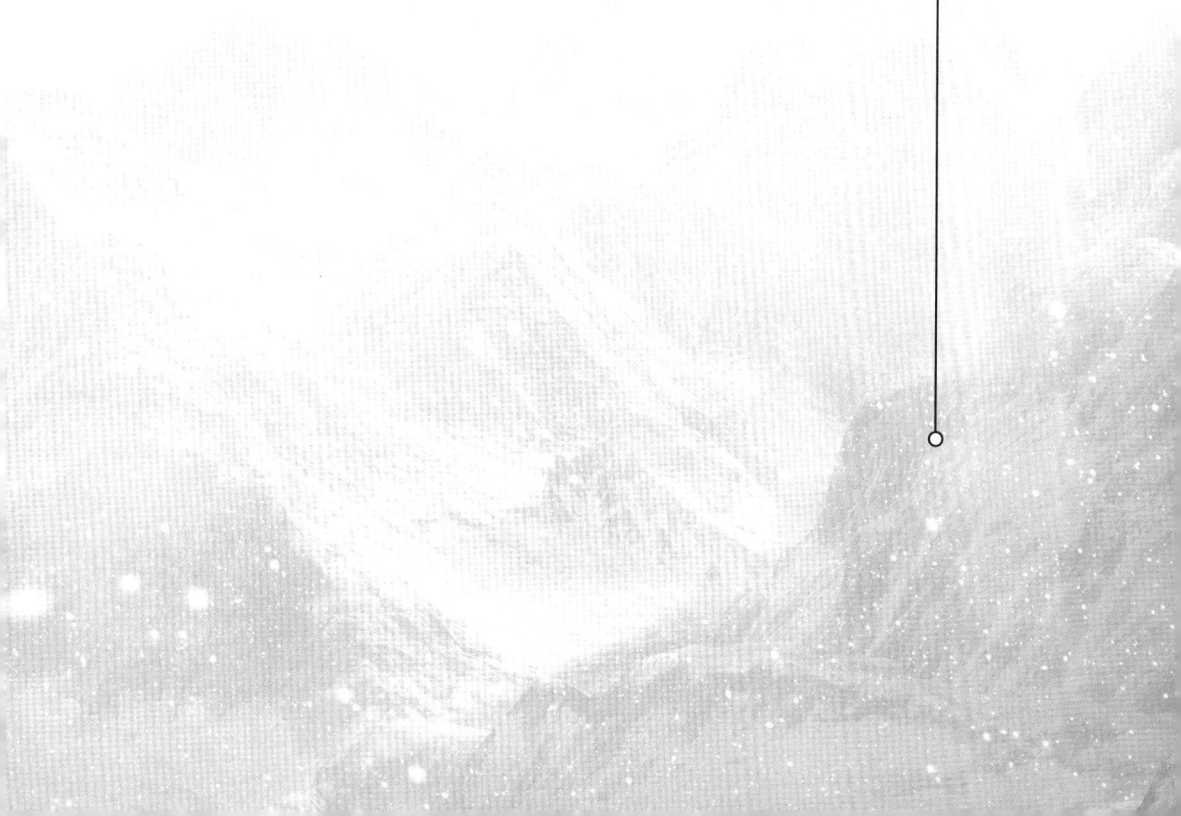

重返青藏高原，让我三次挥泪

常言道：男儿有泪不轻弹。

依我说：只是未到激情时。

我自信属于硬汉一类，有9年的青海军垦战士磨炼和30多年新华社记者生涯，所经历的艰难困苦不计其数，但一直不屈不挠，拼搏奋进，很少有望而却步甚至伤心落泪的时候。

然而，2006年8月27日至9月9日，一次盼望已久、刻骨铭心的青藏高原故地重访，骤然改变了我的这一形象。那是我与曾在青海军垦奋斗过的80多名战友，重访魂牵梦萦的第二故乡柴达木时，却触景生情，当站在40年前牺牲的战友王世新烈士的墓前，当寻找到30多年前喜结良缘的洞房，当走进20年前结下不解之缘的青藏铁路，禁不住三次泪流满面。

虽然转眼6年过去了，时至今日回想起这段往事，眼眶还是湿润润的。

第一次挥泪：
站在40年前牺牲的战友王世新墓前

1965年至1966年，山东8000名知识青年，从黄海之滨、齐鲁之邦的青岛、济南、烟台、淄博、潍坊、德州、济宁、枣庄八大城市奔赴青海高原，其中青岛知青占到一半。那个年代，描写新疆生产建设兵团的《军垦战歌》的电影感动了中国几代人，《边疆处处赛江南》《送你一束沙枣花》的美妙歌曲在全国到处传唱。在西去青海的专列上，一批又一批的军垦战士一遍又一遍地高唱这些红歌，可能他们中的不少人是受这些歌的鼓舞到青海去的。

青海为什么组建军垦？又为什么以招收山东知青为主？这在一些文件中得到了回答。1964年12月14日，青海省人民委员会向国务院呈送了《关于设置农业生产建设师的请示报告》，报告写道："为了加强社会主义经济建设，解决粮食自给，巩固战略后方，我省拟设置农业建设师，三万人（不包括家属），开发和利用以我省海西柴达木为中心，包括海北、海南一部分地区的可垦荒地和地下资源。"国务院于1965年3月22日，以（65）国农办字91号文，向青海省人民委员会作出批复："国务院同意你们开发海西柴达木等地区的意见，请即着手进行规划。1965年先接受和扩建格尔木劳改农场，办好基点，为今后进一步开发做好准备工作……"批复还说："农场工人来源，主要是安置退伍兵和城市青年……"

青海省生产建设兵团筹建处从1965年8月开始，就组织了赴山东工作组，在山东省人民委员会领导下和济南、青岛、烟台、潍坊、淄博、济宁、德州、枣庄8个城市"安置办公室"的组织下，全面展开了招收城市知青工作。因为山东人忠实肯干，青海省生产建设兵团除了接收部分西宁知青外，90%的知青来自山东。

青海省生产建设兵团几经易名，先后改为中国人民解放军生产建设兵团农业建设第十二师、兰州军区生产建设兵团第四师、青海省格尔木农场、青海省格尔木农垦集团。

我曾在一团六连担任过连队团支部副书记、排长，一团宣传股新闻干事，师部宣传科新闻干事、科长。

自20世纪70年代末，山东知青陆续离别高原回到故乡后，战友始终忘却不了曾经燃烧过激情也留下不少酸甜苦辣的那片故土。40年前来到柴达木的时候，有不少人仅有十六七岁，而现在也都往60岁上奔了。随着时间的飞逝，战友们倍加珍视在特殊年代和特殊环境中凝聚成的军垦战友情。每逢相聚时，大家无论干何事业、无论状况如何，只以戈壁战友相待，显得无拘无束无隔阂，这种情感甚至在他们的后辈中传承。多年来，山东知青们通过各种形式回访第二故乡柴达木，到格尔木、马海、大格勒等故地重访，感慨良多。

2006年8月山东知青40年重返格尔木，是应中共格尔木市委、市人民政府邀请，由留在格尔木的战友、优秀企业家——青海瀚海集团董事长李和印鼎力支持的一次活动，无论在重视程度上、代表团规模上、活动的安排上，都是前所未有的，充分体现了当地政府和人民以及留在高原的战友对山东知青的关心和友情。

此次活动引起新闻媒体广泛关注，山东电视台、青岛电视台、青岛广播电台、《青岛早报》、《青岛广播电视报》等派出8名记者随团全程采访报道。《青海日报》、《西宁晚报》、《西海都市报》、《格尔木日报》、格尔木电视台等媒体也派记者追踪报道。

2006年8月27日上午，青岛火车站广场成了战友汇集的海洋，他们与前来送行的众多亲朋好友热烈地交谈着，新闻记者穿梭于人群中忙碌地采访，其他的旅客都被这热闹的气氛感染了，纷纷投来好奇的目光。

8时45分，火车启程了，这些年过半百的战友早就把年龄抛在脑后，歌声笑语荡漾在车厢内，说不完的知心话，讲不完的老故事，叙不完的老感情，人人仿佛又回到了40年前十七八岁的年龄。沿途经过的潍坊、淄博、济南都有战友上车，所以一到这些车站，大家都主动下车迎接战友入队，那种战友重逢的纯真喜悦难以言表。

当火车缓缓进入淄博车站的停站台时，我透过车窗看到了等候在站台上的十几位老战友，其中有我原来一个连队的路厚俊夫妇，他俩身旁还有一个60开外的女士，正急切地向车窗内张望。我一眼就认出了那是王大姐，她没有参加军垦，但她的弟弟王世新是我们一个连队的战友，不幸的是王世新在

40年前因公壮烈牺牲，成为青海军垦的第一个烈士，永远埋在了戈壁滩上。

我连忙下到站台上，紧紧地拉住王大姐的手说："还让您跑来车站一趟。"她动情地说："我不来哪行呢，你们这次重返格尔木，要到我弟弟世新的墓地上去祭奠他，我们全家人都非常感激，谢谢，谢谢！"同时王大姐还告诉我，她已委托路厚俊带了一些烧纸，到弟弟的墓地上烧烧，还委托路厚俊从弟弟的墓地上带些土回来，以寄托亲人的哀思。火车开了，我看到王大姐的眼里含着泪花，在站台上挥手目送我们远去。

随着火车隆隆的奔跑声，我的思绪回到了40年前。1965年9月16日，我们几百名淄博战友踏上去青海的征程，只有16岁的王世新成为这支队伍的年轻一员。到了建设兵团后，王世新工作积极，乐于助人，很受大伙的喜爱。我曾在一团六连后勤排当过排长，王世新是马车班的战士，我们一起到戈壁上拉石块的时候，他还教我如何甩鞭子，怎样驾驭马车。他虽然不善于言谈，但一说话就脸上挂笑。

1967年1月12日，本是再正常不过的一天，却成了王世新永远告别战友、告别家乡、告别亲人的不幸日子。

这一天，该他轮休，但一向闲不住的他一大早就去帮战友喂马，并主动帮忙送货。当马车赶到公路上时，路边驶过的拖拉机刺耳的响声使马受了惊。这时，王世新只要从马车上跳下来就能保住自己的性命。但当他看到马车前方有行人，不远处还蹲着几个专心玩耍的孩子时，便使劲拽着马朝旁边跑去，疯了似的烈马狂奔进了一条小沟，王世新从马车上重重地摔了下来。年仅18岁的王世新就这样将自己的身体与格尔木的土地融为一体，也将他的梦想永远留在了格尔木，成为第一个长眠于此的山东知青。王世新牺牲后，《青海日报》和《淄博日报》都作了长篇报道，他还被国家政务部授予烈士称号。

我是这次山东知青40年重访格尔木代表团的团长，我的责任除了千方百计保障80多名60岁上下的战友此行的安全健康外，还要组织好一些活动，让战友们感到不虚此行。祭奠王世新烈士就是主要的活动之一。战友们离开青海大都20年了，也就是说，战友们已经20多年没有到王世新的墓上去祭奠他了。

凭我较好的记忆，我想起当年《青海日报》记者王均旺曾采写发表过一篇长篇通讯，于是我四处搜集这张报纸，好带到墓地去祭奠王世新。我托老同事新华社青海分社的高级记者王精业到青海日报查询，但报社的资料室正在维修无法查找。我又托淄博日报的高级编辑陈东升，请他帮助去报社资料室查找，也同样无果。我最终想到了家在淄博市博山区的王世新烈士的姐姐，我断定她肯定会保存这些资料，于是通过战友张荣金和张敬山千方百计查找，终于在王大姐家拿到了当年《淄博日报》刊载的长篇通讯《毛主席的好军垦战士——王世新》和烈士证书的复印件。

在经过几天几夜的长途跋涉后，8月30日早晨8时，代表团乘坐西宁至格尔木的909次列车徐徐驶进格尔木火车站，列车还未停稳，车内重返第二故乡的山东知青们按捺不住激动的心情，纷纷趴在车窗上，寻找熟识的面孔，寻找当年留下的串串足迹。都兴奋地高喊：格尔木——我们又回来了！

战友们对意想不到的隆重欢迎场面惊喜过望。留在格尔木的知青组成锣鼓、秧歌队，使格尔木火车站变成了欢乐的海洋；市政府秘书长前来欢迎我们。我们的战友，瀚海集团董事长李和印、格尔木市人民法院原院长石忠州、市工商联秘书长申国良代表留守格尔木的山东知青上前热情相拥，敬上青稞美酒，敬献洁白的哈达，整个车站人声鼎沸，激情回荡，老知青们见面后，泪流满面，诉不完别后衷肠。

大家到格尔木宾馆安顿下后，考虑到几天旅途疲劳，下午为自由活动。我们便急切地要到王世新墓地去祭奠，瀚海集团派了辆大客车送我们，不仅我们六连的战友都去，一团其他连队的战友也要同行，因为公墓里也有他们连队的战友埋葬在那里。

半个小时后，我们来到了老连队的所在地，这儿已经找不到当年的感觉了，自从知青撤离返乡后，几十年前修建的房子已显得破旧，住进了从青海东部迁来的移民，此处再也难觅当年军垦情景。此时此地，令人心里酸酸的。

战友们大都20多年没来这里了，从什么地方去墓地，已经很生疏了，有两个十来岁的孩子自告奋勇给我们领路。走过我们当年曾经劳作的一片片庄稼地，翻过当年我们曾经放水浇地的一道道沟渠，便来到了一片沙柳包前，这里可能有相当长的时间没有人来过，你看脚下松软的细沙坡上连个脚印都看不到，足以说明这里已是被人遗忘的角落。

在翻过一道高高的沙梁之后，眼前出现了被称为花果山的一大片洼地，映入眼帘的是20多个坟墓，战友们的心情顿时沉重起来。

王世新的坟墓是最大的，下半部用砖砌成，坟头的土填埋比较高，而立在坟前的那块水泥墓碑已经破碎，只剩下几片压在坟头，上面还能认出几个字。

我含着眼泪将当年登载王世新烈士事迹的《淄博日报》和烈士证书复印件郑重地放在坟前，战友们把鲜花、点心、糖果以及从山东带来的烧纸、青岛啤酒摆在坟头，全体一字儿排开，举行悼念仪式。

我代表战友们讲话，刚说了一句"敬爱的王世新烈士，你在这里已经静静躺了几十年了，你的几十位老战友今天专程从山东看你来了……"话还没有说完，我已经泪水纵横，呜呜地哭了起来，战友们也哭声一片，哀伤的气氛

2006年8月，张荣大率部分战友重访格尔木，专程到王世新烈士墓祭奠

笼罩在墓地上空。

人们肃立在烈士墓前不停地拭泪。

点燃的烧纸烟灰在坟墓周围飘绕。

路厚俊没有忘记王世新姐姐的嘱托，抓起一把把坟头的土用布包好。

我随后用手机拨通了远在北京的连队老指导员卢虎，向他报告了悼念烈士的情况，因为他也非常关注我们此行，说话也有些哽咽，并一再嘱咐我们要向农场领导反映将破碎的王世新烈士墓碑修好。

公墓不仅埋葬着王世新烈士，还有一团各连早逝的战友。畜牧连的张繁林到山上放牧时因病死亡；十连的徐行军在拉麦捆时翻车后死亡；刘振清在去格尔木市区办事途中意外身亡；长眠于格尔木这片土地的还有一团六连的倪秀云、于秀兰、张金华，一团八连的谢治娟、冯玉秀等12位山东知青，以及与知青曾经并肩战斗也已故去的几位转业军人，他们在这片土地上都已静静地躺了一二十年了。大家也在他们的坟头上压上了祭奠的烧纸。

仿佛是人们的悲伤心情感动了苍天，很少降雨的戈壁滩上突然阴了天，下起了雨，战友们又情不自禁地再次挥泪，都发自内心地祈祷：长眠于此的战友们安息吧，山东老乡永远会惦记着你们，今后还会不断地有战友千里迢迢来看你们。

第二天，我们受邀到原一团团部回访，这里已改为格尔木农垦集团河东分场，我代表战友们向这里的领导提出了修复王世新烈士墓碑的事，他们爽快地答应并保证，一定尽早修复，来年的清明节还要组织群众扫墓。我们几十位战友齐刷刷地站起来，含着泪共同敬了一杯酒。

第二年的清明节，从格尔木传来消息，王世新烈士的墓碑已修复好，人们还前去悼念王世新烈士和已故的战友，让我们惦念的心放了下来。

（人民网青岛2012年6月7日电）

第二次挥泪：
寻找到30多年前喜结良缘的洞房

我从1965年9月16日至1974年3月的近八年半中，在青海农建师一团六连干过3年排长和连队团支部副书记，在一团宣传股干过两年多新闻干事，在师部干过近三年的新闻干事和宣传科科长。

人生的阅历，是人生经历的浓缩版，而书写人生阅历的是人生磨炼这支笔。

磨炼如同风雨过后天空出现的一道五光十色的彩虹，磨炼又如同大浪淘沙后凝成的圆润光泽的珍珠，人生需要磨炼，如果没有磨炼，哪会有精彩？

我是在格尔木结婚成家的。1971年冬天，我随师政治部主任郭健去马海二团蹲点，遇到了团后勤股股长陈方亭，他是参加抗美援朝上甘岭战役的副连长，立过不少战功。我参加青海军垦，是他把我们连队的上百名战友从淄博带到青海，随后他又被调到马海二团工作，我们已经6年多没见了。他问长问短，还问我有没有对象，结婚了没有，问得我脸通红。无巧不成书，就是这一次见到老领导，他成了我与修奎敏相识、相爱、成家的红娘。1972年"八一"前夕，我们结婚成家。

1983年4月，我"进京考状元"，考了新华社干部进修学院，后改为中国新闻学院。在上学前，我曾担心爱人会有意见，我们结婚11年，身边还有两个孩子，她为了支持我当好记者，做出了很大牺牲。三年前才调到一地工作，现在又要分离。我爱人理解我的心情，她说："你放心地去学习吧，家务事我一个人可以承担，别辜负了组织上对你的关心，希望你更有出息。"

上小学二年级的女儿也天真地对我说："爸爸，你上学，我也上学，咱俩比赛，看谁能考100分。"在两年的大学学习中，我没有辜负组织和亲人的希望，踏踏实实地充了两年电，十七八门功课以平均每门课88分的成绩毕业。在这期间，还与张万象、马集琦同志合著了《祖国的聚宝盆柴达木》一书，与诸言义同志合作主编了《自然王国探奇》一书，分别由四川人民出版社和浙江人民出版社出版。

8月31日，我们重访格尔木代表团全体战友来到原来的师部参观访问，这是当年我们在格尔木的娘家，现在已改名为格尔木农垦集团。我曾在师部工作过3年多，后来从师部调到新华社青海分社工作，我对那里的一草一木、一房一屋都比较熟，草场、礼堂、各科室、家属院，都装在我的记忆中，尤其当年结婚时那间凭着双手装饰的新房更是记忆犹新。我想重温一下我曾工作过的环境，更想寻找到我当年结婚的老洞房。

可是，我们来到老师部，记忆中的布局已不复存在，师部机关大院的老平房办公室早已拆除，盖了几栋小楼，也只能根据当年的记忆，说出各个老办公室的方位。原来师部机关大院和家属大院是一前一后相通的，怎么看不到家属大院的踪影，莫非早被拆掉了，那我寻找结婚洞房的梦想就破灭了。

当我得知老家属院就在机关墙后并还保存有人住时，我与爱人急切地跑出机关大院，从旁边的一条小路进入家属院，内心激动的情绪就已经写满了脸庞。

寻找到30多年前结婚的洞房

"这就是我们当年结婚的地方。走，去看看我们的洞房还在不在。"话没说完，我们俩的泪水已夺眶而出。

两只手紧紧相握，以强压心头的激动。

"就是这里，荣大，就是这里。"我的爱人

修奎敏首先认出了当年我们结婚洞房。我们激动地跑了过去，主人正好在家，他们是格尔木日报的记者，应该说是我的同行。

当我们说明了来意，女主人热情地请我们进屋。

"我们的床当时就放在这个位置。"爱人修奎敏对我说。她的泪水像断了线的珠子，掉在了我的肩头。

我和单承，分别是师部宣传科的新闻干事和宣传干事，两人的宿舍原是个套间，他在里间，我在外间。我要结婚了，当时住房紧张，就将中间的门堵上，各自成了独门独户。

那时结婚不兴大动土木，说实在的也没有讲排场的条件，只是粉刷了墙壁，糊了花纸顶棚。同时，我利用半个月的业余时间，将原来十多厘米厚的一层地面挖掉，又从外面用盆子端来比较好、比较黏的土，撒一层，用木锤子砸一层，一块一块地挖填，又一层一层地砸实砸平，平平展展，光光滑滑，新房告成，看起来挺带劲。

1972年"八一"前夕，我们在师部礼堂举行了结婚仪式，用她家寄的60元钱和我家寄的80元钱请了几十个战友，算是把喜事办了。到如今已经30多年过去了。

"我清楚地记得，结婚那天家里什么也没有，把我们俩人的被子抱在一起就算是一家人了。我们俩的箱子摞在一起当桌子用，又用土坯砌了一个小灶台……"

又一次哽咽，我们又紧紧地拥抱在了一起。

找到了当年结婚的老洞房，此行的梦圆了。我们在那段岁月相恋，是真正的患难夫妻。30多年来，虽然也有许多坎坷，但我们始终能够相扶相伴，不离不弃，我想这正是那段岁月赋予我们的财富。

（人民网青岛2012年6月7日电）

第三次挥泪：
走进20年前结下不解之缘的青藏铁路

清晨我站在青青的牧场，

看到神鹰披着那霞光，

像一片祥云飞过蓝天，

为藏家儿女带来吉祥。

……

那是一条神奇的天路，

把人间的温暖送到边疆，

从此山不再高路不再漫长，

各族儿女欢聚一堂。

这首情深意浓、催人泪下的《天路》绝唱，我不仅喜欢听，也喜欢唱，而且只要音乐声起，我都浮想联翩、心潮澎湃，这是因为我与铁道兵有段不解之缘，与青藏铁路有段不解之缘。

2006年8月31日，是我们山东知青回访团来到第二故乡格尔木的第二天，代表们在上午参观了市容之后，普遍感到在我们的记忆中几十年前那个建筑落后、市容较差的旧格尔木已今非昔比了。无论城市基础设施建设还是城市规模，都完全超乎我们的想象。我们当年在这里工作的时候全城只有两条正规路，路边也只有杨树，可现在道路纵横宽阔，绿树成荫，鸟语花香，城市布局也很独特，已经变成了一个令人耳目一新的城市；而最令世人惊叹的是，2006年7月1日，青藏高原迎来了一个具有划时代意义的日子，历经几代铁路建设者前赴后继地拼搏奋斗，横跨世界屋脊的青藏铁路全线建成通车了，各族人民世代梦想的天堑变通途终于成为现实。

1974年3月到1986年1月，我在新华社青海分社帮助工作和从事记者工作，12年中把相当大的精力，用在了青藏铁路第一期工程、青藏公路黑色路面改建工程和格尔木至拉萨输油管线工程这三大举世瞩目的建设项目的新闻采访报道中。几十次到柴达木，四进西藏，特别是在30年前，我有幸参加了青藏铁路第一期工程哈尔盖至格尔木段建设的新闻报道。共采写对内外新闻报道40多篇（部分稿件与黄昌禄同志合作），《把铁路修到"世界屋脊"——记青藏铁路的建设者》和《火车开进柴达木》的通讯成为有社会影响的稿件，《青藏铁路铺轨到格尔木》和《荒野中的新城格尔木》被评为新华社1979年对外报道十大好新闻之一。

三年采访，我不仅仅历尽艰辛报道了铁道兵修建青藏铁路的惊世壮举，更主要的是在铁道兵胜利完成青藏铁路西宁至格尔木第一期工程后奉党中央和中央军委之命整建制转业这一历史性转折中，我所采写的数十篇青藏铁路的新闻报道，无形中成了记录这支英雄部队最后辉煌历程的光彩一页。我为能够奉献给英雄的铁道兵一曲永恒的赞歌而自豪。

铁道兵是一支英勇善战和为人民造福的英雄部队，在解放战争、抗美援朝和中华人民共和国建设事业中，屡屡立下不朽的功勋。1974年，根据毛主席和周总理的指示，铁路兵七师、十师全体指战员陆续开进青海，肩负起了修筑这条世界上罕见的高原铁路的历史使命。

青藏铁路曾两上两下。1974年根据毛主席和周总理的指示，铁道兵第三次开进青海继续从哈尔盖向格尔木修建青藏铁路，承担了修筑这条世界上罕见的高原铁路的任务。在高寒缺氧风沙大和生活条件差的艰苦环境里，战士们表现出高度的乐观主义精神和一往无前的大无畏精神。某团十八连连长邓广吉带病坚持工作，临逝世前什么也没有提，只是要求把他的骨灰埋在青藏高原上，死后也要看到铁路修上世界屋脊！长达4006米的关角隧道，是青藏铁路第一期工程的"咽喉"。一次距隧道出口100多米的地方突然发生大塌方，1500多方土块和石头从洞顶倾泻下来，把正在施工的127名干部、战士封堵在隧道里。经过洞内洞外战友们14个多小时的奋战，终于在52米长的塌方体上部挖出了一条小小的通道。先让洞内的所有战士全部撤出险区，副营长吴德安、副指导员吴扬然等党员干部最后才从洞内出来；为了从我国最大的察尔汗盐湖上铺通铁路，施工人员在5.05公里长的饱和粉细沙震动液化地段，打入挤密沙桩56077根，灌沙48000立方米，钻孔总进尺达13.6万多米，相当于钻透了15座珠穆朗玛峰……

就在青藏铁路第一期工程快要修到终点站格尔木之前的半年时间里，铁路要不要继续向西藏拉萨方向修，这个问题又尖锐地摆到了人们的面前，实际上这个问题从铁路动工的那一天起就时紧时松地进行着探索与研究。从西藏来说，要求继续修建青藏铁路的呼声大，他们急切地盼望改变全国唯独西藏不通铁路的历史。

而一些承担铁路建设的决策者和专家，也是有主张修的，有主张缓建的，他们的意见对中央决策至关重要。记者当时广泛地进行了采访，逐渐感到主张缓建的理由比较充分，比较切合实际。

他们认为，缓建青藏铁路格尔木至拉萨的二期工程，不是永远不建，如果不是单纯从政治意义上去考虑问题，建与缓的关键还是取决于当时条件成熟不成熟的问题，有三大缓建理由值得参考定夺。

一是进藏的运输状况大为改善，铁路缓一步建设更有利。

二是常年冻土层永久安全的技术问题还没有完全解决，硬修必定后患无穷。

三是国家经济实力不强，资金投入有问题，不宜搞"胡子工程"。

记者本着对党、对国家、对人民、对历史负责的精神，实事求是地采写了内部稿件，最终中央作出了缓建青藏铁路的决定。

我的老朋友，《中国铁道建筑报》总编辑朱海燕，在2007年7月接受香港凤凰卫视《走进青藏走进凤凰》的采访时，也曾说道："新华社记者张荣大当时以新华社内参形式，向中央反映缓建青藏铁路格尔木至拉萨段，在这份内参上，张荣大反映了许多单位和领导要求缓建的意见。中央不少领导在这份内参上签了字。"

这一晃就是20年过去了。我1986年2月从新华社青海分社调到新华社青岛支社工作后，经常回忆在青海工作20年的方方面面，也时刻惦念着那条缓建的青藏铁路何时启动建设。

我国历经20多年的改革开放，各项事业都得到了长足发展，尤其西部大开发正一浪高过一浪，作为西部大开发的又一项标志性工程的青藏铁路，现在建设的条件与时机应该说已经逐渐成熟了。

江泽民总书记十分关心西藏的铁路建设问题，2000年11月，对建设青藏铁路作了重要批示。国务院召开总理办公会审议青藏铁路建设方案时，朱镕基总理指出，经过20多年的改革开放，我国综合国力显著增强，已具有修建青藏铁路的经济实力。通过多年不间断的科学研究和工程试验，对高原冻土地区筑路技术问题也提出了比较可行的解决方案。在几个建设方案综合比选中，青藏铁路方案比较有利，投资少，工期短，地形较为平坦。修建青藏铁路，时机已经成熟，条件也已经基本具备，可以批准立项。总之，过去缓建青藏铁路格尔木至拉萨段是必要的，现在青藏铁路全线贯通也是必需的。

看到了这些报道，我心中释然。

2001年6月29日，青藏铁路格尔木至拉萨段开工的新闻播发后，我兴奋不已。身处沿海城市青岛的我，这几年十分关注青藏铁路格尔木至拉萨段的建设情况，许多新闻报道我反复读过，细细品味。2006年7月1日，青藏铁路全线建成通车，不仅满足了高原各族人民的夙愿，也了却了包括我这名新华社记者在内的众多与青藏铁路有不解之缘的人的心愿。

尤其这次我与80多名战友重访格尔木，在离别27年之后再次来到青藏铁路线上领略天路的风情万种，别有一番滋味在心头。2006年8月31日下午，我们来到南山口火车站参观，这里是青藏铁路第一期工程和第二期工程的分界点，她见证了20多年来青藏铁路格尔木至拉萨段缓建与建成的历史。我站在横跨铁路的大型弓门一侧，目视一辆从远而近的货车飞驰而过，我的情绪似打开闸门的洪水倾泻而出，我失声哭了，扯开嗓子喊道："青藏铁路，我永远爱你！"

9月2日早晨，我们代表团沿开通不久的青藏铁路乘火车前往圣城拉萨参观访问，那首《天路》绝唱一直伴随着我们美好的行程：

青藏铁路，永远爱你！

黄昏我站在高高的山岗，
看那铁路修到我家乡，
一条条巨龙翻山越岭，
为雪域高原送来安康。
那是一条神奇的天路，
带我们走进人间天堂，
青稞酒酥油茶会更加香甜，
幸福的歌声传遍四方。

（人民网青岛2012年6月7日电）

烈士回家

前些年，青海兵团战友聚会，多是回忆在连队、在部门那些重复了无数遍却让人刻骨铭心的往事，有说不尽的老故事、老话题、老情感，人们期望有不散的聚会，有不散的宴席。

近些年，青海兵团战友再聚会，虽涛声依旧，但是随着时间的推移，年龄增大，队伍减员，战友们多了一份伤感，每当忆起一个个逝去的战友，都非常惋惜，望他们在天堂再聚首。

谨以此文，缅怀青海兵团唯一烈士王世新战友，也追忆那些将青春和生命永远留在青海大地的兵团战友和回到山东故乡因各种原因逝去的兵团战友，他们今生今世与青海高原有缘，虽然生活五味杂陈但并非如烟。

王世新烈士无愧于青海兵团人的骄傲和荣光。

2006年8月27日至9月9日，我作为山东知青40年重访格尔木代表团团长，与80多名60岁上下的青海兵团战友来到第二故乡青海格尔木，当即与老一团的30多个战友到王世新烈士墓前进行了祭奠。回青后撰写了《重返青藏高原让我三次挥泪》的长文，其中"第一次挥泪：站在40年前牺牲的战友王世新墓前"，至今仍难以忘却。

壮烈牺牲谱华章

1965年9月，青海农业生产建设兵团十二师派出工作组来到山东省淄

王世新（右三）、王延芬（右四）、孙永新（右五）

博市博山区招收军垦战士，新庄村的17岁青年王世新第一个到村上报了名，并在志愿书上写下了雄心壮志："我的美好愿望今天实现了，感到莫大的光荣和幸福。我们青年人就应该积极响应党的号召，到祖国最需要、最艰苦的地方……要在那里生根、开花、结果。"

9月16日，身穿不佩领章帽徽的黄军装的王世新兴高采烈地与200名博山籍战友乘火车，在淄川站、张店站又与其他400名淄博籍战友会师，这是青海兵团的先头部队，一起奔向青海柴达木参加了中国人民解放军生产建设兵团农业建设第十二师。

王世新来到高原当了军垦战士，经受住了高寒缺氧的考验，大漠恶劣环境的磨炼，生活条件不如内地的冲击，他说到做到，认真实践自己的诺言："我要在这里扎扎实实地干一辈子，要人到青海，心到青海，为建设社会主义新青海，为创造我们的第二故乡格尔木而奋斗！"他在平凡的岗位上做出了不平凡的事迹。

连队传颂着王世新深夜救病马的故事。那是1966年6月的一天傍晚，王世新和四个战友辛苦了一天，将四辆马车运来的石头卸完后，准备洗个脸，吃过饭，就到连队礼堂看电影，一个星期才能看上一场电影，大家都不想错过。

这时一个战士向副班长王世新反映，他的辕马不吃不喝像是病了。王世新仔细看了看辕马，眼见马肚子鼓胀，如果不及时治疗，怕有生命危险，那会造成国家财产损失。六连的兽医察看了马的病情感到很重，必须转送格尔木兽医站救治。王世新挺身而出牵着病马去兽医站。

时间已是夜晚10点多，"高原的天，孩子的脸"，这时狂风大作，沙石飞场，伸手不见五指，连队离格尔木有30里地。由于黄沙淹没了公路，没走多远就迷失了方向，闯进了密布的沙柳包群无法转出来，饥饿、寒冷、疲劳、恐惧，一个个向他袭来。他顽强地与困难搏斗，直到午夜才从沙柳包中突围，深夜1点半才到了兽医站。兽医告诉王世新，要是再晚来，马就没救了。天亮了，病马转危为安，王世新又不顾疲劳，牵着马踏上回程的路。

王世新是个工作狂。1966年清明刚过，农忙红火，为了加速春播进度，他单独操作铁耙，掌握了耙地技术。一天下午，正在耙地的时候，暴烈顽皮的"黑老虎"突然受惊狂奔起来，王世新没有提防，失足仰面倒到耙中，左脚小腿被锋利的耙齿挂住拖了100多米，直到水坝处，马纵身一跳逃脱，耙子才停下来。王世新"休克"过去了，头上撞出了一个大包，小腿肌肉裂伤两寸多长，身上多处擦伤，被送进了医院，在医院住了几天后出院回到连队。连队领导知道医生给他开了半个月假条，同时考虑到王世新脑震荡，还受到惊吓，打算给他调换别的工作。他说啥也不肯休息，要求出院回到连队，又偷偷地跟车到北草原拉烧柴去了。

有一次，王世新从格尔木拉上面粉回连队，过格尔木河时已是夕阳西下，冰冻的河面寒气逼人。一辆满载货物的马车陷到了冰窟窿里不能自拔。车夫束手无策，急得满头大汗。王世新见此情景，二话没说，挺身而出，他从自己的马车上解下两匹马，拴到陷在冰河的马车上，全然不顾自己还患着感冒，脱掉棉裤，站在齐腰深的冰水里，用肩扛着马车，终于帮助马把车拉出了冰河。

王世新当初分到马车班时，用了半年多时间学习赶车技术，学习甩鞭子，手磨起了许多血泡，肩膀累得抬不起来，他一点也不在乎，他总是笑着说："干一行，爱一行，踏踏实实干好一行，这就是我的幸福。"老家的亲人每次来信问他要啥，他总是说别的都不要，只要求给他买赶马车用的鞭头鞭梢。姐姐先给他寄来150多根鞭头鞭梢，大部分送给班里的同志用。在他牺牲的那天中午，他还给姐姐写信再要100根鞭梢。

1967年1月12日，冰雪覆盖格尔木大地。本是再正常不过的一天，却成了王世新永远告别战友、告别家乡、告别亲人的不幸日子。

被人们称为"闲不住"的年轻人王世新，这一天，该他轮休，但他一大早就去马号照料患病的辕马，清扫马厩，帮战友喂马，还和战友一块去犁地，忙个不停。到了下午，他又拉上梢马"黑老虎"，驾辕去帮助饲养班拉土坯。备好马车已是下午3点多钟，王世新赶着马车奔向大路，在猪号附近，辕马被驶过的拖拉机刺耳的响声所惊吓，突然扬蹄狂奔起来。前面是一座小桥，不远的地方有战友行走，道路坑洼不平，马越跑越快，眼看马车就要翻了，王世新危险临头。在路旁积肥的战友见此情景，齐声呼喊："王世新快跳下来，快！快呀！"

这时，王世新只要从马车上跳下来，就能避免一场灾难。但是王世新没有一跳了之，可能是为了前面路上行人的生命安全，他紧拉缰绳，想使惊马停下来。但因空车急驶，不停弹跳，失去了平衡和控制，王世新从车上摔了下来，马车从他胸部无情地碾压过去，造成心肺破裂。年仅19岁的王世新就这样将自己的身体与格尔木的土地融为一体，也将他的梦想永远留在了格尔木，成了第一个长眠于此的山东知青。

噩耗传来，我作为后勤排的排长，赶到马号班停放王世新遗体的一间房子，连指导员卢虎已在场，之后连队的其他领导也来了，并迅速商量后事处理。

当时，"文革"之乱已波及连队，王世新恰逢牺牲在敏感时期，有的事处理不好，有人情绪上来了，可能会出现意外。

师副政委闫文俊闻讯当晚来到连队，一方面代表组织悼念因公牺牲的王世新，另一方面听取和研究后事处理意见及方案。

当年战友在王世新墓前演出文艺节目场景之一

按照习俗，连队赶做了一口厚重的棺材，王世新被厚葬在花果山墓地。

王世新的英雄事迹可歌可泣，他的生命虽然短暂，却与日月同辉。

1967年3月13日，农建十二师司令部文件（67）司字第007号是向青海省人委呈送了《关于追认王世新同志为革命烈士的报告》。之后，"文革"中的青海省实行军事管制，《关于追认王世新同志为革命烈士的报告》得以批复：追认王世新同志为革命烈士。

1967年12月2日，中华人民共和国内务部为王世新烈士亲属颁发《因战因公牺牲人员家属光荣纪念证》。

原始资料 27

《关于追认王世新同志为革命烈士的批复》

《因战因公牺牲人员家属光荣纪念证》

1968年1月10日，《青海日报》刊载《听毛主席话的军垦好战士——记农建十二师王世新烈士的英雄事迹》长篇报道并加编者按，在青海掀起了学习王世新烈士英雄事迹的热潮。同年2月13日，《淄博日报》全文转载这一长篇通讯，王世新烈士的英雄事迹在家乡又产生了强烈反响。

王世新是青海兵团第一个烈士也是唯一的烈士。

按规定，王世新参加青海军垦两年之后可以回老家山东博山探亲一个半月。但不幸的是，王世新仅仅在连队生活和工作了1年4个月，就壮烈牺牲，谱写了人生的伟大篇章。

每逢清明节或王世新烈士忌日，连队的干部战士都到王世新烈士墓地祭拜。后来，由于多种原因，一团有部分军垦战士和转业老兵去世也埋到王世新烈士墓地周围，"花果山"成了一座公墓。

自从20世纪70年代末，山东籍青海军垦战士回原籍安置，人们也没有忘记埋在老一团"花果山"公墓的王世新烈士和其他战友，凡是到格尔木故地重游的一团六连的战友们，都不远千里必到"花果山"公墓去看望王世新烈士和其他战友，传承着深厚的战友情谊。

2006年8月27日至9月9日，我曾担任团长与80多位战友、8名随团采访记者，在青藏铁路全线通车之际，重访魂牵梦萦的第二故乡青海柴达木。王世新的姐姐王世兰曾进到张店火车站站台送我们，她对我们要去王世新墓地祭奠深表感谢，并谈了她希望有朝一日将弟弟迁回原籍安葬的心愿。

大家到格尔木宾馆安顿下后，瀚海集团董事长李和印老战友马上安排一辆大客车，送我们去给王世新烈士扫墓，不仅我们六连的战友都去，一团其他连队的战友也要同行，因为公墓里也有他们连队的战友埋葬在那里。当我含着眼泪将当年登载王世新烈士事迹的《淄博日报》和烈士证书复印件郑重地放在坟前，战友们把鲜花、点心、糖果以及从山东带来的烧纸、青岛啤酒摆在坟头，全体一字儿排开，举行悼念仪式。

我代表战友们讲话，刚说了一句"敬爱的王世新烈士，你在这里已经静静躺了几十年了，你的几十位老战友今天专程从山东看你来了……"话还没有说完，我已经泪水纵横，战友们也哭声一片，哀伤的气氛笼罩在墓地上空。

战友路厚俊没有忘记王世新姐姐的嘱托，抓起一把把坟头的土用布包好。

仿佛是人们的悲伤心情感动了苍天，很少降雨的戈壁滩上突然阴了天，下起了雨，战友们又情不自禁地再次挥泪，都发自内心地祈祷：长眠于此的战友们安息吧，山东老乡永远会惦记着你们，今后还会不断地有战友千里迢迢来看你们。

王世新烈士是我们学习的榜样，我们要学习弘扬王世新烈士高尚的政治品德，坚定的理想信念，为增强社会正能量尽职尽责。

我们要学习弘扬王世新烈士干一行爱一行，干一行专一行的敬业精神，在平凡的岗位上努力做出不平凡的业绩。

我们要学习弘扬王世新烈士待人诚恳、助人为乐的宽广胸怀，为建立和谐社会贡献自己的力量。

我们要学习弘扬王世新烈士一不怕苦，二不怕死的顽强毅力和意志，为党和人民的事业奉献自己的一切。

但是随着时间的推移，战友们年龄越来越大，近几年重访格尔木第二故乡越来越少，再到王世新烈士墓地祭拜已很难成行，然而战友们没有淡忘王世新烈士，他们心里永远惦念着数千里之外沉睡数十年的王世新烈士。

而王世新的姐姐和弟弟更是思念自己逝去的亲人，在王世新牺牲后，他的姐姐从淄博赶到格尔木参加弟弟的葬礼，并捧回弟弟新坟的几把土，每到弟弟忌日就在家乡祭拜。时隔40年，2006年9月我率队重访格尔木时，战友路厚俊受王世新姐姐的委托，又从王世新墓地带回一包土，王世新的姐姐见后捧起又泪如雨下。

烈士回家路漫漫

2017年清明节刚过，老一团十连战友郭恩杰给我打来电话，说格尔木市文化馆原馆长王强给战友傅邦文打电话，是有关王世新烈士的事。傅邦文原是青海农建师宣传队的指导员，他不是一团的，更不是一团六连的，对王世新烈士的事不很熟悉，于是又将郭恩杰介绍给王强。虽然郭恩杰是青岛籍战友，但他们十连有一半是博山籍战友。但郭恩杰也不是王世新所在的一团六连，他也不太熟悉王世新烈士的事。于是就对王强说，这事直接找从一团六连走出去的张荣大就完全可以办了。郭恩杰告诉我，王强会很快与我联系。

果不其然，王强很快给我打来电话，我们相互认识，他是青海军垦干部子弟，算是军垦二代，青岛战友在2010年10月举行庆祝赴青海兵团45周年文艺演出时，他曾率领演出队到青岛演出，给战友们留下了深刻印象。

这次他给我打电话，主要是说王世新烈士从老一团花果山公墓迁往格尔木市烈士陵园的事。

他对我说，清明节来到花果山公墓为王世新烈士扫墓，还为王世新点上一支烟，在墓前站了良久。他看到墓地失修，老连队早就撤了，战友也都在30多年前返回山东原籍了，已很少有人来墓地祭奠。他知道王世新是50年前壮烈牺牲被追认的革命烈士，格尔木市已建立烈士陵园，为什么王世新烈士没有迁到烈士陵园安葬？

于是，王强主动找到格尔木市民政局的领导，反映了这个情况并建议将王世新烈士迁到格尔木市烈士陵园重新安葬。格尔木市民政局的领导非常重视，同意将王世新烈士重新安葬到格尔木市烈士陵园，并委托王强联系王世新烈士老家的亲属征求意见。

这是一件大好事，我向王强表达谢意，同时也请他代我向格尔木市民政局的领导表示感谢。

联系王世新的亲属，我首先想到王世新的姐姐王世兰。从2006年8月她到张店火车站送我们，一晃十多年过去了，我和王世兰也一直再没有联系。

这次王强馆长委托我找王世兰，但我没有她的电话，也不知她现住何地。于是我发动在青岛的老战友吕庚、魏元胜，在张店和博山的老战友贾福华、钮平志、魏兆基、韩霆、张光群等，千方百计寻找王世兰，他们马不停蹄地连续找了3天。费了九牛二虎之力，终于把王世兰找到了。

因为很长时间没有见面了，我们寒暄了几句。我一直喊她王大姐，我问她属什么，她说属鸡，与我同属。我又问她几月生人，结果她比我还小六七个月，于是从此她改口称我张大哥啦。

我原原本本向王世兰转达了王强馆长的电话内容以及格尔木市民政局准备将王世新烈士迁葬格尔木市烈士陵园的意见。

王世兰对他们关心弟弟迁墓的事深表感谢。

她随后对我讲，有一次她做了个梦，仿佛天冷时去看望弟弟，走到一片林子深处，突然看到弟弟走过来，身上穿得单薄，两手冻得通红。王世新对姐姐说，我冷，我想回家，反复说了几遍。她惊醒后，一直惦念这件事，难以释怀。就在我发动战友找她的第三天，她还不知道迁坟的事，又梦见了弟弟，她想这是弟弟托梦给她，似乎对这件事有心灵感应。

王世兰当即向我表达了一种强烈的愿望，希望将她的弟弟王世新遗骨迁回博山老家安葬，以便分离了52年的手足之情在家乡续写。从小相依为命、共度艰难的王世新姐弟三人，姐姐王世兰8岁、王世新5岁、弟弟王世林3岁时，父母10天内相继病故，幼小的姐弟三人成了孤儿。幸好已有6个孩子的大爷、大娘将王世兰与王世新养大，王世林由姨妈养大，几位老人对姐弟三人恩重如山。

自从52年前王世新去青海两年后牺牲，姐弟三人就天各一方，思念长达半个多世纪。老家的姐姐和弟弟常想去青海祭奠亲人，但路途遥远，高原气候恶劣，难以成行。随着年龄越来越大，更难去青海，姐弟、兄弟的手足之情只好寄托在梦中。

我接完王世兰电话后，第一次听说姐弟三人的不幸身世，思绪万千，心情久久无法平复。我决心千方百计成全姐弟的共同心愿。

我立即给王强馆长打去电话，将王世兰的心情和想法如实反馈给他。他感到情况与原来的计划大不一样，能不能达到王世兰的要求，要等反馈给格尔木市民政局研究之后再定。

我查阅了民政部有关文件规定，如果烈士已安葬在烈士陵园，一般是不允许重新迁葬的。但是规定也指出，如果烈士散葬在外，可以选择烈士出生地或烈士亲属户口所在地迁葬，也就是说，王世新出生在淄博市博山区，他的姐姐王世兰和弟弟王世林的户口现都在淄博市张店区，二者可以择其一，所以王世兰要求将弟弟遗骸迁回烈士亲属户口所在地安葬是有法律依据的。

不久，王强馆长来电话说，格尔木市民政局经过研究同意王世新烈士亲属的意见，请他们与当地民政部门联系接受安葬烈士陵园事宜。

我把这一情况转告给王世兰，她高兴的心情溢于言表。她还提了办理此事的一些想法。

王强再次与格尔木农垦集团办公室主任刘晓程找到格尔木市民政局李局长，谈了他们的一些意见，李局长对此很重视，表示王世新烈士从格尔木迁葬回原籍过程中从起坟、火化、装骨灰盒、接待全由他们负责，因为烈士迁葬是国家行为。

随后，我又拨通了格尔木农垦集团刘书记的电话，向他反映了王世兰一行去格尔木来回路程的费用问题，刘书记爽快地答应了，因为格尔木农垦集团的前身就是王世新生前所在的中国人民解放军生产建设兵团农业建设第十二师。

事情开始很顺利，经过战友们与王世新亲属商量，由青海农建师原副师长杨永东与一位战友陪同王世新淄博的两位亲属赴青海格尔木，随时准备出发。

当务之急需要与淄博当地的民政部门联系解决王世新烈士迁葬回原籍烈士陵园的问题。

于是格尔木市民政局为此事出一公函，并委托作为王世新战友的我与当地民政部联系。

因为开出的公函由王强携带，他出差到青岛还要多日，于是我和战友魏元胜、钮平志、韩霆、张光群与王世新的姐姐、妹夫、外甥女一起找到博山区民政局，他们很热情，还派出多位同志与我们交流，听取我方意见。但他们反复强调一点，只有提供王世新烈士证才能研究迁葬问题。他们研究了王世新亲属所提供的1967年12月2日中华人民共和国内务部为王世新亲属颁发的《因战因公牺牲人员家属光荣纪念证》，好像没有写明王世新是革命烈士，因此他们提出两点，一是提供王世新烈士证并在《烈士英名录》记载的资料，才能按烈士的有关规定研究迁葬事宜。二是现在博山区烈士陵园已经安葬了大量烈士，空穴紧张，希望亲属向张店区民政局申请，迁张店区烈士陵园，因为王世新的姐姐和弟弟已从博山迁往张店居住，烈士要迁葬到烈属户口所在地。同时也留了一个活话，王世新原籍博山，如果换发新烈士证后，也可以想办法在博山区烈士陵园安葬。

顿时事请变得复杂起来，首要急需解决的问题是要查找到当年批准王世新为革命烈士的相关文件。

我有一个坚定的信念：我曾是王世新生前所在连的后勤排排长，他是后勤排马车班的副班长，我们一段时间相处密切，我也是王世新英雄事迹和被追认为革命烈士的历史见证者，我坚信他不是假烈士，他是真真正正的革命烈士。已牺牲50年的王世新烈士一直散葬在公墓而迟迟没有安葬到烈士陵园，现在迁葬又出现问题，说明许多环节出了问题，我们欠烈士的太多太多了。不管有多少困难，战友们有决心协助王世新的亲属，争取民政部门全力支持，尽快促成王世新烈士证换发新证，早日迁葬回原籍烈士陵园，这不仅是对烈士的敬畏之情，更是对烈士的崇敬之举。

于是我们又掉转方向，从源头青海查找。时间已跨越半个世纪，能查到这些原始资料吗？

按照常规，这些重要资料如果有，都会在青海省档案馆存档。于是，我委托在青海西宁居住的老战友申国良到青海省档案馆查询。5月17日，他来回跑了多次，终于查找到并复印了1967年3月13日农建十二师司令部向青海省人委上报的《关于追认王世新同志为革命烈士的报告》和1967年6月3日中国人民解放军青海省军事管制委员会《关于追认王世新同志为革命烈士的批复》。

紧接着，我帮助王世新烈士的姐姐王世兰和弟弟王世林起草了《关于要求换发王世新烈士新证的申请书》，递送给青海省格尔木市民政局、格尔木农垦集团（农建十二师为其前身）。

当这些文件找齐备并连同申请报告递交给青海省格尔木市民政局、格尔木农垦集团后，他们经过商量给予大力支持。格尔木市民政局向海西州民政局写了报告并转交王世兰和王世林的申请报告以及提供相关资料。海西州民政局经过核实研究，又给青海省民政厅打了报告并转交王世兰和王世林的申请报告以及提供相关资料。青海省民政厅回复，民政部有规定，烈士换发新证，要到烈士亲属户口所在地去申请，也就是说王世新烈士换发新证要到姐姐和弟弟户口所在地山东省淄博市张店区去申请，转了一圈又回到原籍，这一晃一个多月过去了。

我们战友商量，计划在淄博战友赴青海军垦52周年的2017年9月16日举行聚会，同时举行安葬王世新烈士遗骨仪式，一是这个日子有它的特殊意义，二是这个纪念日战友参加的人会多。

到原籍申请，程序仍然是一级报一级，研究来研究去，要首先向街道办事处提供申请报告和材料，再按程序一级一级上报到张店区民政局、淄博市民政局、山东省民政厅，什么时候能走完全部程序，换发新证，再研究王世新烈士遗骨从青海格尔木迁葬到山东省淄博市张店区烈士陵园，难以有确切时间。

于是，先从王世兰所在的张店区某街道办事处办起，王世新的外甥女将一套材料又递送到办事处，他们说等研究材料后再给以答复，但等了数日也没有消息。王世新的外甥女便打电话询问，对方提出要提供王世新烈士证并提供民政部《烈士英名录》上有关王世新烈士的记载资料。这一下子又把人难为住了。

王世新的外甥女马上给我打来电话说事情卡住了，请教我怎么办。我对她说，自有办法解决这一难题。

实际上，在这之前我们到博山区民政局联系王世新烈士回故乡迁葬事情时，他们就提出了同样的问题，当时没有充足的理由说明问题和说服他们，只好与青海方面联系换发烈士新证，他们并没有提出淄博方面的问题，如果青海能换发烈士新证就解决这个问题了。但是按规定王世新烈士换发新证要到烈属王世兰户口所在地办理，老话又重提。

我曾向王世新的姐姐王世兰和有关亲属求证，他们告诉我，王世兰保存的《因战因公牺牲人员家属光荣纪念证》已经整整50年，纪念证的家属负责人一栏填写：王世兰；备考一栏注明：抚恤费由原单位负责。据王世兰回忆，当时弟弟王世林未成年，他享受了3年的中学免费教育。后来过了10年，有人认为王世新幼年时父母早亡，是养父母（其大爷大娘）将其养大成人，按国家规定理应享受烈属待遇。经过向博山区民政局申请批准，其大爷大娘享受了10年的亲属抚恤待遇，直至两位老人去世。

我上网查阅，惊喜地发现国家曾在1983年和2013年两次大规模换发新烈士证，换发新证的烈士都记载到《烈士英名录》。但王世新烈士亲属两次都无任何部门通知换发新证的事，加之亲属消息闭塞，都是些老实人，从来没有主动去找过有关部门，王世新成为被遗忘的烈士、亲属成了被遗忘的烈属就难怪了。

我从这两次全国性烈士换证中找到了王世新亲属持有的1967年12月2日中华人民共和国内务部为王世新亲属颁发的《因战因公牺牲人员家属光荣纪念证》，毋庸置疑就是王世新烈士的证明书，而且凭此证理所当然地换发烈士新证。

国家民政部1982年发布的《关于换发、补发〈革命烈士证明书〉工作的通知》，明确了换证、补证的范围：烈士直系亲属（系指烈士的父母、配偶、子女、共同生活未满16岁的弟妹、抚养烈士长大的其他亲属）凡持有新中国成立前人民军队或人民政权颁发的各种烈属证（包括革命军人、革命工作人员牺牲证明书），以及新中国成立后中央人民政府、人民解放军、内务部和县以上人民政府颁发的烈属证（包括《革命军人牺牲证明书》《抗美援朝军人牺牲证明书》）的，均凭所持证件换发《革命烈士证明书》。

这说明，王世新亲属持有的1967年12月2日中华人民共和国内务部为王世新亲属颁发的《因战因公牺牲人员家属光荣纪念证》就是烈属证，凭此证就能换发烈士新证。

国家民政部2013年7月31日发布的关于启用《烈士通知书》《烈士证明书》和换发《烈士证明书》工作的通知，又重申了以上规定。各地也都根据实际情况下发了文件。2014年9月10日安徽省换补烈士证工作疑难问答第四条就明确指出，对1983年未经换发的各类旧版烈士通知书、牺牲证明等作了如下认定：1.新中国成立前人民军队或人民政府颁发的各种烈属证（包括革命军人、革命工作人员牺牲证明书），以及新中国成立后中央人民政府、人民解放军、内务部或县级以上人民政府颁发的烈属证（包括《革命军人牺牲证明书》《抗美援朝军人牺牲证明书》《革命牺牲工作人员家属光荣纪念证》《因战因公牺牲人员家属光荣纪念证》），持有上述证件原件且《烈士英名录》上有记载或有烈士批准文件的，可以换发新版烈士证。

文件确定的内务部颁发的烈属证（《因战因公牺牲人员家属光荣纪念证》），与王世新亲属持有的1967年12月2日中华人民共和国内务部为王世新亲属颁发的《因战因公牺牲人员家属光荣纪念证》（烈属证）完全相符，坚持用此烈属证换烈士新证是不可侵犯的权利。

于是我又让王世新的外甥女复印了这些相关文件，并郑重要求以烈属证换发烈士新证，从此再没有任何部门对此提出异议。

为了使今后换证顺利一些，还是要有困难找组织，找领导。

在张店区委张书记、新华社山东分社丁副社长、淄博市委常委、市委宣传部毕部长等人的联系和帮助下，胜利在望。战友们和王世新亲属打心眼里高兴。

8月底，山东省民政厅正式为王世新换发了烈士新证，寄给张店区民政局转交烈士亲属。

9月1日，当王世新外甥女到张店区民政局优抚科领取新证时，高兴之后发现填写的牺牲日期不对，写成新中国成立前，就将烈士证明书退还要求改换，这位办事人员当面道歉并表示与省厅联系再换新证。

9月5日上午，由王世新亲属开车到济南省民政厅当面领取了新换发的盖有中华人民共和国民政部大印的王世新烈士新证，亲人们一再表示感谢，传看新证，个个心情久久难以平静。

领取新证后，他们趁热打铁，又驱车从济南直奔博山，因为博山区民政局有言在先，只要新证办下

换发的烈士新证

来，可以研究将王世新烈士迁葬到博山区烈士陵园。博山区民政局李局长委派夏候主任和国副主任热情接待王世新亲人们，他们也没有想到此事办得如此快，当天下午就按程序高效率办妥将在博山区烈士陵园安葬王世新烈士遗骨的相关事项。当天还到烈士陵园选了一块好地脚的墓地，王世新烈士的亲属们非常满意。

王世新烈士的姐姐王世兰手捧弟弟的烈士证明书，站在选定的墓地前，压在心头50年的石头终于搬掉了，她激动得热泪盈眶。

这一天，我与王世新的亲人始终保持热线联系，当得知换发烈士新证和选好迁葬墓地双双告捷，我也激动得双眼湿润了。

从这天起，王世新烈士迁葬程序开始倒计时。

11日，由青海农建师原副师长杨永东、战友代表孙永新与王世新烈士的弟弟王世林、外甥女刘娟一行四人飞赴青海格尔木接王世新烈士回家；

12日，在格尔木举行仪式送别王世新烈士魂归故里；

16日，淄博战友赴青海52周年之际，上百名战友参加了在博山区烈士陵园安葬王世新烈士遗骨仪式，王世新烈士与1376名抗日战争、解放战争等时期的英烈长眠于此。

王世新烈士回家的路，整整走了半个世纪。

现在，我们可以真真切切地呼喊一声："王世新烈士回家啦！"

王世新烈士，故乡的山山水水亲吻您，家乡的父老乡亲欢迎您，八千山东老战友拥抱您。因为，您为博山争了光，您是博山人的骄傲，您是青海兵团战友心目中的英雄。

刘荣琴：一生献给青海高原

我在中国人民解放军生产建设兵团农业建设第十二师宣传科工作时，曾在兵团报纸上发表了整版的《请老革命家放心》的长篇通讯，1972年1月19日《光明日报》还刊登了我撰写的《战斗在青藏高原》文章，写的都是兵团战友刘荣琴。

刘荣琴的老家在山东省荣成县，是个革命老根据地。她从小经受着革命思想的熏陶，1966年怀着远大的理想，报名来到青海高原参加生产建设。

青海高原空气稀薄，青海兵团地处柴达木盆地，这里高寒缺氧风沙大，在这里长期生活和工作，面临种种困难和考验。

刘荣琴刚来的时候，"高原反应"很厉害，常常头昏脑涨，口干舌燥，吃不下饭，睡不好觉，怀疑能不能坚持下去，更甭提在青海干一辈子。

但是她没有被艰难击倒，扎根青海的意志毫不动摇，迎着困难上，专找重活干，很快闯过了生活关。

挖水渠是个重活，她个头不高，比较瘦弱，力气小，由于坚持锻炼，终于练出了"铁胳膊"和"铁肩膀"。有一次，她们班跟汽车装卸石头。有个青年扔的石头撞到车厢上又弹了回来，正好打到刘荣琴的头上，流血了，她回连队包了包，又要和大家一块去卸车。班长劝她休息，她说："撞破点头皮没啥了不起！"同志们还是把她挡住了。可是等汽车一开动，她又从后面爬上了车。她的这种忘我劳动精神，受到了全连同志的赞扬，大家称赞她是一个"铁姑娘"。

　　刘荣琴当了排长，管理两个男班两个女班共四五十人，虽说男女搭配干活不累，但是从山东各城市支边来的军垦战士，有的年龄比较小，有的年龄比较大，有的听话，有的捣蛋，管理起来要动点脑筋，费点气力。刘荣琴对战友如兄弟姐妹般关心体贴，赢得了大家的尊重，全排团结得像一个人一样，连队交给的所有任务都能圆满完成。

　　要求别人干，必须自己带头干，要求别人干好，必须自己带头干好。她带领全排同志刻苦地进行磨炼，干什么都身先士卒，冲锋在前。有一次，在执行开荒造田任务中，白天，她和同志们一起平整土地，晚上，她管毛渠引水灌溉。黑夜下的田野上，伸手不见五指，冷风习习，饿了就啃几口干馒头，渴了就喝几口水渠的水。在她的带动下，全排两个月开荒造田570多亩，打了一场漂亮的攻坚战。

　　后来她被提升为连队副连长。当了干部以后，刘荣琴本色不变，更加严格要求自己，处处以身作则带头干好各项工作。从提拔成连职干部以来，她一直坚持参加集体生产劳动，除开会和探家外，每年参加生产劳动不下300天。

　　一次，轮她带班脱粒，正巧她感冒发高烧。浑身像散了架一样难受。但她想，现在是脱粒大忙季节，人手不能缺，安全更重要，干部跟班才能保证脱粒安全高效。刘荣琴认为，干部应该以身作则，带头劳动，带病上场，就是无声的号召力。她就是这样，长年累月地带领全连战士，在戈壁滩上艰苦奋斗。1971年这个连的粮食总产量达到50万公斤，平均每人为国家生产粮食3500斤。

　　1971年5月，刘荣琴担任了连队政治指导员、并被选为连党支部书记。开始，她感到自己是一个女青年，工作经验少，怕挑不起这副重担，影响工作。后来，她在老干部的帮助带领下，不但增强了搞好工作的信心，而且学会了依靠集体，发动群众的工作方法。

　　有一段时间，连里的两个副连长思想上结了疙瘩，刘荣琴发现他们同住一间房，同走一条路，但很少说话，影响了连队的工作。她就主动找他俩谈心，摸清了他们闹矛盾的一些原因，指出问题所在，终于使他们消除了隔阂，化解了前嫌，重新团结起来，连队工作呈现新气象。

20世纪70年代中期，刘荣琴被破格提拔为兰州军区生产建设兵第十二师副政委。她对党和国家忠诚，努力向老干部学习，深入基层，艰苦奋斗，不搞歪门邪道，全身心地投入工作，兢兢业业干好每一件事，在农建师副政委的岗位上得到了锻炼和提高。

后来，青海兵团的战友结束了在青海的工作，数千人纷纷返回原籍山东各大城市，开始了新创业，新生活。

刘荣琴没有回山东原籍，她留在了青海，调到省机关工作，当了多年的青海省监察厅副厅长，并升任省纪委副书记。

刘荣琴同志因病医治无效，不幸于2010年12月1日在西宁逝世，享年65岁。

李振远：他愿甩一辈子羊鞭

1971年1月31日《青海日报》刊登了《他愿为革命甩一辈子羊鞭》的人物通讯，此稿由吕庚提供部分素材，我骑马跋山涉水远赴数百公里昆仑山秀沟牧场采访，最终与卢虎合作，宣扬了共青团员、兰州军区生产建设兵团第四师二十六团畜牧连放牧战士李振远的事迹。

1966年2月，李振远怀着建设边疆的雄心壮志，由河南省来到了青海高原。多年来，他以苦为荣，以苦为乐，做出了许多动人的事迹。

李振远从小就盼望当一名解放军战士，扛枪保国防。来到军垦后，当上了放牧工，起初认为："路走对了，门找错了。"后来，火热的工作和生活教育了他，他甘心情愿甩一辈子羊鞭。一开始，由于不熟悉羊的生活规律，困难重重，但他丝毫不退却。为了尽快地掌握羊的生活规律，他专门买了一本日记本，细心观察，认真记载，时常翻看，很快掌握了放牧技术。同时，他还精心护理羊群，不让国家财产受到一点损失。1968年初的一天晚上，一只刚生下来的羊羔找不到母羊，在外面"咩咩"直叫，他就把羊羔抱进了帐篷，喂了点稀粥，又用棉袄裹起来，放到房子中间。李振远想：这千把只羊，上哪里去找母羊呢？干脆天明再找吧。但他马上意识到这是对工作不负责任的表现，于是提着马灯，抱着羊羔到羊圈去找母羊。当他听到两只母羊在叫唤，就抱着羊羔去试，两只母羊过来嗅了嗅羊羔，掉头走开了。半夜了，他终于给这只羊羔找到母羊。这时，熬了大半夜的李振远，心里别提有多高兴了。

　　1968年初的一天，东方刚亮，李振远赶着羊群出了圈，到几里外的草滩上去放牧。太阳偏西了，羊吃得肚子鼓鼓的，他用产羔袋背着3只刚生下来的小羊羔，赶着羊群到"泉眼"饮水。"泉眼"太小，羊都争着喝水，一下把"泉眼"周围的冰层踩塌了，有5只大羊小羊掉进了很深的冰水中。这时，他手疾眼快，把落在冰水中的4只羊拉了上来，但是最后一只母羊被冰水冲得太远了，还在水里挣扎着。李振远毫不犹豫地跳进齐腰深的冰水里，冰水刺骨，压得他几乎喘不过气来，他奋力将羊抓了过来，推上了冰层。他从冰水里爬上来后，两条裤腿很快结成了"冰筒"。但是，他看到刚从水中拖上来的大母羊被冻得站不起来，就赶紧把落过水的羊抱到草滩上，又跑出一里多路，从沙柳包里拾回一抱柴，点起火给羊取暖。烤了将近一个小时，一只母羊又产了羔，他忙着接了羔后，才赶着羊群，摸着黑返回了驻地。他看到羊没有受到损失，蹦跳着跑进圈里，虽然他身上冻得当当响，肚子饿得直咕噜，但心里却是乐滋滋的。

　　草原上的天气变化无常，给放牧带来了很大困难。1969年7月底，他和另外两个同志在昆仑山秀沟滩南山的五道沟放牧。一天深夜，突然下起蚕豆大的冰雹，羊群受惊，跑了个一干二净。他们连夜出动，分两路去寻找。这时，又刮起了大风，下起了铺天盖地的鹅毛大雪，早晨又有弥天大雾，5米以外什么也看不见，羊蹄子印全都被半尺多厚的大雪盖没了。一路上眼睛被雪花打得睁不开，冻得全身发抖，泪水鼻涕直往下流。山上都是水草，加上大雪又黏又滑，走几步就摔倒，只好往上爬，从山下到山上3里多路，整整爬了3个多小时，终于翻过了山梁，在南面的山坡上找到了羊群。

　　1969年元月，他们在秀沟滩的一个小山沟里剪羊毛。沟里，一种名叫"小咬"的虫子很多，四面不透风，并且到处是羊粪和稀泥浆，中午的太阳把人晒得头昏眼花，这时又一度断了粮。生活上，他处处关心同志，把仅剩下的一点粮食让给同志们吃；工作中，他处处抢挑重担，哪里艰苦到哪里去。上午，他给40多只羊剪了毛，下午把剪下来的羊毛拧好、打捆，然后，又跑去赶羊，让其他同志休息。22天的断粮期间，虽然吃的是羊肉和喂牲口的青稞麸皮，尽管身上被"小咬"咬得全是小红疙瘩，但大家团结一致，没有一个叫苦叫累的。他们每天早出工，晚收工，半个月时间就胜利完成了剪羊毛任务。

每年5月初，他们都要步行480余里，赶着羊群顺着大乌龙沟上山，到昆仑山上的秀河滩放牧。上山要半个多月的时间，一路上翻山越岭，要蹚20多道水，人畜都很劳累。为了赶路护羊，大家经常盖蓝天，铺天地，露宿在山坡、河畔，睡不好觉，吃不好饭。李振远总是时刻注意关心、爱护、帮助战友，宁可自己多吃苦、多受累，也让战友减轻负担，齐心协力战胜艰难险阻，保护羊群安全到达目的地。去年5月，李振远同另外一位同志一起赶着羊群进山。一天，来到三岔口时，已经是下午5点多钟了，又遇到了洪水，羊群过不了河，他们吃了点凉饼，喝了几口水，就露宿在河边。5月初，中午天气热得像蒸笼，一到晚上，冷风刺骨，寒气逼人。为了让别人休息好，李振远把皮大衣盖在他们身上，自己坐着看守了一夜羊群。第二天早晨，河边冻了二指厚的冰层，水深达到了大腿根，李振远一看羊群还是不敢过河，就让另外一位同志在后面赶着羊，自己脱鞋下水，来回拖过去4只领头羊后，他又把一位身体有病的同志背过了河。这样，度过一个个夜晚，蹚过一道道河水，翻过一座座高山，羊群到达目的地时，李振远的两条腿被冰水裂开了一道道口子，但看到羊群安全进了山，他心里感到无比的温暖。

惋惜的是，李振远在青海因病早年英逝，给战友留下深深的怀念。

徐光柱：我的好兄弟好战友

2011年10月3日，我在《青海建设兵团—知青小院》发表了《一次辛酸的旅程》回忆录，说的是我与已去世的好战友、好兄弟徐光柱一段刻骨铭心的往事。

时间回到1968年上半年，那是我在参加青海兵团两年半之后，连队批准我回山东博山探亲，这是阔别故乡后的第一次探亲，真是朝思暮想，归心似箭啊！

坐了三天的汽车，又换乘三天两夜的火车，终于踏上了久违的故乡热土。

在格尔木工作和生活两年多来，由于连队的博山籍和青岛籍战友长年累月在一起，连队的干部和老兵又来自全国各省市，所以语言环境发生了不小的变化，南腔北调已经听习惯了。

可是，当回到博山时，无论在火车站，还是坐在张店到博山的火车上，灌进耳朵的全是土得掉渣的博山话，感到又好笑，又特别的亲切。

从张店到博山的这条市区铁路长40公里，是当年德国侵略者占领青岛后为掠夺山东矿产专门修建的，要行驶一个半小时，车站的建筑带有德国的洋楼味。

一出火车站，周围的建筑和街道，与我两年多前去青海时的印象依然如故，但街道却显得特别的窄，两边的房子似乎要挤到一块了。定下心来一想，这几年在柴达木看惯了一望无边的农田和戈壁，是视觉变化造成了错觉。

在家轻松愉快地度过了假期，该动身回青海了。可回青海就不像回博山那种心情，一想起戈壁滩上的情景和连队的环境，坦白地说真有些打怵，尤其当时"文革"已波及兵团，生产已受到很大影响，回去会不会有危险。但考虑到工作单位在兵团，不回去肯定不是长久之计，最后还是下决心回青海了。

我是与战友徐光柱结伴回青海的，他比我小几岁，在博山我们就是一个居委会的。别看他年龄小，却很聪明，象棋下得好，让人一两个棋子也能赢。

记不清确切的日子了，盛夏七八月的一天，我们从博山火车站坐上最后的一班火车，晚上7点左右到达张店，在此转乘从青岛开往南京的列车，然后到徐州后再转乘南京到西宁的列车。因为青岛开来的火车要到凌晨两点多才能到张店，没有别的合适的列车可选择，我们只好找了个熟人在张店火车站铁路公寓住了下来，要苦等六七个小时。

年轻人瞌睡多，但这次要转车出远门，和衣躺在床上根本睡不宁，又加上不时有火车驶过，刺耳的鸣笛声和轰隆的车轮声，让人翻来覆去难入睡。

"车快来了，赶快去检票进站！"熟人来喊我们，我们慌忙从床上爬起，迷迷糊糊地背起东西就往检票口跑。我背了6个提包，两个提包拴在一起挎在左肩上，另外两个提包拴在一起挎在右肩上，两只手还分别提了一个大的提包，总重量差不多有100斤。包里有花生米、辣疙瘩咸菜、咸鱼、豆腐干、肉末炸酱等，还有一些生活用品，其中有些东西是给在青海的战友捎的。徐光柱一共背了4个包。

我们跌跌撞撞进了火车站，已累得大口大口地喘粗气。两眼不时朝着青岛方向看，希望火车早一点进站，只有转乘上火车，才算开始离家返青了。

凌晨近3点，火车晚点进入张店车站。我们背起提包奔向车厢门口，但是车门迟迟没有打开，我们又奔向另一节车厢，仍然没有开门，来回跑了几趟，累得都快趴下了，还是上不了车。我们浑身大汗，筋疲力尽，急得团团转，看来是上不去车了，这可怎么办呀！

正在走投无路的时候，由于天气十分炎热，车厢内挤满了人，有人闷热得受不了，就打开窗子透透气。我手疾眼快，被逼无奈，用右胳膊使劲撑住了车窗，喊叫让徐光柱赶快从窗口爬进去。有人想把窗子关死，但看到我们两个年轻人也不是好惹的，就不敢吱声了。徐光柱爬进车厢后，我们又将10个提包一个个递进去。这时，车门也打开了，我又随着人群硬挤了10多分钟，才上了车，当车门一关，车开动了，身体累得就像散了架一样。

从车门口进入车厢内也非常费劲，走道上除了站满了人，还摆着一个又一个行李，实在无法插脚往里走。我只好对有座位的乘客边说好话，边踩着座位的上方往里跨越，终于来到徐光柱面前。

一直站立守护着行李的徐光柱，见到我后再也无法控制自己的感情，哭着说："我们不走了，回家吧。"我耐心地劝说他，安慰他，总算安定了下来。随后，把行李一个个地安顿好，有的塞到座位下，有的放到货架上，因为没有座位，我们只好坐在行李上休息。火车行驶了五六个小时，有人下车了，我们才找到了座位。中午，火车开进了徐州站。

我们出了站，又到售票大厅办理了转车签字，但是要在这里等候十多个小时，因为"文革"到处乱哄哄的，从南京发往西宁的火车第二天凌晨两三点钟才能到达徐州。我们便在火车站附近找了个临时休息的客栈，每个人租了一张躺椅，可以躺着休息。我们轮流到外面转一转，始终有一个人留在客栈里照看行李。

在徐州站，我们人生地不熟，发愁怎么背着这些行李进站啊！思来想去，只有找人帮忙。打听开客栈的人，他们说可以找人帮忙，但要花钱。价格谈定后，他们告诉我们，到时候有人会拉着行李并带着我们，从车站邮件装运的地方进车站，我们这才松了口气。

又是凌晨两点多钟，拉架子车的人帮我们顺利进入了火车站，他想卸下行李走人，我们不让，怕还会遇到张店火车站的情况，不知哪个车厢开门，需要拉着行李找车厢，要是背着行李跑就苦了。

在站台上等了10多分钟后，火车终于开进来了，又重演了张店火车站的一幕，还是没有开门的，最后还是通过车窗先进去一个人，再把行李递进去，我又从车门口踩着座位的靠背跨越进入车厢，又一次尝受了旅程的辛酸。

当我们把几件行李塞到座位下边后，发现货架上还有个空闲的地方，这里仅仅放了一个女式背包，如果我们把行李放到下面，把别人的背包放在我们的行李上面，既解决了我们的困难，也不会影响别人，出门在外应该互相方便为好。

可是我问了几声是谁的背包，却无人应答。我就把这个背包往旁边一挪，准备放我们的行李，这时坐在窗口的一位中年妇女突然开口吵闹，还操着江苏常熟口音骂人。我和徐光柱顿时也上了火，指着她说，你要再骂人就揍你。我们先礼后兵，把行李放到货架上，又把她的背包放好，她再也没敢吭一声。

历经6天，我们总算结束了这次辛酸的旅程，回到一团六连。一路上经受了点点心酸，实在是不易啊！所带的若干吃的东西没有几天，战友们就全部"共产"了。那时，每个战友带回好吃的东西，都是一块分享，没有人舍不得。

我写这篇回忆文章，倾注了一种特殊的怀念之情，我的好战友、好兄弟——徐光柱，因病已于几年前去世，我用这篇短文，一段43年前难以忘怀的辛酸事，来追思他、悼念他。

（写于2017年9月）

"为革命而吃肉"

自首批到达格尔木的淄博、德州两地的兵团战友，在国庆节后顺利安置到各自的连队后，连队就成了大家朝夕相处的新家了，这个家是一个大家庭，男女各半，人数最少时也有100多人。

当一切安定下来，开始正常的工作和生活时，严峻考验便随之而来。

我20岁以前，一直不吃肉，并不是吃伤了，而是从小就不吃。

听母亲讲，我们博山的肉烧饼很有名，吃起来特别香。当我可以喂饭的时候，母亲特意买了个刚出炉的香喷喷的肉烧饼，嚼了一口往我嘴里塞，但是我马上就吐了出来，还恶心得要呕吐。反复多次，就是不吃肉。

20岁半之前，我在淄博生活、学习、工作，不吃肉给家里带来了很多的麻烦。家里吃饭，经常是做两样菜，他们有时改善生活做些肉菜，我却天天以素食为伍。为我做素菜时，锅要刷好几遍，如果素菜里掺杂一点肉腥味，就怎么也无法下咽。有一次到我婶子家吃饭，她包的素饺子，但我刚吃了一口就感到不对劲，里面有猪油的味道，"哇"的一声就吐掉了。过去对肉类特别敏感。

1965年9月，我参加兵团到了青海柴达木。在中国人民解放军生产建设兵团农业建设第十二师一团六连当排长。那时，山东8个城市近8000名知识青年支边到了青海，过的是供给制的生活，吃穿都不花钱，每月还有6元钱的津贴费，吃饭是到食堂打饭，一个班一个班在一起吃饭。由于我不吃肉，所以食堂就得格外做些素菜，当时的生活还是很好的，猪肉、牛肉、羊肉都有，但是我还是以素菜为主。

到了年底，青海省召开贫下中农代表会，农建师去了4名列席代表，我是其中一员。到了省会住在西宁大厦，当时吃饭就成了问题，一个人坐在一个角落里，吃人家特意为我做的素食。

有一天，我们会议代表到民和、乐都参观，在火车上我与《青海日报》记者邢润深相对而坐。因为我从上中学的时候就喜欢写文章，在十六七岁就在报纸上发表过文章，在来青海之前曾多篇见报，那时是淄博日报的通讯员，还下决心今后要当一名记者或作家。所以见到邢润深记者时，感到很敬佩，就一边聊天一边请教写作的问题，聊得非常投机，因为邢润深记者也是山东人，所以倍感亲近。

中午，大家在车上吃饭，会议分了面包、鸡蛋、牛肉等食品，邢润深见我只吃面包、鸡蛋，肉却一动也没有动，就问我："为什么不吃肉呢？"我告诉他，我从小就不吃肉，所以吃个面包鸡蛋就行了。

他听后，感到不解，也感到好奇，我就把我从小不吃肉的情况一五一十地对他说了。但是他却对我说："小张，你来到高原，不同于内地，这里气候差，对人的身体有影响，不吃肉身体保证不了健康，你要学着吃肉。"我说："我实在是吃不下去。"于是他非常严肃地对我说："你要为革命而吃肉。"

当我听到这句话以后，似乎心灵受到了震撼，因为那时是讲革命的特殊年代，而且提倡学习毛主席著作，毛主席怎么说，我就怎么办。

为了为革命而吃肉，我勇敢地从塑料袋拿出一片牛肉，但还是迟迟不敢往嘴里送，邢润深一再鼓励我，一定要尝尝。当我把肉往嘴里塞的时候，从来未吃过肉的我，感到胃一下子好像被什么顶了一下，不由自主地又把肉从嘴边挪开。邢润深又严肃地提醒我："为革命而吃肉，你一定要吃下去！"我又把肉塞到嘴里，但仅仅咬了指甲盖大小的一片肉，顿时，眼泪就情不自禁地流了下来，恶心得想要吐。邢润深见此，又一再鼓励我："一定要吃下去，一定要吃下去！"

有句俗话叫"囫囵吞枣"，而我有生以来的第一次吃肉却是"囫囵吞肉"，那片指甲盖大小的肉，我连嚼都没有嚼就咽了下去。此时，泪水滚滚而下，有肉味的刺激，也有开斋的喜悦。

什么东西一旦"开戒"，就打破了一道防线。这"囫囵吞肉"，把我20多年来不吃肉的防线打开了。从那时起，我就结束了20多年不吃肉的历史，开始"开戒"吃肉了。因为高原牛羊肉比较多，而且我第一次吃的是牛肉，所以对牛肉有了个印象，以后就开始少量地吃一点，到后来多吃点，再到对牛肉的喜好，慢慢地也喜欢吃羊肉了，还很喜欢吃。

1967年10月份，我第一次从青海回淄博探亲的时候，那时吃肉的消息我还没和家人说，回到家里，母亲还是给我准备了一些素菜素食，我说，我现在开始吃肉了，家人都感到很吃惊。做了一些素菜之外，还做了一些肉菜。

吃肉大大改变了我的生活习惯，尤其在消耗体能的青藏高原上，保证了营养，感到精力比较充沛。在高原上当记者，四处奔波，食宿不定，按照过去的生活习惯，是困难重重的，这不吃，那不吃，不仅给自己也给别人带来许多不便。我是一个生活条件要求不高的人，有吃苦耐劳的精神，又克服了不吃肉的习惯，对我的采访工作非常有利。

我在青海分社工作的12年，常年奔波在柴达木、青藏铁路、青藏公路、格尔木至拉萨输油管线，勘探队、油田、盐湖、矿山都留下我的足迹。那时下去采访，乘坐长途车，奔波一天到客店住宿，春夏还舒服一点，而在寒冷季节，到了食宿店，端上一碗羊肉汤，不一会儿就凉了，碗上就漂着一层层白花花的羊油。在我不吃肉的年月，不用说吃，就是闻一闻也会吐的。现在不同了，我用开水化掉结块的羊油，很快就把羊肉汤干光了。

　　那时到青藏线上采访，很难吃到新鲜蔬菜，多是吃蔬菜、水果、肉鱼罐头，令我最难忘的，是供应部队的3.2元一公斤装的肉罐头，大部分是瘦肉，香而不腻，要是用蘑菇、罐头肉做个汤菜，再放上点韭菜，绝对的美味。而这种感觉，在我不吃肉的年月是体会不到的。

　　开始吃肉后，我下乡采访与群众也融洽多了。记得有一次，我和铁道兵的几位同志一起到青海省柴达木采访《火车开进柴达木》的通讯时，牧民热情地招待我们。他们煮上奶茶，给我们每人端上一碗，可是部队的同志不喝，我却喝了三四碗，还吃了些手抓肉和炸面果子。我明白部队同志不喝奶茶的原因，因为他们看到牧民做奶茶的全过程，似乎感到不卫生。牧民在刷碗的时候，抓起一把炉膛内烧成灰的干牛粪，放到碗里用劲将里里外外的油渍擦掉，又用一块黑乎乎的抹布擦一遍，再倒上奶茶。战士们看到这个过程，就无法下咽了。要在我过去不吃肉的时候，我会感到惨不忍睹，而现在却感到无所谓。

　　虽然现在已经可以吃肉了，但是对猪肉还不是太热情，吃点瘦的或红烧肉还可以，但是炒菜里的猪肉还是不太吃，鸡肉至今是不吃的。

（写于1986年1月）

守望军垦情缘一方净土
——写在淄博战友赴青海50周年之际

50年，半个世纪，在历史的长河中，只是弹指一挥间，

50年，半个世纪，对人的一生来说，至少是大半辈子。

1965年9月16日至2015年9月16日，整整50年、半个世纪，我们这些当年的花季少年、英姿青年，如今已成为六七十岁、颐养天年的长者，别有一番滋味在心头。

岁月难以忘却，往事并不如烟。

1964年12月14日，青海省人民委员会向国务院呈送了《关于设置农业生产建设师的请示报告》，国务院于1965年3月22日以（65）国农办字91号文作了同意批复。青海省生产建设兵团筹建处从1965年8月开始，就组织了赴山东工作组，在山东省人民委员会领导下和济南、青岛、烟台、潍坊、淄博、济宁、德州、枣庄8个城市"安置办公室"的组织下，全面展开了招收城市知青工作。

青海建设兵团为什么从山东招收知识青年，又为什么选定淄博战士为先遣部队，当然无从查找文件依据，但有一个不成文的共识：山东人忠厚能干，而淄博人尤其纯朴，这大概是其中缘由吧。淄博是齐国的国都，又有大文豪蒲松龄的《聊斋志异》风靡中华，县委书记的好榜样焦裕禄的故乡就在淄博市博山区崮山乡北崮山村。博山更是历史悠久，多山多水多矿藏，是重要的煤炭、陶瓷、琉璃生产基地。无论从哪一点讲，淄博军垦人

成为青海建设兵团的先头部队是有很多含义和期待的。

50年前的1965年9月16日，我写下了这样一篇日记：

"今天，博山区几千人在市文化宫影剧院举行了盛大的欢送会，200多名精神焕发身穿黄军装的军垦战士，就要奔赴青海了，这是难忘的一天。

11点钟我们出发了，从影剧院门口到博山火车站，站满了欢送的人群，锣鼓喧天，掌声如雷，整个博山城浸透在欢乐的气氛中。

12点钟火车慢慢地开动了，在这临别故乡之际，我趴在窗口向亲人们频频招手，我的眼睛湿润了。再见了家乡的亲人！再见了亲爱的故乡！

是博山籍战友拉开了赴青海军垦的序幕。路途中，又与淄川籍、张店籍、周村籍的青海兵团战友会合，人数增加到600多人。因此1965年9月16日应该为青海建设兵团的成军日。"

17日，淄博市委、市人委在张店举行了盛大的欢送会，希望远赴青海的淄博籍的青海兵团战士们，为青海建设做贡献，为山东人民争气。

18日早晨3点多钟，军垦专列从张店站驶出，5点多火车进入济南站，又与德州籍的200多名青海兵团战友会师。列车在济南车站停靠很长时间，车站内外充满了热烈欢送的气氛，山东省党政军机关的主要领导到车站送行。当天10时左右，军垦专列缓缓驶出济南火车站，奔向青海西宁。

专列日夜兼行，车厢内充满欢声笑语。800名兵团战友，有年龄比较大的，也有刚满14岁的未成年人，他们当初可能极力要求去边疆，说不定还拿"红小鬼"的故事将人的军。那个年代，《军垦战歌》的电影感动了中国几代人，《边疆处处赛江南》《送你一束沙枣花》的美妙歌曲在全国到处传唱。在西去的专列上，许多战友一遍又一遍地高唱这些红歌，可能他们中的不少人是受这些歌的鼓舞到青海去的。

这是一个充满青春活力的集体，尽管他们走到一起时间不长，却体现出团结互助的精神。那些带兵的干部和班排长，特别地负责任，尤其重视大家的安全，每逢火车停靠车站，战友们下车透透气，他们都忙前忙后。晚上夜深人静，女战友和小战友就坐在凳上睡，男战友就躺到走道上或座椅下休息，而值班的干部常常一晚上不合眼。

火车的行进速度并不快，在历经四天三夜之后，终于在9月21日下午3时许，到达高原古城西宁。青海省党政军领导同志来到车站站台上，欢迎远来的青海兵团战士。从火车站到下榻的西宁大厦数里长街上，彩旗飘扬，载歌载舞，形成万人夹道欢迎的盛况，战友们被青海各族人民的盛情深深感动。

也许是为了解除战友们长途跋涉的疲劳，更可能是为了初到高原的战友平稳地适应缺氧气候的变化，战友们在西宁休整了几天。柴达木的9月，已进入烤火期，21日战友们在西宁领取了崭新的棉军装。22日晚，"青海省党政军欢迎山东支边青年大会"在省委礼堂举行，省领导作了热情的讲话，兵团战友又深受鼓舞。

27日起，600多名淄博战友分乘20多辆大客车，浩浩荡荡地向目的地格尔木进发。配备的大客车是车况最好的，负责驾车的司机是优秀驾驶员，车上还都安排了讲解员，每到日月山、倒淌河、青海湖、橡皮山、茶卡、都兰、香日德、诺木洪等地，她们都能讲出许许多多动听的故事，让人回味无穷。当然，车厢内一支歌曲唱罢，另一支歌曲又起，好不热闹。

青藏公路全长2000多公里，从西宁到格尔木一段近800公里，这是当年慕生忠将军领导和指挥修建的，这条被高原各族人民称赞为通向幸福的金光大道，对青海和西藏的建设做出了不可估量的贡献。公路大部分是沙土路面，行程一天，人车疲惫。青海兵团战友也算半个军人，路上走了3天多，都是在沿途的兵站食宿，兵站拿出看家的本领照顾好兵团战友的吃住，让人体味到一种到家的感觉。

国庆节前，首批青海兵团战友历经近半月，终于到达了格尔木。

解放初期，格尔木一带仅有一些游牧民在此生活。1953年底，慕生忠将军率领一支人马进驻格尔木时，这里既无城市，又无村庄，连顶帐篷也没有。"我们要用勤劳的双手，在世界屋脊上修筑一条平坦的大道，在柴达木盆地建设一座美丽的花园！"将军的话像火种，点燃了人们胸中奋斗的火焰，希望的火焰。在滔滔奔流的格尔木河畔，将军和他的小队支起帐篷，后来帐篷连成了片，成了一座帐篷城。渐渐地，出现了平房、楼房，一个崭新的城市终于逐渐形成了。格尔木发展成了仅次于省会西宁的第二大城市。

每逢佳节倍思亲。这一年的国庆节，首批到达格尔木的淄博籍和德州籍的青海兵团战友，是在格尔木小岛上过的，各个连队都自编自排了文艺节目，晚上举行了文艺晚会，有独唱，有合唱，还有连唱；有独舞，有双人舞，还有集体舞；有板胡奏，二胡奏，还有乐器合奏。一直欢乐到深夜。

刚组建的青海农建师，最早没有团的建置，河东为一营编制，拖拉亥为三营，小岛为工程营。首批战友在格尔木欢度国庆节后，淄博600人的先头部队全部安排到河东一营，连队排序是由远而近，离格尔木最远的为一连，依次为东二连、西二连、三连、五连，战友们住进了一排排新房，实施半军事化管理，开始了军垦新生活。不久，一批又一批新战友的到来，一营改为一团，三营改为三团，工程营改为工程团，马海设置二团。原河东的连队排序又作了调整，五连未动，三连改为六连，东西二连改为七连、八连，一连改为十连。

自此之后到1966年，又有7200多名来自青岛、济南、烟台、潍坊、济宁、枣庄的山东知识青年，奔赴青海高原，在地处柴达木盆地的中国人民解放军生产建设兵团农业建设第十二师（后改为青海省格尔木总场），有相当多的人在高原艰苦奋斗了10多年、20多年，甚至献出了自己的生命。

王世新烈士，淄博市博山区人，1965年9月参加青海军垦一团六连。

1967年1月12日，该他轮休，但一向闲不住的他一大早就去帮战友喂马，并主动帮忙送货。

当马车赶到公路上时，路边驶过的拖拉机刺耳的响声使马受了惊。当他看到马车前方有行人，不远处还蹲着几个专心玩耍的孩子时，他使劲拽着马朝旁边跑去，疯了似的烈马狂奔进了一条小沟，王世新从马车上重重地摔了下来。年仅19岁的王世新就这样将自己的身体与格尔木的土地融为一体，成为第一个长眠于此的山东知青。

《青海日报》和《淄博日报》都刊登了长篇通讯《毛主席的好军垦战士——王世新》，王世还被国家内务部授予烈士称号。

徐丕，淄博市博山区人，1965年9月参加青海军垦到了一团六连，是知青中少有的大学生，学地质测绘。

山东知青大批返乡后，徐丕坚守在格尔木盐湖集团中学教书，他书教得非常棒，后来因为腿不好，再也不能站着讲课了，才离开了讲台。

1999年冬天的一天，邻居发现独居的徐老师一天都没出门了，撬开门，看到徐老师扑倒在了取暖用的电炉子上，早已没了气息。

当人们收拾徐老师的遗物时，发现他的房间中竟然没有一样家具，衣柜只是一个纸箱，铁床还是单位配发的。但是，在徐老师写过的一封遗书中，他表示要将自己多年省吃俭用的20万元全部捐给学校的孩子们。

如今，徐丕的捐款并入了盐湖集团的公益基金，他的墓也迁至格尔木烈士陵园相邻的公墓中。

李同良，淄博市博山区石炭坞人。1965年9月参加青海军垦，当时只有十五六岁，在一团十连当战士。家庭比较贫寒，在家学会补鞋手艺，在连队有了大用场。人称"小皮匠"，利用休息时间为战友们缝补大头鞋，很受欢迎。1972年5月，因患风湿性心脏病在师部医院去世，年仅23岁。

……

磨炼是人生的一部书。

青海军垦的山东知青经受住了三大磨炼：

一是历经高原缺氧气候的长期磨炼，造就了他们面对艰难困苦的承受能力和一往情深的兵团情谊。

青海位于"世界屋脊"青藏高原的东北部，是我国五大牧区之一，这里海拔高、缺氧、寒冷、干旱、风沙大，多数地方海拔在3000米以上，人们在这里工作，就如坐飞机生活在高空。冬季长达半年之久，六月飞雪是经常的事。风沙之大，也为许多地区所罕见，有人形容说："一年一场风，从春刮到冬。"

地处青海省西北部的柴达木盆地，是我国著名的四大盆地之一，海拔在2600米至3000米之间，面积24万平方公里，相对青海总面积72万平方公里，可谓三分天下有其一。盆地以蕴藏丰富的湖盐、石油、天然气等矿藏而著称于世，但人迹罕至的荒漠与苍凉也令局外人望而生畏。犹如古人"大漠孤烟直，长河落日圆"的名句，"戈壁、荒漠、丘陵、孤烟"，可谓是对柴达木地貌环境最生动形象的写照。

对待柴达木的切身感受，人们会因时间的长短而大不相同。那些短暂前来旅游探险的人，或惊呼这里是一个绝佳地域，大有不到盆地非硬汉的感叹。然而，对于在这里工作和生活十年、二十年甚至更长时间的人，那就是一种与艰难困苦不停顿地抗争，胜者方为强者。

八千山东知青为柴达木的开发建设奉献出了青春年华。他们无愧为强者，少者在柴达木十年八年，最多的30年左右，而少数的战友至今还在青海工作和生活，长达46年之久，有的下一代又留在这块地方，可谓献了青春献子孙。甚至有人像王世新烈士那样，把最宝贵的生命永远留在了这块土地上。

正是因为历经艰难困苦，兵团战友非常珍惜两点：一是大苦不倒，知足常乐；二是患难之交，越交越亲。现在，兵团战友五年一大聚，一年一中聚，有的月月一小聚，成了晚年生活的一大乐事。

二是历经戈壁大漠务农的长期磨炼，培养了青海军垦战士务实精神和实干作风。

当时，青岛军垦的大本营在格尔木，一团在河东，三团在托拉海，工程团在小岛。二团在马海，离格尔木约150公里；独立营在大格勒，离格尔木近100公里。

在高原难忘的那些日子里，从来没干过农活的山东八大城市支边青年，却成了干农活的行家里手。春天，战友们起早贪黑，翻地、平地、播种；夏天，披星戴月浇水、锄草、田管；秋天，收割，打场、储存；冬天，积肥、备耕。

有了这段不寻常的经历，战友们在离开高原回到故乡后，又从头做起，有许多战友逐渐显露出自己的长处，各行各业都出现了不少人才。而大多数在企业工作的战友，普遍反映很好，给兵团人长了脸。

三是历经家庭生活的长期磨炼，青海军垦战士家庭持久和睦者众多。

我们参加军垦时，当时从人员编制上很有长远打算，招收的战士一半男的，一半女的，一个连队分4个排，一个排各有男女两个班，真应了"男女搭配干活不累"的俗话。那时候许多战士年龄小，还没有体会到这是为了今后成家立业和扎根边疆的需要而特意这样做的。不过当时招兵的人也有个许诺，到兵团后，一年评工资，两年允许探亲，年龄大的三年后可以结婚。但是除了两年后陆续允许探亲外，其他两条兑现遇到不少困难，以致后来不少人闹着要回山东。

最终，人们在青海干了一二十年后，国家又根据形势的发展和广大军垦战士的愿望，安置他们回到了阔别已久的故乡。不同的是，当初是单身去青海，而后来是绝大多数战友成双成对组织了家庭，都有了自己的下一代。战友家庭一般都已组成三四十年了，与社会上其他家庭相比，当属家庭稳定型，这与夫妻之间有共同经历、共同语言、共同兴趣密切相关，这些都是家庭稳定的润滑剂。

青海兵团战友，要珍惜用磨炼书写的阅历，更要珍藏阅历带来的财富。

阔别青海后，战友们始终忘却不了令人魂牵梦萦的柴达木以及青藏高原，这里留下了他们的酸甜苦辣咸，倍加珍视在此环境中凝聚成的牢不可破的军垦战友情。每逢朋友相聚时，大家无论干何事业、无论处在何种环境，只以军垦战友相待，显得无拘无束无隔阂，这种情感甚至在他们的后辈中传承。这就是当今难得的军垦情缘一方净土。

望战友们永远守望军垦情缘一方净土！

祝战友们都健健康康的，我们有一个约定：待到赴青海60周年大庆、70周年大庆……还要欢聚一堂。

（写于2018年9月）

后 记

　　人民政协文史资料工作是周恩来同志亲自倡导和培育的一项富有统战、政协特点的重要工作，具有"存史、资政、团结、育人"的重要作用。半个多世纪以来，各级政协征集和出版了大量有价值的文史资料，在社会上产生了广泛的影响。为更好地宣传格尔木地方历史文化，格尔木市政协第十五辑文史资料选辑《昆仑儿女》即将付梓出版。

　　本辑文史资料是由格尔木市政协征集的一本有关格尔木开发、建设历史的文史专辑，作者为新华社高级记者张荣大先生。张荣大先生青年时期常年活跃在青藏公路、格拉油路、青藏铁路三条"天路"、青海盐湖、海西农牧区、戈壁新城、冷湖油田、锡铁山铅锌矿等最艰苦的采访第一线，写出了大量的新闻报道。

　　本书在编辑过程中，在尊重原文、还原历史和不影响叙事框架的基础上，对书稿内容进行了适当的调整和修改，个别文章作了删节。力求做到内容丰富、主题鲜明、重点突出，并富有格尔木特色。

　　本书的编印工作，得到了格尔木市委、市政府的大力支持，也得到了社会各界的广泛关注。今后，格尔木市政协将一如既往，致力于文史资料编辑出版工作，欢迎广大文史工作者、爱好者和社会各界人士继续向我们提供有价值的稿件。

在此，向为本书付出辛勤劳动的作者、编辑和中国文史出版社致以诚挚的谢意。由于编者水平有限，加之时间仓促，书中难免有疏漏和不足之处，敬请广大读者批评指正。

《格尔木文史》编委会

2020年12月